**세계패권전쟁과
신한반도 책략**

KOREA WON

세계패권전쟁과 신한반도 책략

서양원·윤상환 지음

매일경제신문사

도널드 트럼프 미국 대통령이 취임한 이래 세계 질서의 판이 바뀌었다. 미국을 최우선시하는 '아메리카 퍼스트' 전략은 미중 간 패권전쟁으로 격화됐다. 영국이 유럽연합EU에서 탈퇴하는 브렉시트Brexit 과정은 유럽을 더욱 분열시키고 있다. 역사 문제에서 촉발된 한일 외교 갈등은 경제전쟁으로 확전되면서 한반도 안보까지 위태롭게 하고 있다. 3대째 권력세습을 해온 북한은 핵무기와 대륙간탄도미사일 ICBM을 지렛대로 동북아 질서를 흔들고 있다.

지금 지구촌은 국가 간 외교 갈등이 경제 영역까지 전방위적으로 확산되면서 자유무역 질서까지 위협당하고 있다. 특히 한반도를 둘러싼 미국, 중국, 일본, 러시아 등이 보여온 행보는 나라를 빼앗겼던 구한말 조선의 위기 상황을 연상케 한다. 조선이 구한말 열강들에게 이리저리 치이다가 결국 일본의 식민 지배를 받게 된 것은 우리 스스로를 지킬 힘이 없었기 때문이다. 자주국방 능력을 갖추지 못했고, 경제력도 약했다.

21세기 대한민국은 다시 생사의 기로에 서 있다. 특히 '각자도생'의 엄중한 국제 질서에서 살아남아야 한다. 지금의 위기를 잘 극복해 세계를 주도하는 선진 국가로 발돋움해나가야 한다. 우리는 6·25전쟁의 폐허에서 70년 만에 세계 12위 국가로 발전한 저력을 갖고 있다. 해방 이후 우리를 옥죄고 있는 북한 문제를 잘 푼다면 말 그대로 전화위복轉禍爲福을 만들 수 있다.

이런 의미에서 북한 상황과 전략을 잘 분석하고 한반도가 생존할 수 있는 솔루션을 제안하는《세계패권전쟁과 신한반도 책략》이 주는 메시지는 매우 가치 있다. 특히 대한민국 경제가 원만하게 북한 경제를 남북경제공동체의 한 축으로 만들어가면서 공동 번영의 틀을 짤 수 있는 남북화폐통합에 대한 '코리아 원Korea Won' 전략은 큰 시사점을 줄 것이다.

남북을 둘러싼 상황은 북한 전략과 각 정부의 대응에 따라 달라져왔다. 이제 더 이상 대북정책, 통일정책을 정쟁의 대상으로 삼아서는 안 된다. 진보와 보수를 넘어서 한민족의 운명이 달린 문제인 만큼 솔직한 '통일 대논쟁'을 벌여야 한다.

북한과 통일에 대한 국민의식을 심층적으로 분석하고 이를 토대로 한민족이 고민해야 할 솔루션을 제시한 이 책 출간을 계기로 더 진지하고, 더 활발한 통일논쟁이 일어나길 바란다. 이를 통해 우리 스스로를 돌아보고 한민족이 분단의 아픔을 극복하고 남북이 함께 잘 사는, 부강한 나라로 거듭나는 계기가 되길 기원한다.

매경미디어그룹 회장

장대환

남북분단과 동족상잔의 비극을 겪은 지 어언 70년. 미국의 도널드 트럼프 대통령과 북한의 김정은 국무위원장이 2차례 정상회담과 판문점 만남을 통해 북한 핵문제와 관계 개선 문제를 협의했다. 문재인 대통령과 김정은 위원장도 벌써 4차례나 만나 한반도 평화와 공동 번영을 논의했다. 하지만 아직까지 북한 핵문제 해결의 큰 합의를 만들어내지 못하고 있다.

2017년 하반기 북한의 잇따른 핵실험과 미사일 발사로 곧 제2의 한국전쟁이 일어날 것 같았던 상황에 비하면 많은 진전이 있었지만 여전히 갈 길이 먼 것이다. 북한의 비핵화가 얼마나 어려운 숙제인지는 그동안 1차 북핵위기가 터진 1994년 이래의 역사가 보여준다. 김일성 주석, 김정일 국방위원장, 김정은 위원장으로 이어져온 북한 체제는 지도자만 바뀌었을 뿐 본질은 바뀌지 않고 있다. 북한은 결코 핵을 포기하지 않을 것이라는 의견과 함께 북한 경제를 살리기 위해 핵포기 합의에 이를 것이라는 의견이 여전히 팽팽하다.

문재인 대통령은 2차 미북정상회담이 베트남 하노이에서 열리기 직전인 2019년 2월 "1953년 정전 이후 65년 만에 처음 찾아온, 두 번 다시 없을 기회로 우리는 이 기회를 무조건 살려야 한다"며 "우리는 이번 기회에 반드시 북한 핵문제를 평화적으로 해결하고, 평화를 우리 경제의 기회로 만들어야 한다"고 강조했다. 이어서 2019년 8월 15일 광복절 경축사에서 광복 100주년이 되는 2045년에는 평화와 통일로 하나 된 원 코리아One Korea가 되겠다고 선언했다. 하지만 미북 간 하노이 2차 정상회담에서 보듯 한반도 비핵화 문제는 결코 쉬운 문제가 아니다.

우리 국민의 소망처럼 북한이 핵을 포기하고 남북 간, 미북 간 교류를 통한 정상적인 국가 관계가 이뤄질까. 이를 통한 한반도 분단의 장벽도 독일의 베를린 장벽처럼 허물어질 수 있을까. 결론부터 말하면 그렇게 쉽지 않을 것이다. 넘어야 할 장벽들이 한두 가지가 아니다. 우리 내부와 외부 모두에게 큰 장벽이 있다.

내부의 벽은 한반도 역사의 주인공인 대한민국 안에서 북한을 바라보는 시각의 차이와 이에 따른 갈등이다. 전두환, 노태우 정부에 이은 김영삼의 문민정부, 김대중과 노무현의 진보정부, 이명박과 박근혜의 보수정부 등은 각자의 대북관과 통일정책을 펴왔다. 하지만 정부마다 북한 문제에 대한 접근에서 국민의 의견을 하나로 모은 통일정책을 펴지 못했다. 그렇다 보니 대북정책을 펼 때마다 많은 논쟁과 갈등을 겪어야 했다. 북한 문제는 국회의원 선거나 지방자치단체장 선거, 대통령 선거마다 핵심 쟁점이 되면서 국민을 분열시켜왔다. 지금의 문재인 정부도 보수 진영으로부터 북한 밖에 모르는 퍼주기 정권이라는 비난을 받고 있다. 국민들이 나뉘어 서로 비난하면서 정권마다 힘든 선택을 해온 것이다.

왜 그럴까. 북한을 바라보는 시각의 차이다. 엄밀하게 따져 분석해보면 보수와 진보의 차이가 워낙 크다. 〈매일경제〉와 코리아리서치가 2019년 6월 '통일에 관한 국민여론'을 분석한 바에 따르면 진보의 66.5%는 북한의 비핵화 단계에 따라 남북경협을 확대해야 한다고 응답했다. 반면 보수의 44.6%만이 이에 찬성했고, 49.8%는 북한이 완전히 비핵화할 때까지 경제협력을 해서는 안 된다고 응답했다. 인도적 지원, 남북 철도·도로 연결, 개성공단과 금강산관광 재개 등 이슈별로 진보와 보수 성향에 따라 찬반이 팽팽한 것으로 드러났다. 통일 문제에 대해 20대 청년층이 보수적인 것으로 나타났다. 청년들은 북한의 세습체제에 대한 거부감이 다른 세대보다 컸고, 손해가 될 수 있는 통일 방식에도 반대했다. 이런 간극을 어떻게 메울 수 있을까. 차제에 '한반도 통일 대논쟁'을 벌여봤으면 한다.

북한에게 핵을 포기하게 하고 남북교류 활성화에 임하게 하고, 이를 통해 한반도의 평화체제를 정착시킬 수 있다면 그것은 최선의 길이다. 하지만 한반도를 둘러싼 현실은 냉혹하고 엄중하다. 동북아에서 펼쳐진 강대국들의 패권 싸움에 이리 밀리고, 저리 밀리다 나라를 빼앗겼던 구한말 상황과 비슷하다.

단적인 사례 하나가 2019년 7월 동해에서 벌어진 중국과 러시아의 공동 비행, 이에 맞선 우리나라와 일본의 출격이다. 중국과 러시아는 동해로 들어와 한국방공식별구역KADIZ을 침범했다. 러시아는 독도 영공까지 파고들어왔다. 미국을 중심으로 한 동북아 방어선을 흔들어보겠다는 속셈이 깔린 공동 침범이었다. 한국 전투기들이 출동해 경고 사격하며 맞대응했지만 일본도 대응기를 띄워 견제했다.

일본은 한국이 독도 영공에서 경고 사격을 했다며 항의했다. 한국은 러시아나 중국에 대해 별다른 항의조차 못했고 대응에 혼선을 빚었다. 러시아는 오히려 한국 조종사들이 자국 군용기 비행 항로를 방해하고 안전을 위협했다고 적반하장으로 나왔다. 중국은《2019년 국방백서》를 통해 고고도미사일방어체계THAAD 한국 배치를 다시 문제 삼았다.

이런 와중에 북한은 7월 25일 새벽 원산에서 단거리 탄도미사일 2발을 쏘는 것을 비롯해 신무기체계를 잇달아 실험하며 위협하고 있다. 문재인 정부에 대해서도 평양의 경고를 무시하지 말라고 압박했다. 한반도를 둘러싼 상황이 구한말 못지않게 격하게 흘러가고 있는 것이다. 미국·중국·일본·러시아 등 주변 강대국이 각국의 철저한 이익 입장에서 한반도에 접근하고, 활용하고 있는 것이다.

2차 세계대전 이후 70년째 패권국의 지위를 누려온 미국은 중국의 도전을 강하게 받으면서 패권전쟁을 시작했다. 트럼프 대통령이 들어서면서 미국 국내총생산GDP의 70%까지 육박한 중국에 대해 무역전쟁을 선포했다. 중국의 막대한 대미무역 흑자 축소 압박과 함께 중국의 기술 탈취에 대한 해소를 요구하고 있다. 이른바 미중G2 패권 싸움이 갈수록 격화되면서 무역·기술·외교·안보 이슈 등 전반으로 확전되고 있다.

이 격전의 폭풍 한가운데 한반도가 휘말려 있다. 중국은 겉으로는 북한의 비핵화를 요구하지만 속내로는 미국에 대드는 북한에 대한 지원을 멈추지 않고 있다. 북한을 전면에 내세워 미국의 애를 먹

이러는 전략을 펴고 있다는 해석도 일리가 있다. 상황이 악화될 경우 미·중이 북한을 매개로 한반도에서 대리전을 펼치면서 3차 세계대전을 벌일 수 있다는 우려도 있다. 투키디데스 함정(패권 국가를 뒤쫓는 국가의 영향력이 커질 때 패권전쟁이 발발)의 역사가 한반도에서 재현될 수 있다는 것이다.

일본은 한국 대법원의 강제징용 판결을 빌미로 반도체 핵심부품 수출 제한조치를 내린 데 이어 화이트리스트 국가에서 제외했다. 턱밑까지 급성장한 한국의 제조업을 누르겠다는 아베 정부의 의지가 담겨 있는 것으로 봐야 한다. 일본은 미국과 연합해 북한에 대한 압박에 나서면서 다른 한편으로는 북한과 직접 대화를 추진하고 있다. 러시아는 북한 노동자 수용과 자원 제공, 북한 땅을 활용한 파이프라인가스PNG 연결 등을 통한 영향력 확대를 꾀하고 있다.

이런 상황은 구한말 중국인 외교관 황쭌셴黃遵憲이 《조선책략》에서 명시한 연작처당燕雀處堂과 크게 다르지 않다. 연작처당은 초가집 처마 밑에 집을 지은 제비가 초가집에 불이 났는데도 조잘대다 불타 죽을 수 있는 위기다. 구한말의 조선은 이런 위기에 처해 개방과 개혁을 거부하고 쇄국정책을 고집하다 나라를 일본에 빼앗겼다.

우리는 두 번 다시 국력이 약해서, 국가가 분열돼 나라를 잃은 역사적 과오를 되풀이하지 말아야 한다. 이 책은 한반도 통일에 대한 대논쟁을 통해 우리 국론을 통일하고, 지금 우리가 당면한 대내외 과제를 극복하기 위한 전략을 제시한다. 그 전략을 신한반도 책략으로 명명하고 구체적인 내용들을 풀어본다.

1장에서는 한반도 통일에 대한 국민 각자는 어떤 생각을 하는지, 나는 어느 성향을 갖고 있는지 분석한다. 남북 관계와 한반도 통일을 둘러싼 이슈 중 국민 각자가 고민해야 할 10가지 과제를 짚어봤다. 2장에서는 북한 핵과 한반도를 둘러싼 협상 상황을 분석하고 앞으로 벌어질 미래를 그려봤다. 3장에서는 장마당 경제에 대한 의존도가 70%까지 올라온 북한 경제의 변화 상황을 조명했다. 4장에서는 남북 간 교류 확대와 경제협력 확대를 통해 이룰 수 있는 한반도 경제공동체를 만들어가는 구체적인 프로젝트들을 정리했다. 도로와 철도, 항로와 항만을 연결하고 제2, 3의 개성공단을 만드는가 하면, 남북한 주민이 자유롭게 친인척을 만나고 관광하면서 역동적인 한반도 경제를 만들 수 있는 전략을 제시했다. 5장에서는 대한민국이 남북 분단의 장벽을 뚫고, 남북 평화와 번영의 통일된 한반도를 만들 수 있는 신한반도 책략을 제시한다. 6장에서는 북한 핵문제가 어느 정도 해결 가닥을 잡은 후 본격적인 남북경제교류와 협력 시대의 전략을 소개한다. 동서독이 화폐통합을 통해 빠른 시간 내 통독의 후유증을 극복하고 유럽의 최강자가 됐듯이 남북한이 실질적인 경제 통합으로 가는 전략 중 하나로 '코리아 원' 전략을 제안한다.

통일은 미리 준비하지 않으면 큰 재앙이다. 그 준비는 평화와 번영의 한반도라는 큰 그림을 그리고 질서 있게 이뤄져야 한다. 이 책이 북한 핵문제, 한반도 통일 이슈에 대한 본질을 살펴보면서 반대를 위한 반대의 정쟁을 줄이고 분단의 장벽을 넘고, 남북 화해와 번영의 길로 들어가는 데 기여했으면 한다.

차례

KOREA
WON

1장

북핵과 한반도 통일 대논쟁

나는 보수인가
진보인가

국민은 비핵화 협상, 대북지원, 통일에 대해 어떤 생각을 갖고 있을까. 정부가 추진하는 대북정책이 국민의 뜻을 정확히 반영하고 있어야 힘을 받는다. 〈매일경제〉와 한국리서치가 한국전쟁 69주년을 맞아 2019년 6월 12~17일 전국 19세 이상 1,203명을 대상으로 '통일에 관한 국민여론 심층 분석'을 했다. 설문조사 표본오차는 95% 신뢰 구간에서 오차 범위 ±2.8%다.

달라지는 통일 인식

국민 10명 가운데 6명이 남북통일을 원하고 있었다. 과거와 비

통일에 대한 인식

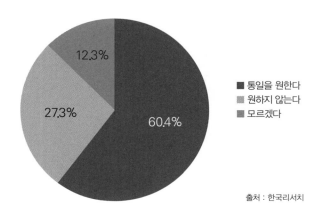

- 12.3%
- 27.3%
- 60.4%

■ 통일을 원한다
▨ 원하지 않는다
■ 모르겠다

출처 : 한국리서치

교하면 상당히 줄어든 수치다. 남북통일에 대한 질문에서 "통일을 원한다"는 답변이 60.4%, "원하지 않는다"가 27.3%, "모르겠다"가 12.3%였다. 35세 미만 응답자 가운데 통일을 원한다는 답변 비율이 50%를 넘지 않아 젊은 세대의 경우 통일에 대한 바람이 크지 않은 것으로 나타났다.

이번 조사는 설문에 앞서 '자신의 성향이 진보와 보수 중 어느 쪽에 더 가깝습니까'라는 질문을 던졌다. "진보"라는 답변은 31.8%, "보수"는 25.5%로 집계됐다. 보수보다는 진보가 더 우세한 것으로 나타났지만, 42.7%는 "진보도 보수도 아니다"라고 응답해 진보와 보수라는 단어로 국민 성향을 구분하기 어려운 것으로 확인됐다. 상대적으로 65세 이상 국민에서 보수 성향이 더 많았고 20대에서는 진보 성향이 우세했다. "둘 다 아니다"라는 답변은 30대와 40대에서 뚜렷하게 나타났다.

　김춘석 한국리서치 여론조사본부장은 "통일에 대한 인식은 이념적 성향보다는 통일비용 부담과 통일 이후 혼란 우려에 대한 개인적 판단이 좌우하는 것으로 해석된다"고 설명했다.

　통일 방식에 대해서는 "개방과 체제 전환을 통한 점진적 통합"이라는 답변이 54.2%로 가장 많았다. 21.5%는 남한과 북한 연방제 통일을, 21.3%는 북한 붕괴 후 흡수 통일을 기대한다고 답했다.

　남북 대화가 필요한 이유에 대해서는 절반 이상인 55.2%가 "군사적 충돌 방지와 평화 유지를 위해서"라고 대답했다. "남북교류 확대와 공동 번영"이라는 답변이 34.2%, "남북통일에 대비해서"라는 대답은 10.6%였다.

　주한미군 철수에 대해서는 "철수하면 안 된다"는 답변이 66.4%로 "철수해야 한다"는 의견 18.8%보다 약 3.5배 더 많이 나왔다. 답변자 가운데 진보 성향 그룹에서도 "주한미군이 철수하면 안 된다"는 반응이 53.4%로 "철수해야 한다"는 대답 30.4%보다 20%p 이상 더 높았다.

　주한미군 철수에 대한 견해는 연령대별로 차이가 있었다. 19~34세는 70% 가까이 주한미군이 유지돼야 한다고 답한 반면 35~54세에서는 이 같은 답변이 50% 중반으로 낮아졌다. 55세 이상 연령대에서 80% 가까이 주한미군 철수에 반대했다. 한반도 비핵화 필요성, 주한미군 주둔 필요성에 대한 관점은 젊은 층과 노년층이 보수적 성향을 보였고 30대와 40대가 상대적으로 진보적 성향을 보인 것이다.

전시작전통제권(전작권) 전환 문제에 대해서는 "한국이 가져야 한다"는 답변이 63.3%로 "미국이 갖고 있는 것이 더 좋다"는 대답 27.8%보다 2배가 넘었다. 하지만 보수 성향 응답자들은 전작권 전환에 대해 찬성 45.3%, 반대 46.9%로 반대 의견이 근소하게 많았다. 진보 성향 그룹에서는 전작권 전환 찬성이 80.1%, 반대가 16.0%로 극명한 대조를 이뤘다.

국민 대다수는 "북한은 비핵화 않을 것"

국민의 절반 이상이 한반도 비핵화를 원하지만 북한이 핵을 포기하지 않을 것이라는 판단이 압도적으로 우세할 뿐 아니라 북한이 핵을 포기하지 않으면 남한도 핵을 가져야 한다는 생각이 적지 않은 것으로 드러났다.

한반도 비핵화의 필요성에 대해 응답자의 54.9%가 "한반도는 반드시 비핵화가 돼야 한다"고 밝혔다. 반면 "비핵화가 반드시 필요한 것은 아니다"라는 답변도 37.5%에 달했다. 이 같은 생각은 성별, 지역, 직업, 학력, 소득과 무관하게 균일하게 분포했으나, 노년층과 젊은 층에서 보수적 성향이 뚜렷했고 30대와 40대는 상대적으로 유연한 태도를 보였다.

연령별 분석에서 65세 이상이 70.8%로 가장 많은 수가 한반도 비핵화를 원했다. 다음은 19~24세로 63.3%가 한반도 비핵화가 필

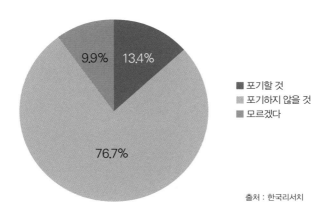

북한 비핵화 기대

- ■ 포기할 것
- ■ 포기하지 않을 것
- ■ 모르겠다

9.9% 13.4%

76.7%

출처 : 한국리서치

요하다고 답했다. 35~44세는 가장 낮은 비율인 45.7%만이 비핵화 필요성을 언급해 절반에 못 미쳤다.

하지만 국민 10명 가운데 8명은 북한이 핵을 포기하지 않을 것이라고 여기는 것으로 나타났다. '북한이 핵을 포기할 것인가'라는 질문에 76.7%가 "포기하지 않을 것"이라고 답했다. "포기할 것"이라는 답변은 13.4%로 차이가 컸다. 9.9%는 "모르겠다"고 답했다.

보수 성향의 응답자가 진보 성향 응답자에 비해 북한이 핵을 포기하지 않을 것이라는 시각이 우세했지만 진보 성향 중에서도 63.9%가 북한이 핵을 포기하지 않을 것으로 판단하고 있었다. 정부가 적극 추진 중인 한반도 비핵화 협상에 대해 국민적 신뢰가 높지 않다는 뜻으로 해석된다.

'북한이 핵을 포기하지 않으면 남한은 어떻게 하는 것이 바람직

한가'라는 질문에서 54.1%가 "남한도 핵을 가져야 한다"고 답했다. 남한이 핵을 가져서는 안 된다는 답변은 30.6%였고, 15.3%는 "모르 겠다"고 답했다. 남한도 핵을 가져야 한다는 의견은 연령대가 높아질 수록 더 많았으며, 보수 성향에서 60.9%가 남한의 핵보유 필요성을 강조했다. 진보 성향 중에서도 48.2%가 남한의 핵보유 필요성을 언 급했다.

한편 도널드 트럼프 미국 대통령과 김정은 북한 국무위원장 간의 미·북 비핵화 협상에 대해서는 "잘될 것"이라는 의견이 38.3%, "잘 안 될 것"이라는 의견이 39.2%로 비등했다. 다만 이념적 성향에 따 라 의견 분포가 크게 달랐다. 보수 성향 그룹에서는 "잘 안 될 것"이 라는 의견이 2배 이상 많았지만 진보 성향 그룹에서는 "잘될 것"이 라는 답변이 2배가 넘었다.

미·북 관계 정상화와 관련한 질문에서는 "국교 수교를 해야 한 다"는 답이 과반을 훌쩍 넘은 65.4%에 달했다. "수교하지 말아야 한 다"는 의견은 15.3%에 불과했다.

미·북 수교를 위한 전제 조건에 대한 질문에서는 '북한 핵폐기'를 절반 가까운 49.8%가 내걸었다. '북한 핵동결'을 조건으로 내세운 응답자는 30.7%였다. 아무 조건 없이 미·북 수교를 시작해야 한다 는 의견은 11.2%였다. "모르겠다"는 답변은 8.3%였다.

이념적 성향을 감안하면 보수 성향 그룹에서는 65.1%가 미·북 수교의 조건으로 '완전한 핵폐기'를 주장했고, 진보 성향 그룹은 40.8%가 '현 상태 핵동결'이라고 답했다.

조건 없는 대북지원에 부정적

국민들은 '조건 없는 대북지원'에 대해 대체로 부정적인 태도를 보였다. 북한이 비핵화 조치를 취하고 난 뒤에야 지원할 수 있다는 응답이 다수를 차지해 북한을 아직 신뢰할 수 없는 상대로 여기고 있는 것으로 나타났다.

'대북 식량지원 등 인도적 지원은 어떻게 해야 한다고 생각하는 가'에 61.5%가 "북한이 핵을 폐기한 후에 지원해야 한다"고 응답했다. "조건 없이 지원해야 한다"는 답변은 27.2%에 불과했다. 남북 경제협력의 전제 조건으로 압도적 다수가 북한 비핵화를 거론했다. 응답자의 49.1%가 "북한 비핵화 단계에 따라 경협 범위를 확대해야 한다"고 답했다. 31.8%는 "북한이 완전한 비핵화를 이룬 후에 경협을 시작해야 한다"고 했다. "아무런 조건 없이 경제협력을 할 수 있다"는 답변은 11.4%에 불과했다. 응답자의 7.6%는 "천안함 폭침, 연평도 포격에 대한 북한의 사과가 있으면 경협을 할 수 있다"고 판단했

대북지원에 대한 생각

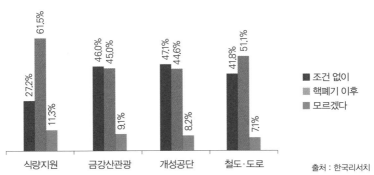

	식량지원	금강산관광	개성공단	철도·도로
조건 없이	27.2%	46.0%	47.1%	41.8%
핵폐기 이후	61.5%	45.0%	44.6%	51.1%
모르겠다	11.3%	9.1%	8.2%	7.1%

출처 : 한국리서치

다. 보수 성향 응답자 가운데 '비핵화 이후 경협'이 49.8%, '비핵화 단계에 따라 경협 확대'가 34.9%인 반면 진보 성향에서는 '비핵화 이후 경협'이 17.0%, '비핵화 단계에 따라 경협 확대'가 61.8%로 역전 현상을 보였다.

'남북 철도·도로·항만 연결은 어떻게 생각하는가'란 문항에서도 "북한이 비핵화를 이룬 후 연결해야 한다"는 응답이 51.1%로 "조건 없이 연결해야 한다"는 응답 41.8%를 압도했다. '북한의 국제통화기금IMF, 세계은행WB, 아시아인프라투자은행AIIB 등 국제기구 가입을 한국은 지원해야 하나'란 질문에는 42.7%가 "지원하지 말아야 한다", 37.7%가 "지원해야 한다"고 답했다.

국민이 대북지원에 대해 전반적으로 인색한 것은 아직 북한의 비핵화 의지에 대한 의심을 떨치지 못했기 때문인 것으로 보인다. 비핵화에 대한 신뢰가 없는 상황에서 조건 없는 대북지원은 '퍼주기'가 될까 우려하고 있다는 의미다.

신범철 아산정책연구원 안보통일센터장은 "통일정책에 대해서 정부와 청와대가 국회를 설득하고 국민여론 수렴을 위한 노력을 해야 하는데 현재는 (국론이) 갈리는 듯한 행보를 더 많이 하고 있는 양상"이라며 "국내 의견이 팽팽하게 갈리고 있는 상황에서 정부가 국민을 통합시키고 설득하는 작업과 국회를 통한 공론화가 필요한데 요새는 그런 노력이 잘 보이지 않는다"고 비판했다. 이어 "동시에 비핵화의 진전이 함께 이뤄진다면 통일정책에 반대하는 사람이 적어질 수밖에 없다. 그 부분은 비핵화와 보조를 맞춰가는 접근을 통해 풀어야 한다"고 덧붙였다.

　한편 미·북 비핵화 협상에서 여러 차례 거래 수단으로 거론되며 초미의 관심사가 됐던 개성공단·금강산관광 재개에 대해서는 찬반 여론이 팽팽했다. 개성공단 재가동은 "조건 없이 재개해야 한다"는 응답이 47.1%를 기록해 "북한이 비핵화를 이룬 후 재개해야 한다"는 44.6%를 근소한 차이로 눌렀다. 금강산관광 재개 여부 역시 "조건 없이 재개해야 한다"는 답변이 46.0%, "북한이 비핵화를 이룬 후 재개해야 한다"는 응답이 45.0%였다.

　개성공단과 금강산관광 재개에서 입장이 뒤집힌 건 본인을 진보라 답한 응답자들의 압도적 찬성 덕분이었다. 진보 성향 응답자들은 개성공단 재가동에서 65.2%가, 금강산관광 재개에서 62.3%가 "조건 없이 재개해야 한다"고 답변했다. '비핵화 이후 재개' 답변은 각각 29.1%, 30.9%에 불과했다. 반면 보수와 중도는 변함없이 '비핵화를 이룬 후 재개해야 한다'는 입장을 유지했다.

　진보 성향 응답자들의 이러한 입장 변화는 개성공단·금강산관광이 김대중·노무현 두 진보 정권이 추진한 '햇볕정책'의 상징이었던 점, 사업이 진행되는 모습을 직접 목격하며 경제적 유인으로 북한 사회를 변화시킬 수 있다는 믿음이 생겨난 점 등이 원인일 것으로 분석된다. 이들은 실제로 햇볕정책의 상징도 아니고 경제적 유인에 해당되지도 않는 인도적 지원 항목에서는 45.8%가 "북한이 핵을 폐기한 후에 지원해야 한다"고 답해 "조건 없이 지원해야 한다"는 답변 43.7%보다 높은 비율을 기록했다.

젊은 세대의 보수적 통일 인식

남북통일 문제에 대한 20대 청년층의 생각은 60세 이상 노년층에 비해 오히려 '보수적'인 것으로 나타났다. 청년들은 북한의 세습 체제에 대한 거부감이 다른 세대보다 컸고 손해가 될 수 있는 통일 방식에는 분명하게 반대했다.

연령·이념별로 통일에 대한 생각을 분석한 결과, 20대 초반 (19~24세) 청년층의 약 40.0%가 "통일을 원치 않는다"고 답했다. 통일에 대한 부정적 시각은 30대 중반~40대 중반은 27.3%, 40대 중반~50대 중반은 16.9%에 그쳤다. 60대 중반 이후 세대도 통일을 원치 않는다는 답변이 27.4%에 불과했다. 20대 초반의 경우 자신을 '진보'라고 분류한 비중이 약 39%로 모든 연령대를 통틀어 가장 높은 수준이었다는 것을 감안하면 통일 문제에서는 청년층의 '보수화'가 두드러졌다.

자신의 삶에 손해가 될 수 있는 통일 방식에 대해서는 분명하게 반대 의사를 내비쳤다. '통일에 필요한 세금을 걷기 위해 법을 만들 수 있느냐'는 이른바 '통일세'에 대한 질문에는 19~24세의 71.1%가 반대했고, 25~34세의 77%가 반대 의견을 나타냈다. 반대 의견이 60%대에 그친 연령대에 비해 10%p 이상 높은 수준이었다.

통일 방식에 대한 응답에서도 이 같은 성향이 뚜렷했다. '북한 체제 붕괴 후 흡수 통일'을 원하는 답변이 20대 중반~30대 중반의 경우 31.6%로 전 연령대에서 가장 높았으며, 20대 초반(31.1%)이 그 뒤를 이었다. 젊은 세대는 북한 비핵화에 대해서도 비관적인 전망이 우

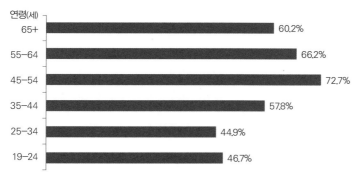

연령별 통일 희망 비율

연령(세)

65+ 60.2%

55-64 66.2%

45-54 72.7%

35-44 57.8%

25-34 44.9%

19-24 46.7%

출처 : 한국리서치

세했다. 20대 초반의 경우 8.9%만이 북한이 핵을 포기할 것으로 봤고, 20대 중반~30대 중반의 경우 9.6%만이 북한이 비핵화할 것이라고 내다봤다.

청년층에서는 '공정성'이라는 가치를 남북 문제에서도 중요한 잣대로 적용하고 있었다. 평창올림픽 아이스하키 남북단일팀 구성 과정에서 선수 선발이 공정하게 진행되지 않았다며 20·30 청년세대를 중심으로 반발이 아주 컸다. 이를 반영하듯 '북한의 3대 세습체제를 어떻게 보느냐'는 질문에 20대 초반 응답자의 71%, 20대 중반~30대 중반 응답자의 73%가 인정하지 못한다고 답했다. 이는 30대 중반~40대 중반(59%), 40대 중반~50대 중반(55%)에 비해 10%p 이상 높은 수준이었다.

북한 세습체제에 대한 전반적 인식은 "인정한다"가 23.9%, "인정하지 못 한다"가 63.7%였으며 12.5%는 "모르겠다"고 답했다. '북한이 국제기구 가입을 위해 남한이 지원해야 하느냐'는 질문에 20대 초반 응답자의 60%가 지원하지 말아야 한다고 답해 전 연령대에서 가장 높은 수준을 보였다. 대북 식량지원도 '북한의 비핵화가 이뤄진 이후 지원'해야 한다는 응답이 20대 초반 73%, 20대 중반~30대 중반 71% 수준으로 "조건 없이 지원해야 한다"는 답변(10%대)에 비해 압도적으로 높았다.

"손해 감수하며 무리한 통일 원치 않아"

〈매일경제〉가 여론조사업체 한국리서치와 손잡고 진행한 '국민 통일 인식 분석'은 통일관, 북핵, 남북교류 등 8개 영역 총 27문항으로 세분화해 분석했다는 것이 특징이다.

향후 통일 교육의 중요한 잣대가 될 수 있는 '이념', '연령대'별 분석을 병행해 국민의 통일 의식을 심층적으로 파악하고자 했다. 조사를 위해 한국리서치는 45만 명에 이르는 표본을 활용했다. 이는 통계청으로부터 '표집틀Sampling Frame'로 인정받은 바 있다. 노익상 한국리서치 회장은 "통일에 대한 종합적인 심층 조사로 볼 수 있다"고 평가하면서 "언론사 차원에서 통일 문제에 초점을 맞춰 깊이 있게 기획한 것은 근래에 없었던 것으로 안다"고 설명했다.

노 회장은 "통일에 대한 기대감은 (국민 사이에) 분명히 있는데 그렇다고 해서 무조건적 지상 과제는 이제는 아닌 것 같다"면서 "평

노익상 한국리서치 회장.

화적 통일은 지향하지만 삶의 피해를 감수하면서까지 무리하게 기대하지 않는 것으로 보인다"고 말했다. 그러면서 "과거에는 통일지상주의 응답이 상당수 있었는데 (최근에는) 통일의 당위성은 인정하되 점진적 방향을 추구하는 경향이 있다"며 "통일 그 자체보다는 당장 군사적 충돌이 일어나지 않는 것을 중요하게 여긴다"고 덧붙였다.

노 회장은 "남북 이산가족 왕래와 남북한 주민 서신 교환, 문화와 스포츠 교류, 언론 교류 등 경제적·정치적 이슈가 아닌 남북 간의 교류에 대해 찬성 비중이 70% 이상 나왔고, 보수도 진보도 중도도 동일했다"며 "여론 조사에서 60%가 넘으면 국민적 합의가 이뤄진 것으로 본다"고 평가했다. 이어 "여야 간 팽팽하게 대립하고 있는 의제라 하더라도 합의를 이루는 것이 가능하다는 지표"라고 말했다. 그러면서 "남북교류에 대한 찬성 비중이 높다는 것은 내부적 자신감의 표현으로도 보인다"면서 "반면 쌀지원은 반대, 금강산관광 재개, 개성공단 재가동, 남북 철도·도로 연결 등에서는 찬반이 거의 반반이었다"고 지적했다.

노 회장은 "대북 식량지원 등 인도적 지원에 대해 연령별로 20대 초반은 65세 이상과 똑같이 북한에 대한 남한의 경제적 지원을 반대하는 비율이 높았다"며 "65세 이상은 이념적 태도 때문에 남한의 북한 지원을 반대한다면 20대 초반은 이념보다는 현실적인 이해관계에서 비롯된 것으로 보인다"고 설명했다.

조선 패망과
지금의 한반도

19세기 후반 한반도의 운명은 바람 앞의 등불과 같았다. 영국, 독일, 러시아, 프랑스, 미국 등 서구 열강이 이권을 찾아 동아시아로 몰려들었다. 개방과 개혁은 당시 조선에나 일본에나 절체절명의 과제였다.

조선은 중국 중심의 질서만 고수하면서 쇄국의 길을 선택했다. 조선은 제너럴셔먼호사건, 병인양요, 신미양요를 거치며 극도로 폐쇄적인 사회가 됐다. 흥선대원군이 전국 곳곳에 척화비를 세워 "서양 오랑캐가 침범해 올 때 싸우지 않음은 곧 화친을 주장하는 것이며, 화친을 주장하는 건 곧 나라를 파는 것"이라며 문을 걸어 닫았다. 대원군의 쇄국 정치는 결과적으로 조선이 급변하는 한반도 주변 정세에 무지하게 만들었다.

일본은 1853년 압도적인 군사력을 앞세운 미국 페리 제독의 개항 요구에 큰 충격을 받았다. 하지만 약육강식의 국제 정세 본질을 깨닫고 발 빠르게 변신했다. 메이지유신으로 서구의 문명을 받아들여 부국강병에 전념했다. 엇갈린 선택이 두 나라의 운명을 결정했다.

홍선대원군이 실각한 뒤 조선은 일본과 강화도조약(1876)을 맺으며 문호를 열지만 조선의 지도층은 개화파와 위정척사파로 나뉘어 갈등이 심화됐다. 조선에 국제 질서를 처음 알려준 사람은 청나라 외교관 황쭌셴이다. 그는 1880년 일본에 수신사로 갔던 김홍집을 통해 고종에게 《조선책략》을 전달했다. 청나라의 입장에서 한반도로 남하하는 러시아를 막기 위해 '친중親中, 결일結日, 연미聯美'라는 조선의 외교 전략을 제시한 것이다.

하지만 청나라가 아편전쟁(1842)에서 프랑스와 영국 등 서구 열강에 패하면서 조선이 믿고 의지했던 청나라 중심의 패권 질서도 흔들리기 시작했다. 조선은 뒤늦게 청나라와 결별하고 일본, 미국, 러시아 등 새로운 우방을 찾지만 오판의 연속이었고, 내부 분열만 가속화됐다. 임오군란(1882)을 맞아 청나라를, 갑신정변(1884)에서 일본을, 동학농민운동(1894)에서 다시 청나라를 끌어들였다가 청일전쟁(1894~1895)을 불렀다.

한반도를 둘러싼 동북아 정세 변화

청나라와 일본은 1894년 7월 조선에서 패권을 장악하기 위한 전쟁을 시작해 10개월 가까이 한반도와 만주를 오가며 치열하게 싸웠다. 1882년 7월 조선 관군이 부당한 대우에 맞서 일으킨 임오군란에 대한 진압 명분으로 들어온 청나라 젊은 장수 위안스카이袁世凱는 조선에 막강한 영향력을 행사했다.

농민들을 중심으로 한 동학혁명군이 1894년 5월 폭정과 외세 침략에 맞서 들고일어났고 6월 1일에는 전주성을 점령했다. 조선 조정의 요청으로 청나라 군대가 중국에서 들어왔고 일본도 6월 8일 동시 출병을 명시한 텐진조약을 핑계로 총과 화포로 무장한 군대 4,500여 명을 인천항에 상륙시켰다. 동학 의병 2만여 명은 우금치(우금티)에서 막강한 일본군과 관군의 화력에 죽창으로 맞섰으나 대부분이 전사하고 말았다.

동학 의병들을 진압한 일본군은 철군하지 않고 아산만으로 들어오는 청나라 함정을 공격해 1,200여 명을 몰살시키면서 청일전쟁을 촉발시켰다. 일본은 성환전투에서 승리한 데 이어 평양, 압록강 해구에서 청군을 무찔렀다. 여세를 몰아 중국 랴오둥반도까지 밀고 올라가 뤼순을 함락했고, 산둥반도의 웨이하이웨이까지 점령했다. 1895년 4월에는 마침내 중국의 항복을 받아냈다. 일본은 이 승리로 시모노세키조약을 맺고 청나라 1년 예산의 2.5배를 배상금으로 챙겼다. 랴오둥반도, 타이완, 펑후섬을 할양받았다. 메이지유신으로 새 문명을 받아들이고 개혁을 통해 국가를 정비하고 전쟁 준비를 철저히 한 일본이 힘을 잃어가고 부패한 청군을 완파한 것이다.

하지만 러시아가 청일전쟁 직후 독일, 프랑스와 함께 일본을 압박

구분	구한말	현재
한국 (남북한)	• 한반도에서 외세 제국주의 패권 싸움, 조선은 쇄국정책으로 개혁 개방 시기 놓치고 일본 식민지를 받게 됨 • 신미양요(1871), 강화도조약(1875), 임오군란(1882), 갑신정변(1884), 동학농민전쟁(1894), 아관파천(1896~1997), 을사늑약(1905), 한일합방(1910)	• 남한 : 문재인 정부, GDP 12위 국가, 북한과 비핵 및 평화 정착 대화 우선 추진, 한미동맹 약화, 일본과 외교, 경제 갈등 심화, 중국 사드 보복, 러시아 영공 침해 • 북한 : 김정은 체제, 핵실험 및 ICBM급 미사일 발사, 미국과 핵협상, 남북정상회담, 중국과 혈맹 관계 유지
미국	• 미국, 필리핀 지배 인정받고 일본의 조선 지배 용인(가쓰라—태프트밀약) • 러시아 남진정책 방어	• 트럼프 미국우선주의, 중국과 무역전쟁, 북한과 비핵 협상 • 한미군사훈련 축소 및 한국에 방위비 증액 요구 • 한미동맹 약화 우려
중국	• 중국, 영국, 일본과 전쟁에서 패배 • 리더십 상실 속 좌우 분열	• G2 부상, 미국과 무역, 군사적 패권 싸움 • 남한과 경제협력 속 북중혈맹 유지, 남한사드 배치에 따른 보복
일본	• 일본, 조선 침략, 중국 등 아시아 식민지 전쟁	• 위안부, 강제징용 문제로 한국과 경제 전쟁 • 미·일·인도·호주 등과 태평양인도연합 체계 구성 • 북한과 정상회담 추진
러시아	• 러시아, 남진 정책 지속, 아관파천, 러일전쟁 패배	• 남진정책 계속, 한국 영공 침범 • 러시아—북—남 가스라인 추진 • 동북아 영향력 확보 노력
국제 질서	• 영국·프랑스·미국·독일·일본 등 강대국 제국주의 침략 용인	• 각자도생 시대, G2 패권전쟁, 한일 경제전쟁 심화

해 랴오둥반도에서 철수하게 했다. 이를 삼국간섭이라고 한다. 고종은 이런 판세를 보고 러시아 쪽으로 움직였다. 고종은 1896년 친러파의 건의를 받아들이는 형식으로 취하며 러시아 공사관으로 옮기는 '아관파천'을 했다. 고종은 러시아에 기대 일본을 견제하려 했지만 러일전쟁(1904~1905)을 촉발시키는 한 계기가 됐다.

청나라 격파로 승기를 잡은 일본은 러시아와 힘을 견주던 1904년 2월 8일 중국 뤼순항에 있던 러시아 함대를 기습 공격하면서 러일전쟁을 시작했다.

일본군은 바로 다음날인 9일 인천 제물포항 앞바다에서 러시아 군함 2척을 격침시키면서 러일전쟁의 불화살을 당겼다. 일본군은 파죽지세로 압록강을 건너 만주로 들어가는 한편, 중국 랴오양도 점령했다. 당시 일본군은 3개 보병단, 13개 예비 여단 등 120만 명의 막강한 힘을 갖추고 있었다. 러시아를 견제하는 목적을 지녔던 미국과 영국은 직간접적으로 일본을 도왔다.

일본군은 1905년 5월 27일 러시아의 발틱 함대와 24시간 전투를 벌여 러시아 제독을 포로로 잡고 전쟁의 종지부를 찍었다. 일본은 이 승리로 그해 9월 5일 포츠머스강화회의를 열고 랴오둥반도 조차권, 창춘~뤼순 간 철도, 남사할린섬을 빼앗는 등 대륙 진출의 교두보를 확보했다.

일본은 이 회담의 여세를 몰아 1905년 11월 17일 을사조약을 체결하고 우리 외교권을 강탈했다. 일본은 이를 계기로 통감부를 설치하고 이토 히로부미를 초대 통감으로 임명하면서 조선에 대한 영향력을 더욱 확대했다.

일본은 조선반도를 발판삼아 만주와 중국 본토를 유린하는 데 사용한 것이다. 러시아 군대를 격파해 들어가던 일본은 1905년 2월 23일 한일의정서를 체결하고 조선 땅을 군용지로 점령하고 통신망 접수에 이어 경부선, 경의선 부설권과 연해의 어업권, 전국의 개간권까지 가져가는 등 경제적 수탈을 노골화해갔다. 한반도가 일본·중국·러시아의 전쟁터가 되면서 많은 조선 백성은 강제동원되고 막대한 피해를 입었다.

가쓰라-태프트밀약, 일본이 조선 먹고 미국이 필리핀 지배

일본의 조선반도에 대한 노골적 침략과 함께 미국·영국·프랑스·독일 등 세계열강이 보여준 태도도 힘없는 약소국의 비애를 실감케했다. 힘이 있으면 친구가 되고, 없으면 사라지는 냉혹한 질서가 작용했다. 제국주의 침략 전쟁 시대에는 다른 나라가 식민 지배를 받든, 약소민족이 짓밟히든 상관없이 각자 자국의 이익에 따라 움직인다는 냉엄한 질서가 세계를 지배했다.

미국과 영국은 러일전쟁 당시 겉으로는 중립을 선언했지만 실질적으로는 일본 편에 확실하게 섰다. 미국과 영국은 1904년 4월과 1905년 5월에 일본에게 총 4억 1,000만 달러의 차관을 제공했다. 이 차관 중 40%가량은 일본의 러일전쟁 전비로 사용됐다. 미국과 영국은 러시아에 대한 석탄 공급을 막고 원조도 차단했다.

시어도어 루스벨트 대통령은 러시아와 일본 간 전쟁이 발발하기 전인 1903년 '일본의 한국 지배를 허락하지 않으면 안 된다. 그것은 러시아에 의한 만주 점령을 막는 데 도움이 될 것'이라는 내용을 골자로 당시 미 대사관의 호러스 뉴턴 알렌 공사에게 한 것으로 전해졌다. 조선에 기독교 선교 미션을 수행하기도 한 알렌은 이런 루스벨트의 친일정책을 비판했고, 해임되는 계기가 됐다.

루스벨트는 하버드대학 동창생인 가네코 켄타로가 특사로 오자 "일본은 한국을 지배할 수 있다. 단, 그들은 한국 내에서 미국의 권익 보호를 해야 한다"고 말했다. 루스벨트는 미국의 필리핀 지배를 방해받지 않기 위해 일본의 조선에 대한 식민 지배를 기정사실화하고 있었다는 얘기다. 그는 러일전쟁이 끝나가던 1905년 7월 29일 측근이자 후에 대통령이 된 윌리엄 태프트 육군성 장군을 일본으로 보내 가쓰라 총리대신 겸 외상을 만나 협정을 하게 했다. 이 밀약은 공식 협정이 아닌 합의 각서Agreed Memorandum의 양식이다. 미국의 역사학자 타일러 교수가 밝혀내지 않았다면 묻힐 수 있는 밀약이었다.

하지만 그 내용은 아시아 질서를 결정한 실질적인 협정이었다. 태프트와 가쓰라는 이 각서를 통해 일본의 한국 종주권을 인정하고, 그 대가로 일본은 한국에서 미국이 소유하고 있는 모든 이권을 침해하지 않기로 했다. 미국의 영유지 필리핀에도 침략 의도를 갖지 않기로 약속했다. 극동의 평화를 유지하기 위해 미국·영국·일본 3국이 실질적인 동맹 관계를 확인한다는 내용도 있다.

미국은 1882년 5월 22일 한미수호통상조약을 통해 조선에서 철도부설권, 전기발전소 설치, 시가 전차와 수도 건설, 평안북도 운산 금광 채굴권 등을 확보했지만 필리핀 지배를 확약받기 위해 일본의 조선 지배와 맞바꾸는 밀약을 체결한 것이다.

미국은 일본의 러일전쟁 중재 제의를 받아들여 1905년 9월 5일 포츠머스강화조약을 체결하도록 했다. 이 조약 1조에는 '한반도에서 일본의 정치·경제·군사상의 우월권을 인정한다'고 기록돼 있다. 포츠머스강화조약 후 일본의 고무라 주타로 특사가 루스벨트를 방문했는데 이 자리에서 루스벨트는 "장래 화근을 조절하기 위해 한국 보호국 수립밖에 없으며, 일본의 조치에 찬성한다"고 밝혔다. 루스벨트가 한국의 주권을 부정하고 일본의 한국 지배를 인정하게 된 것은 필리핀 지배를 확고히 하려는 미국의 실리주의와 가네코 켄타로 특사를 활용한 일본의 로비전이 먹혔다. 루스벨트는 이 밀약을 계기로 동양에서 평화를 가져왔다는 이유로 1906년 노벨평화상을 받았다. 조선에게는 사망 선거와 같은 조약이 루스벨트에겐 평화상을 줄 정도로 냉혹한 게 당시 국제 질서였다. 영국도 1902년 일본과 1차 영일동맹에 이어 1905년 2차 영일동맹을 체결하면서 일본과 연대하는 전략을 펼쳤다.

프랑스도 자국 이해를 지키기 위해 움직였다. 당시 러시아와 동맹 관계에 있었지만 일본 편을 든 영국과의 충돌을 피하려 했다. 독일의 공세를 두려워했던 프랑스는 유럽에서 독일을 견제할 세력으로 러시아를 평가했다. 아시아에서도 러시아 군사력이 약해지는 것을 바라지 않았다. 이런 맥락에서 프랑스가 동맹국인 러시아의 발틱 함대에 석탄 공급을 한 것이 이해된다. 프랑스는 아시아에서의 전쟁에 휘말리지 않겠다며 중립을 선언하고 영불협약을 맺었다.

청일전쟁과 러일전쟁의 결과를 돌이켜보면 한반도 지배권을 둘러싼 중국과 러시아라는 대륙 세력과 일본이라는 해양 세력의 충돌이었다. 당시 국제 질서의 패권 국가인 영국은 미국과 함께 러시아의 남진 팽창을 막기 위해 공동 전선을 펼쳤다. 일본은 여기에 가담했다. 국제 정세를 몰라도 너무 몰랐던 조선은 고비마다 오판으로 망국의 길로 들어선 것이었다. 대륙 세력을 이긴 해양 세력 일본이 명실상부한 동아시아 패권국 지위에 올랐고, 한반도에 대한 배타적 지배권을 굳혔다.

조선 패망의 책임은 당쟁과 무관하지 않다. 조선 조정은 당파 간의 알력이 극심하다 보니 국론이 분열되고 외침에 대처하지 못했다. 여기에 나라가 망할 때는 외척 가문의 세도 정치로 비판과 견제마저 사라졌다.

강대국 경쟁이 심화되는 동북아

21세기에 들어 다시 한반도를 둘러싼 동북아 국제 질서를 뒤흔드는 격변기가 왔다. 열강들이 패권을 다퉜던 100년 전 구한말과 비견된다. 중국은 갈수록 강해지는 '뉴 차이나'다. 경제성장을 바탕으로 G2 반열에 오른 중국은 이제 미국 중심의 세계 질서에 과감히 도전장을 내밀고 있다.

2012년 시진핑 중국 국가주석이 집권하면서 '위대한 중화를 부흥시킨다'는 중국몽中國夢을 선언했다. 중국은 건국 100주년인 2049년까지 경제력과 군사력 모두에서 미국을 넘어선다는 청사진을 제시했다. 일대일로—帶—路와 아시아인프라투자은행AIIB은 미국 중심의 국제 질서를 바꾸기 위한 장기 포석이다. 중국은 덩샤오핑 이래 간직해온 외교 지침인 '도광양회韜光養晦(조용히 때를 기다리며 힘을 키운다)'를 내려놓고 '유소작위有所作爲(할 일은 적극적으로 나서 해결한다)'로 전환한 것이다. 시진핑 국가주석은 다시 2017년 10월 19차 공산당 대표대회 개막 연설에서 '분발유위奮發有爲(떨쳐 일어나 해야 할 일을 한다)'를 강조했다.

이를 위해 중국은 인도양을 거쳐 중동과 아프리카까지 해로상 주요 항구를 장악하는 '진주목걸이 전략'으로 해양 패권 장악에 나서고 있다. 우선 한반도의 서해를 중국의 내해로 여기고 대만에서 오키나와, 필리핀을 연결하는 '제1도련선' 안쪽 해상까지 중국이 통제하겠다는 게 목표다. 중국이 제1도련선 안쪽의 해상을 장악하면 한국과 일본의 해상 수송 물동량은 중국의 통제를 받게 된다.

중국은 태평양에서는 일본~괌~사이판으로 연결되는 '제2도련선' 밖으로 미국을 몰아내는 것을 목표로 하고 있다. 한마디로 인도양과 태평양에서 제해권을 장악하겠다는 것이다.

미국과 중국 간의 피할 수 없는 힘의 재편 과정에 들어선 것이다. 버락 오바마 대통령은 2011년 전후 아시아태평양 지역을 중심으로 하는 재균형rebalancing 전략으로 '아시아로의 귀환'을 선언했다. 도널드 트럼프 대통령 집권 이후 미국은 중국의 세력 확장에 맞서 기존의 '아시아태평양 전략'에서 일본·인도·호주와 함께 추진하는 '인도태평양 전략'으로 전환해 대응하고 있다.

중국이 자신의 해역이라고 주장하는 남중국해에서 자유롭게 항행하겠다는 게 미국의 전략이다. 따라서 남중국해의 영유권, 대만 독립 문제 등을 놓고 군사적인 충돌까지 확대될 수 있다.

'미국 우선주의America first'를 내세운 도널드 트럼프 대통령이 방아쇠를 당겼다. 관세 부과로 시작된 미중 분쟁은 보복전으로 확산되고 있다. 이는 관세를 넘어 기술 패권, 공급망supply chain, 해외 투자 등으로 전선을 넓히고 있다. 인공지능AI, 빅데이터, 자율주행차, 5G 이동

통신 등 4차 산업혁명의 판도를 좌우하는 장기적 대결이다. 안보 지형과 글로벌 경제는 겪어보지 못한 새로운 상황에 빠져들고 있다. 총성만 없는 패권 경쟁이 격화되며 신냉전 시대가 도래했다.

전략적 선택의 기로에 놓인 한국

미중 간 격돌은 한반도의 지정학적 리스크를 키운다. 한반도는 팽창하려는 중국과 이를 저지하려는 미국의 힘이 직접적으로 맞부딪치는 곳이다. 한반도가 어느 쪽에 힘을 실어주느냐에 따라 미중 간의 전력 균형추가 기울어질 수도 있다. 한국 입장에서 미국과 중국은 안보든 경제든 어느 한쪽도 포기하기 힘들다. 그렇다고 섣불리 어느 한쪽 편을 드는 것은 어리석다. 이론적으로 중립을 지키는 게 좋겠지만, 현실적으로 어렵다.

한국은 2016년 사드 배치로 중국의 보복을 심하게 당한 경험이 있다. 롯데마트가 중국 시장에서 철수하고 중국 관광객의 관광 금지 조치가 이어졌다. 이로 인해 한국이 입은 피해액은 2017년 한 해에만 8조 원이 넘을 정도였다. 이제 중국은 사안별로 한국을 무시하고 홀대하는 단계에 와 있다. 중국 전투기는 동해까지 출몰하고, 군함은 서해 중간선을 넘나들면서 한국을 위협하고 있다. 한국을 뒤덮은 미세 먼지가 중국에서 넘어오지만, 우리는 제대로 된 항의조차 못하고 있다.

한중 관계는 노태우-김영삼 정부 '우호 협력 관계', 김대중 정부

2017년 8월 22일 미군 수뇌부가 경상북도 성주사드기지를 시찰하는 장면. 앞줄 오른쪽부터 해리 해리스 미 태평양사령관, 빈센트 브룩스 한미연합사령관, 존 하이튼 전략사령관.

출처 : 주한미군사령부

'협력 동반자 관계', 노무현 정부 '전면적 협력 동반자 관계', 박근혜 정부 '전략적 협력 동반자 관계의 심화'에 이어 문재인 정부에서 '실질적인 전략적 협력 동반자 관계'로 발전했다지만 화려한 외교적 수사만 남은 관계다.

　2019년 중국 통신장비업체 화웨이를 둘러싼 미·중 충돌로 한국의 대표 기업들이 압박을 받고 있다. 트럼프 행정부는 '네트워크 사이버 보안'을 들어 화웨이 통신장비와 제품은 사지 말라고 한국을 비롯한 동맹국에게 요구하고 있다. '반화웨이' 동맹에 가담한 일본·호주·영국 등과 달리 한국은 대중국 수출이 전체 수출액 가운데 25%가 넘는다.

'안보는 미국, 경제는 중국'이라는 전략이 통하지 않는 상황이다. 미국의 노골적인 요구를 외면하면 당장 미국의 압박에 직면할 뿐 아니라 동맹 간 신뢰가 깨져 안보 문제로까지 이어질 수 있다. 더욱이 트럼프 대통령은 방위비 인상을 압박하면서 한미동맹이 곳곳에서 균열 조짐이 나타나고 있다.

강제징용 판결로 갈라진 한일 관계

2018년 10월 대법원의 강제징용 손해배상 확정 판결은 한일 관계의 균열을 초래했다. 대법원의 확정 판결은 1965년 한일청구권협정 체결로 개인의 청구권이 소멸된 것은 아니라고 판단했고, 식민 지배 당시 일본 기업의 반인도적 불법 행위에 대한 손해배상청구권을 인정했다. 2018년 11월 문재인 정부는 2015년 한일 위안부 합의로 설립된 화해치유재단의 해체를 선언하면서 양국 간의 불신의 골이 깊어졌다.

아베 정권은 우리 정부에 대한 공세를 강화하고 있다. 일본은 청구권협정에 따라 강제징용자들에게 한국 정부가 배상해야 한다는 입장을 고수했다. 강제징용 판결에 따른 전범기업 자산 현금화가 현실화되자, 일본 정부는 2019년 7월 1일 대법원의 강제징용 배상 판결에 대한 경제 보복 조치를 발표했다. 일본이 보복 조치로 수출 규제 대상에 올려놓은 플루오린 폴리이미드[FPI], 포토레지스트[PR], 고순도 불화수소(에칭가스) 등 세 품목은 반도체·디스플레이 생산에 필수 소재다. 이어 8월에는 한국을 화이트리스트(수출 절차 간소화 대상 국가)에서 제외하는 수출무역관리령 개정안을 공포했다.

화이트리스트에서 배제되면 일본 정부가 서류 보완을 지시하거나 현장 검사를 하는 방식으로 얼마든지 수출을 지연시킬 수 있다. 사용 용도까지 세세히 따지고 들거나 군사 전용 우려가 있다고 판단되면 나사·철강 같은 일반 품목(비규제 품목)조차 수입에 차질이 빚어질 수 있다. 일본의 소재·부품·장비 의존도가 높은 한국 기업을 쥐락펴락할 수 있게 됐다.

한일 관계가 1965년 국교 수립 이후 최악의 갈등상태다. 일본의 경제 보복은 한일 관계를 돌이키기 어려운 대결과 대립, 갈등으로 몰고 갔다. 오랜 정경분리 원칙을 깨고 한국의 경제 숨통을 죄겠다고 나선 것이다. 역사·외교 문제를 경제 문제로 확대한 일본의 도발에는 '전쟁 가능한 정상 국가' 일본을 향한 아베의 야욕이 깔려 있다.

일본의 무도한 행동에 우리 국민이 분노하는 것은 당연하다. 국민의 감정을 존중하고 이를 극일克日의 계기로 삼아야 하는데, 정치권은 소모적 반일 감정을 부추기거나 이에 편승하고 있다.

일본의 경제 보복에 맞서 정부는 한일군사정보보호협정(GSOMIA·지소미아)을 종료하기로 전격 결정했다. 김유근 청와대 국가안보실 1차장은 "일본이 명확한 근거 없이 한일 간 신뢰 훼손을 이유로 화이트리스트에서 우리나라를 제외함으로써 안보협력 환경에 중대한 변화가 초래됐다"면서 "정부는 안보상 민감한 군사정보 교류를 목적으로 체결한 협정을 지속시키는 것이 국익에 부합하지 않는다고 판단했다"고 밝혔다. 일본이 우리를 사실상의 '안보적성국'으로 간주한 만큼 지소미아 종료 결정이 불가피했다는 것이다.

김현종 국가안보실 2차장도 "우리로서는 진심으로 편견 없이 일본과 강제징용 문제를 외교적으로 해결하기 위해 모든 방안에 대해 긍정적으로 검토할 용의가 있었고, 이러한 입장을 일본 측에 전달했다"며 "그러나 이에 대한 일본의 대응은 단순한 거부를 넘어 우리의 국가적 자존심까지 훼손할 정도의 무시로 일관했으며, 외교적 결례를 범했다"고 밝혔다.

지소미아는 1945년 광복 이후 한일이 처음 맺은 군사협정이다. 미국의 강력한 요청으로 박근혜 정부 때인 2016년 11월 23일 체결됐다.

한일 갈등에 중립적 입장을 지키던 미국은 지소미아 종료 결정에 강하게 불만을 표출했다. 정부는 지소미아 종료 결정이 한미동맹과는 별개의 사안이라고 했지만 미국은 동북아 안보협력 체제에서 한국이 이탈하려는 신호로 받아들였다. 마크 에스퍼 미 국방장관은 지소미아 결정에 대해 "(한일) 양측이 관여된 것에 대해 매우 실망했고 지금도 실망한 상태다"고 말했다. 미 국무부 대변인은 "지소미아 종료는 한국 방어를 더욱 복잡하게 하고 미군에 대한 위험을 증가시킬 수 있다"는 입장을 내놓았다. 마이크 폼페이오 국무장관도 실망이라는 말로 불편한 감정을 드러냈다. 한미 관계의 균열이 얼마나 심각한지 적나라하게 드러났다.

이낙연 국무총리는 "지소미아가 종료되는 11월 23일까지 약 3개월의 기간이 남아 있다"며 "그 기간에 타개책을 찾아 일본이 부당한 조치를 원상회복하면 우리는 지소미아 종료를 재검토할 수 있다"고 말했다. 한일 간 외교적 해결을 위해 지소미아 파기를 재검토할 가능성을 열어둔 것이다. 하지만 한일 관계 악화와 동시에 한미 관계도 급속히 나빠지면서 외교 고립 우려가 현실화되고 있다.

03

남북 이슈를 둘러싼
10가지 쟁점

국가 : 세습체제 인정 vs 세습체제 붕괴

북한은 당(조선노동당)-정(내각과 국가 기관)-군(인민군)을 지도하는 최고지도자인 '수령'이 통치하는 구조다. 수령을 혁명의 '뇌수'로 규정해 수령에게 절대적인 지위와 절대 권력을 부여하고 있다. 수령은 김일성 주석 → 김정일 국방위원장 → 김정은 국무위원장으로 3대 '백두혈통'으로 세습됐다. 2012년 4월 헌법 개정으로 김일성을 '영원한 주석'으로, 김정일을 '영원한 국방위원장'으로 헌법 서문에 명문화했을 정도다.

북한은 수십만 명이 굶어 죽고, 경제가 나빠져도 국가의 정통성이나 정체성의 위기를 겪지 않는 독특한 나라다. '김일성 주석은 영

북한 김정은 노동당위원장이 2016년 6월 29일 열린 최고인민회의 제13기 제4차 회의에서 국무위원장에 추대되는 장면.

출처 : 매경 DB

원히 우리와 함께 계신다'는 구호가 빈말이 아닐 정도다. 봉건 왕조 같은 체제로 권력을 3대째 세습하면서 주민들을 외부 세계와 격리 하는 것으로 정권을 유지하고 있다. 세상과 동떨어진 세습체제에 대 한 부정적인 시각을 갖는 것은 당연하다.

그래서 세습 독재 정권과 타협해서는 안 된다는 것이 보수의 논 리다. 강한 압박과 제재를 통해 북한 체제의 붕괴를 이끌어내는 대 북정책을 펼쳐야 한다는 주장이다. 하지만 결과적으로 북한은 아직 도 망하지 않고 버티고 있다.

분단 이후 남과 북은 체제 경쟁과 대립 속에서 적대감을 키워온 경계의 대상이면서 한편으로 같은 동포로 대화와 협력해야 할 대상 이다. 남북이 적대적 대결로 치달으면 한반도 긴장이 높아지고, 안보 와 경제도 불안한 상태에 놓이게 된다.

남북 간에 체제 경쟁은 끝났다. 자유민주주의체제와 세습체제, 시장경제체제와 계획경제체제 간의 경쟁은 비교 대상이 되지 않을 정도다. 역설적으로 북한이 체제 경쟁에서 뒤처지면서 핵과 미사일을 통해 체제 유지에 매달리고 있다.

그래서 의연하게 북한의 세습체제를 인정한 뒤 대화의 파트너로 삼아 화해와 협력 방안을 모색하자는 것이 진보의 입장이다. 적대적인 남북 관계를 평화와 화해 협력 관계로 바꾸기 위해서 김대중 정부와 노무현 정부 10년 동안 대북포용정책을 펼쳤다. 금강산관광과 개성공단 등 남북협력사업으로 휴전선을 뚫고 철도와 도로가 연결되면서 군사적 긴장도 많이 줄었다. 문재인 정부도 남과 북이 서로를 존중하고 협력하면서 '함께 잘 사는 한반도'를 추구하는 남북한 화해협력정책을 펼치고 있다.

통일 : 우리에게 필요한가 vs 이대로 좋은가

전쟁을 경험했거나 '우리의 소원은 통일'이라는 노래를 불렀던 세대는 통일을 지상 과제로 여긴다. 반면 젊은 세대는 '우리는 하나의 민족'이라는 말이 가슴에 와닿지 않는다. 오히려 북한을 귀찮고 불편한 존재로 여긴다. 한반도의 군사적 긴장, 남북의 단절과 대결 상황을 정상적인 것으로 이해하고 성장했다. 현실에서 부딪히는 북한은 군사적으로 대치하는 적대 관계다. 핵과 미사일로 겁만 주는 게 아니라 '불바다'로 만들 수 있는 군사적 능력을 갖추고 있다. 당위론적으로 북한은 민족 공동체를 실현하기 위한 대화와 협력의 대상이다.

그래서 남북 간에는 툭하면 갈등이 생기고, 긴장이 높아지거나 아니면 화해 기류에 대한 기대와 희망이 넘쳐난다. 우리는 이렇게 양극단을 오가는 체험에 지쳐 있다. 남북이 남남처럼 아예 신경 쓰지 않고 사는 게 더 낫다고 생각하기 쉽다. 도움을 주는 것도 없는데, 북한과는 서로 다른 주권 국가로 영영 살아가자는 주장에 동조하는 사람이 많다.

하지만 북한을 무시하려고 해도 그렇게 할 수 없는 게 현실이다. 북한은 여전히 남한의 모든 것에 대한 경쟁 심리를 갖고 있다. 어떤 때는 도발의 형태로, 어떤 때는 대화와 협력의 모습으로 드러난다. 북한은 엄청난 국력의 격차로 통일을 주도할 능력을 잃었지만, 우리가 아무리 부정해도 북한은 남한에 의한 흡수 통일 가능성을 끊임없이 의심하고 있다.

분단으로 인한 대립과 갈등은 남북한 모두에게 소모적인 경쟁과 대결을 일으키고 엄청난 비용을 치르게 하고 있다. 막대한 군사적 비용뿐 아니라 남북이 번영할 수 있는 기회를 잃게 하는 유무형의 손실을 초래한다.

한반도는 통일로 인해 새로운 성장동력과 시장을 확보해 비약적인 성장이 가능하다. 국토 면적 확장과 인구 증가로 내수 시장이 확대되고, 해양과 대륙으로 나가는 요충지라는 지정학적 특성을 살려 물류와 교통의 중심으로 부상할 수도 있다. 남쪽은 5,000만 인구, 1인당 GDP가 3만 달러에 달하는 세계 12위의 경제 규모를 갖추고 있다. 한반도에 경제공동체가 형성되면 인구 8,000만 명에 세계 10위권 안에 드는 경제 규모를 갖출 수 있다. 안보 위협의 해소는 국가 신용 등급과 국가 브랜드 가치를 높인다.

남과 북을 자유 왕래할 수 있다면 북한을 통해 동북3성(지린성·랴오닝성·헤이룽장성)을 비롯한 중국과 러시아와 바로 연결된다. 무역, 교통, 물류의 빅뱅이 일어나고 대륙과 해양을 연결하는 동북아 중심 국가로 거듭날 수 있다.

인권 : 모른 척해야 하나 vs 적극 제기해야 하나

매년 UN 〈북한인권조사위원회COI 보고서〉에 담긴 북한의 인권 실상은 참혹하다. 공개 처형을 비롯해 불법 체포, 구금 시설에서 가혹 행위, 연좌제 적용 등이 횡행하고 있다. 정치범 수용소에는 12만 명 이상이 갇혀 구타와 강제 노역에 시달리고 있다. 북한은 사회주의 헌법에서 신체의 자유와 안전은 물론 언론·출판·집회·결사의 자유를 인정하고 있지만 현실에서는 강력히 통제하고 있다.

국제 사회는 이 같은 북한의 인권 참상에 적극적으로 대응하고 있다. UN인권이사회UNHRC는 2005년부터 2018년까지 14회 연속 '북한인권결의안'을 채택했다.

UN이 해마다 북한인권결의안을 채택하는 것은 북한 인권 상황이 개선되지 않고 열악하다는 확실한 증거다. 국제 사회가 북한 인권에 주목하는 이유는 자명하다. 인권 문제는 인간 존엄에 관한 보편적 가치라는 공감대가 형성돼 있기 때문이다.

통일연구원의《북한인권백서 2019》에 따르면, 북한에서는 여전히 주민의 생명권이 위협받고 있다고 평가했다. 북한에서 재판을 거치지 않거나 형식적 재판을 거쳐 처형하는 초법적, 약식 또는 자의적 처형을 종종 하는 것으로 파악했다. 한국 녹화물을 시청·유포한 행위에 대한 사형 사례가 증가하고 있다. 이외에도 한국행 기도에 따른 정치범 수용소 수용 사례가 지속적으로 확인됐다. 탈북을 알선하거나 한국에 있는 가족과 전화 통화를 했다는 이유만으로 정치범 수용소에 보내졌다고 한다.

북한은 체제 유지 차원에서 내부의 인권 문제를 제기하는 것을 내정 간섭이라고 주장하며 민감하게 반응하고 있다. 북한 체제를 전복시키려는 기도로 받아들 수 있는 여지가 있다. 북한의 인권이 개선되려면 북한의 체제가 변해야 한다. 비핵화보다 더 어려운 문제다.

진보는 남북 관계 개선을 위해 북한 인권 문제에 전략적 접근이 필요하다는 입장이다. 인권 문제로 북한을 불필요하게 자극하고 압박하는 정책 대신 북한이 자발적으로 열악한 인권 문제를 개선하도록 유도하자는 것이다. 남북 대화에서 북한 인권을 내세운다고 북한이 수용할 리도 없다. 오히려 상대를 자극하기만 한다는 논리다.

보수는 북한의 참혹한 인권 실태를 세계에 널리 알려 북한의 변화를 유도하는 인권 외교에도 힘을 쏟아야 한다고 주장한다. 인권 침해 상황에 대해서도 더 많은 정보가 유입되도록 다양한 정보 침투 수단을 동원해 북한 주민들의 환멸과 각성을 이끌어야 한다. 북한도 정상 국가로 나아가려면 인권 문제에 대해서도 달라진 모습을 보여야 한다.

대북지원 : 인도적 지원 vs 대북 퍼주기

대북지원은 남북 관계 역사에서 논쟁이 많은 이슈다. 동포인 북한 주민이 어려우니 따지지 말고 돕자는 게 인도적 지원의 논리다. 이러한 논리에는 대북지원을 남북 관계 개선의 지렛대로 삼자는 의도가 담겨 있다.

반대 논리는 '핵과 미사일로 남쪽을 위협하는데 인도적 지원까지 한다는 것은 대북 저자세'라는 것이다. 이 논리를 주장하는 사람들은 쌀 한 톨 줄 때가 아니고 제재 강화로 북한을 더 옥죄어야 한다고 주장한다. 인도적 지원을 하더라도 인권 개선, 이산가족 상봉 등 상호주의를 바탕으로 지원을 추진하자는 등 의견이 분분하다.

보수 진영에서는 식량지원을 위한 부담, 경의선과 동해선 철도·도로 연결 사업을 위한 자재 및 장비 지원, 금강산관광객 관광 경비 지원, 개성공단 기반 시설 건설비용 무상 지원 등을 포함해서 김대중 정부의 대북지원은 2조 7,028억 원, 노무현 정부의 대북지원은 5조 6,777억 원이라고 주장한다. 인도적으로 지원된 물품들이 노동당원, 군인 등 핵심 계층 위주로 돌아가면서 '퍼주기' 논란을 불러일으켰다.

과거에 우리가 보낸 쌀은 상당 물량이 군부대로 흘러갔고, 쌀 포대는 전방 진지 구축용으로 쓰였다. 금강산관광객 관광 경비 등으로 지원된 달러가 핵무기와 미사일 개발에 전용됐다는 주장이 제기됐다. 김대중·노무현 정부 당시 차관 형태로 보낸 240만 톤의 쌀을 비롯한 3조 5,000억 원어치의 대북지원금을 아직도 상환하지 않고 있어 논란이 되고 있다.

이에 대해 진보 진영에서는 '퍼주기' 주장은 사실이 아니라고 강하게 반박하고 있다. 식량·비료 지원 같은 인도적 지원은 비판의 대상이 될 수 없고, 인도적 지원은 인도적 원칙에 따라 진행됐다는 것이다. 대북지원은 한반도의 평화와 안정에 기여했다고 평가하고 있다. 남북경협은 우리 기업이 얻은 이익도 더 크다고 설명한다.

대북지원에 대한 원칙을 세워야 한다. 국민적 공론화는 어렵더라도 최소한 국회나 시민단체 중심으로 사회적 합의를 만들어야 한다. 동네방네 떠들면서 하는 일회성 지원은 이벤트 효과 이상을 기대하기 어렵다. 인도적 지원이라면 정치 상황과 무관하게 긴급 구조가 필요한 곳에 매년 일정하게 보내야 한다. 수해·가뭄 지역이나 노약자를 비롯한 취약 계층을 염두에 둔 '맞춤형' 지원이 북한을 덜 자극하고 사업도 오래갈 수 있다. 북한의 취약 계층에게 실제로 분배해야 한다는 점은 이견이 있을 수 없다.

통일비용 : 얼마나 부담할 수 있나

우리 사회에 잠재된 통일비용에 대한 우려는 엄청나다. 갑자기 통일이 된다면 '축복'이 아니라 '재앙'이 될 것이라는 통일 기피 심리도 크다. 문제는 전문가들의 통일비용 추정치가 남한만의 비용, 남북한 모두 비용, 정부의 재정 부담, 민간의 투자, 통일 예상 시점 등에 따라 고무줄이라는 점이다. 어떤 방식이 될지 모를 통일비용을 계산한다는 게 쉽지 않다.

국회예산정책처가 내놓은 〈남북교류 협력 수준에 따른 통일비용과 시사점〉(2015)에 따르면 2026년 통일이 된다고 가정했을 때 남북 간 교류 협력이 없는 급격한 통일 시에는 4,822조 원이 들 것으로 추정된다. 반면 전면적 경제협력을 한다면 통일비용은 2,316조 원으로 줄어드는 것으로 추산된다. 미국 피터슨국제경제연구소의 마커스 놀랜드 수석 부소장은 통일 시 북한 안정을 위한 초기 비용만도 1조 달러(약 1,180조 원)가 든다고 전망했다.

남북한보다 경제 격차가 훨씬 작았던 동·서독도 1990년 갑작스러운 통일 이후 극심한 혼란과 경제적 고통을 겪었다. 북한의 경제가 동독 경제보다 훨씬 열악하고 남한의 인구나 경제력은 서독보다 작기 때문에 남북한 통일비용이 동서독의 그것보다 클 것으로 추정된다. 그래서 천문학적 비용이 드는 통일보다 평화 공존을 선호하는 목소리도 높다. 남북통일의 필요성에 대한 인식이 옅어지고 있는 것은 여간 우려스러운 일이 아니다. 통일 의지의 약화는 분단 고착화로 이어질 수 있다.

분단으로 인해서 치르는 대가를 분단비용이라고 한다. 대표적인 것이 국방비다. 2020년 한 해 국방 예산이 50조 원에 달할 정도다. 이렇게 막대한 국방비를 지출하고도 한반도에 긴장이 고조될 때마다 추가비용을 지출해왔다. 평화가 정착되면 분단비용을 줄일 수 있다.

통일은 기회가 오면 잡아야 하는 것이지 비용을 이유로 회피할수 없다. 더욱이 통일에는 비용이 수반되나 통일로 인한 편익도 상당하다. 남북 간 경제협력이 한국 경제의 성장 잠재력을 높일 수 있고, 노동 집약의 중소기업에게 새로운 활로를 될 수 있다는 데 공감대가 형성돼 있다.

단기적으로는 남북협력기금의 불용액을 적립하고 나아가 통일기금을 확충하는 방안을 찾아야 한다. 통일세처럼 국민 생활에 직접적으로 영향을 끼치는 사안은 국민 공론화를 통해 의견을 수렴해야한다. 통일비용이란 우리 경제적 능력에 맞게 조절될 수밖에 없다. 장기적으로 우리 경제를 튼튼하게 키워가는 것이 최우선이다.

핵 : 비핵화 의지 없다 vs 경제성장과 안전보장되면 핵포기

북한이 3대에 걸쳐 핵개발에 집착하는 이유는 몇 가지로 요약된다. 무엇보다 핵보유는 북한 체제 유지의 확실한 보증서다. 핵보유국을 상대로 선제공격이나 전면전을 감행한 나라는 없다. 설사 선제 타격을 하더라도 지하 깊은 갱도에 숨겨진 핵과 미사일을 모두 제거할수는 없다. 역으로 핵무기를 서울로 겨냥한 뒤 북한이 서해 5도를 기습 점령한다면 우리가 핵 보복을 각오하고 재탈환하기가 쉽지 않을것이다. 오히려 '핵 인질'이 되는 셈이다. 북한이 남한과의 재래식 무기 경쟁에서 이길 수 없지만 핵과 미사일을 통한 비대칭 전략으로 남한에 대한 군사적 우위를 확보한 것이다. 북한 내부적으로 주민 봉기나 쿠데타가 일어났을 때 이를 무력 진압하더라도 국제 사회가 개입할 가능성이 크지 않다.

그래서 핵을 보유한 나라는 핵을 포기하지 않는다는 게 국제 정치의 상식이다. 북한은 핵을 포기했다가 끔찍한 최후를 맞은 리비아의 독재자 카다피와 핵개발에 실패해 비참한 종말을 맞은 이라크 대통령 후세인의 전철을 밟지 않을 것이다.

미국을 비롯한 국제 사회가 북한의 핵보유를 용인하든 불용하든, 북한이 핵보유국이 됐다는 것은 부인할 수 없는 사실이다. 북한은 미국과의 북핵 협상에서 핵동결로 핵보유국으로 지위를 인정받는 것이 최대 목적이다. 우리 국민도 상식 차원에서 북한이 핵을 포기

2018년 5월 24일 한국을 비롯한 5개국 기자단이 지켜보는 가운데 실시된 함경북도 길주군 풍계리 핵실험장의 폭파 장면.

출처 : 매경 DB

하지 않을 것으로 예상하고 있다. 완전한 핵폐기까지 북한이 진정한 비핵화 의지를 가지고 있는지 시험받게 된다. 북핵 협상 30여 년 동안 쌓인 깊은 불신 때문이다. 트럼프 대통령도 자신은 과거의 대통령처럼 결코 속지 않겠다고 여러 차례 강조했다.

반면 북한이 체제의 안전을 확고하게 보장받고, 경제성장의 길이 열린다면 핵을 포기할 것이라고 반박한다. 핵을 가진 채 최빈국의 지위에 만족하면서 북한을 이끌어가기에는 김 위원장의 통치 기간이 너무 많이 남아 있다. 북한이 핵포기에 대한 진정성을 보여준다면 미국을 비롯한 국제 사회도 미·북수교와 불가침조약 체결 등으로 체제 안전을 보장해야 한다. 다음 단계로 북한이 개혁과 개방의 길로 나아가 정상 국가가 되도록 도와야 한다. 북한이 핵무기를 몇 개나 보유하고 있는지 알 수는 없지만 은폐하려고 한다면 북한 전역의 지하시설에 얼마든지 숨길 수 있다. 김 위원장이 미국과 국제 사회를 믿고 핵포기의 길로 들어서도록 만들어야 한다.

중국 : 통일을 원하는가 vs 현상 유지를 원하는가

중국은 북한과 1,400km에 달하는 국경을 접하고 있어 북한의 안정에 대해 민감하다. '입술이 없으면 이가 시리다'는 순망치한脣亡齒寒은 한국전쟁 당시 마오쩌둥 주석이 참전을 결정하면서 내세운 논리다.

냉전 시기 북한은 중국과 사회주의 이념을 공유하며 혈맹 관계를 유지했다. 1970년대 중반 이후 중국이 개혁·개방 노선을 채택하면서

두 나라 관계는 금이 가기 시작했다. 1991년 중국은 북한과의 교역에서 사회주의 경제에서 유지해온 구상 무역을 포기하고 경화 결제를 요구했고, 1992년 한·중수교로 북중 관계는 악화됐다.

북한은 국제 사회에 점차 고립되면서 중국에 전적으로 의존하는 상황이 되고 있다. 북중 경제협력도 중국의 일방적인 지원에서 벗어나 양국이 '윈-윈' 하는 관계로 발전하고 있다. 중국은 북한의 경제 개발을 돕는 대신 북한의 저렴한 노동력과 지하자원을 활용하려는 것이다. 북한의 전략적인 중요성으로 볼 때 중국은 북한을 포기할 수 없다. 북한 정권이 전복될 경우 중국은 당장 북한에서 밀려올 수백만 명의 난민을 어떻게 처리할지도 골칫거리다.

북한 정권의 붕괴는 두만강, 압록강 경계의 역동성을 급증시키면서 만주 지역에 혼란을 초래할 수 있다. 더구나 옌볜 지역을 중심으로 거주하는 조선족 분리주의와 만주 영토 회복주의가 형성될 수도 있다. 중국은 한반도에서 북한 정권이 사라지고 나면 미군이 주둔하는 친미 성향의 통일한국이 들어서는 것도 원하지 않을 것이다. 중국의 1차 목표는 한반도의 현상 유지다. 한반도의 통일 여부보다 한반도의 안정이 중국으로서는 더 중요하다는 것이다.

불가피하게 통일되는 경우 중국은 통일 과정에서 자국의 영향력 확대를 추구할 것이다. 통일한국과 중국 간에 분쟁이 발생할 수 있는 영토 문제에 대해 사전에 분명한 입장 정리를 원할 가능성이 높다. 북중 간 영토 확정에 대한 기존 합의의 존중이다. 경제적으로는 북한에 투자한 중국 기업들의 재산과 권리의 보장을 요구할 것이다.

북한 지역의 경제 건설 과정에서 중국 기업의 적극적인 참여를 원할 것이다.

통일한국은 한미동맹이 종료된 상태의 비핵 국가나 완충 지역의 역할을 강하게 희망할 것이다. 통일한국에서 주한미군이 압록강까지 진출하는 것은 용인하지 않을 것이다. 중국의 영향권에 들어오는 친중 성향의 통일 국가를 희망할 것이다.

미국 : 통일에 도움이 되나 vs 분단 고착화시킬 것인가

한반도에 미군이 주둔하기 시작한 시기는 일제가 패망한 직후인 1945년 9월 8일부터다. 1949년 11월 군사고문단만 남기고 철수했다가 6개월 만인 1950년 6월 25일 한국전쟁 발발에 신속하게 참전했다. 1953년 휴전 이후 한미상호방위조약을 체결하고 나서 미국은 1969년 7월 닉슨독트린, 1979년 카터 행정부의 주한미군 감축 등 우여곡절을 거쳐 현재 2만 8,500명이 주둔하고 있다. 평택에 있는 캠프 험프리스는 여의도 면적의 5배인 1,467만 7,000m²(444만 평)에 달해 외국에 있는 미군기지 가운데 단일 기지로는 최대 규모다.

한반도에 대한 미국의 개입은 지정학적 차원에서 전략적 이해가 있기 때문이다. 미소 냉전 시대에는 공산권의 도전을 억제하기 위해서, 지금은 미중 간의 패권전쟁에서 동북아의 전진기지 역할을 하고 있다. 한미동맹은 미일동맹과 함께 미국이 아시아에 대한 개입 전략을 추진하는 데 핵심 고리가 되고 있다.

미국을 포함한 주변 국가들은 한반도 통일을 지지한다는 게 공식 입장이다. 하지만 속내는 한반도의 분단이 지속되는 현상 유지를 가장 원한다. 미국 역시 한반도의 안정적인 세력 균형 상태를 바라고 있다.

남북 간에 군사적 긴장이 완화되고 자유롭게 교류한다면 국내에서 주한미군의 역할을 놓고 논란이 제기될 수밖에 없다. 만약 통일 한국에서 주한미군이 철수하게 된다면 주일미군의 주둔 근거도 흔들리게 된다. 7개의 주일미군의 기지는 한반도 유사시 미국의 개입과 대북 억제를 통해 일본 방위에 기여하는 게 목적이다. 그럼에도 불구하고 통일이 현실로 다가온다면, 주변 4국 가운데 한반도의 통일을 적극 지원할 국가는 미국일 가능성이 높다. 미국은 주변 4국과 달리 한반도와 인접해 있지 않다. 국제 정세의 변화에 따라서 한반도는 미국의 핵심 이익이 걸려 있는 나라가 아닐 수 있기 때문이다.

북한이 아닌 동맹국인 남한 주도의 통일을 지지할 가능성이 높다. 북한의 핵을 비롯한 대량살상무기WMD로 미국에 대한 위협도 사라지게 할 수 있다. 한편으로 통일된 한반도에 미군이 철수해야 한다면 동북아의 거점이 사라진다는 점에서 반대할 수도 있다. 미중 패권전쟁 결과로 미국의 힘이 쇠락해진다면 남한을 더는 지원하지 못할 수도 있다.

한반도 통일이 미국의 이익에 부합하면 적극 지원할 것이고, 미국의 이익에 반하면 반대할 것이다. 한반도에서 미국의 역할에 대해선 선입견이나 희망적인 환상을 가져서는 안 된다.

개발 지원 : 우리 돈으로만 vs 국제기금과 함께

문재인 정부가 추진 중인 신남북경협사업에 20년 동안 약 63조 5,000억 원의 투자비가 필요하다는 분석이 나왔다. 연평균 3조 1,750억 원으로 추산된다.

조봉현 IBK경제연구소 부소장에 따르면 경의·동해선 철도 현대화와 서울~평양 간 고속도로 개·보수 등에 향후 20년 동안 11조 1,000억 원이 필요할 것이라는 전망치를 내놨다. 개성공단 확대(15조 8,000억 원), 에너지협력사업(15조 7,000억 원), 서해평화경제지대 조성 (6조 9,000억 원), 농수축산협력사업(5조 2,000억 원), 금강산국제관광 벨트사업(4조 3,000억 원), 북한 산림복구사업(1조 3,000억 원), 북한 자원 개발(1조 원) 등 총 63조 5,000억 원이 투입될 것으로 계산됐다.

북한과의 경협비용은 조사 기관마다 다르지만 적게는 수조 원, 많게는 수백조 원의 재원이 필요하다는 전망이다. 이를 도와줄 수 있는 최고의 경협 파트너는 남한뿐이다. 인도적 지원과 교류를 포함해 남북경제협력사업에 투입할 수 있는 남북협력기금이 있다. '한강의 기적'을 이룬 경험과 기술을 전수할 수 있다. 북한인프라개발기금, 북한개발은행 등 다각적인 금융 지원 방안이 논의되고 있다.

하지만 우리 경제의 능력을 벗어나 무한정 지원할 수 없다. 우리 국민의 부담 의사를 넘어서는 북한개발자금은 외국 및 국제기구로부터의 차관과 무상 지원, 외국인과 외국 기업 직접 투자, 북한 지역의 기업 및 토지 민영화를 통한 매각 수입 등 다각적인 방법으로 조달할 수 있다. 1990년대 말 동구권 국가를 비롯해 베트남 등도 개혁

개방이 되면서 국제금융기구의 지원을 받았다.

북한이 국제금융기구의 지원을 받으려면 국제 사회로 편입돼야 한다. 첫 단계는 IMF 가입이다. 현재 UN 회원국 193개국 가운데 절대 다수인 189개국이 IMF 회원국이다. 미국이 IMF의 16.52%의 지분을 보유한 최대 주주이기 때문에 미국의 입김이 가장 세다. 미국과의 관계 개선이 선행돼야 IMF에 가입할 수 있는 것이다.

IMF 회원 가입을 위해 국민소득, 무역수지, 경상수지, 외환보유고 등 국가 통계를 제출해야 한다. 북한도 IMF에 가입해야 글로벌 경제 체제에 진입하는 것이다. 이어 WB, 아시아개발은행ADB, AIIB 등 국제기구로부터 지원도 가능하다. 이와 함께 북한은 일본과의 관계 개선에 따른 전쟁 배상금으로 경제발전의 종자돈을 만들 수 있다. 남한은 1965년 일본과 국교를 정상화하면서 5억 달러를 받아 경부고속도로, 포항제철 등 국내 인프라 건설로 돌려져 '한강의 기적'의 기반을 다졌다.

단계적 제재 완화

김정은 국무위원장은 2019년 신년사에서 '전제 조건과 대가 없이 개성공단과 금강산관광을 재개할 의사가 있다'고 밝혔다. 금강산관광과 개성공단을 남북 대화의 전제 조건으로 내걸 만큼 남북경협이 절실하다는 얘기다.

리용호 북한 외무상도 하노이 미·북정상회담에서 북한이

'2016년부터 2017년까지 채택된 UN 제재 5건'의 완화를 요구했다. 이 같은 요구는 2016년 1월 북한의 4차 핵실험 이후 채택된 일련의 UN 제재들이 북한의 중요 수출입 활동과 국제 금융 거래 등을 제한하며 북한 경제 전반에 상당한 타격을 줬다는 의미다.

대북제재가 북한 경제에 어느 정도 영향을 끼치기 시작했다는 조짐이 보이고 있다. 북한은 식량난을 호소하면서 국제기구에 원조를 요청하고 있다.

대북제재를 지지하는 측에서는 북한의 제재 완화 요구에 꿈쩍도 하지 말아야 한다고 한다. 오히려 불법 환적 등 감시 수위를 높여 북한을 더 옥죄어야 한다는 주장이다. 대북제재로 수출입이 급감하면서 대외 교역이 붕괴되고 있으며, 북한 경제를 움직이는 달러의 공급량도 줄면서 외환 시장에도 타격을 주고 있다.

아직은 쌀값과 환율이 안정적이지만 제재가 지속되면 북한 경제는 심각하게 위축되면서 경제위기에 직면할 것이다. 주민 불만이 커지면서 자연스럽게 체제 위기가 오면 북한 지도부도 비핵화 협상에 적극 나설 것으로 판단하고 있다. 제재를 서두르면 오히려 효과가 없고, 개성공단과 금강산관광 재개 등 일부 제재 완화는 북한 경제의 숨통을 틔워주면서 비핵화 협상력도 낮춘다는 것이다.

반면 대북포용정책을 지지하는 측에서는 강력한 제재에도 불구하고 북한이 굴복하지 않을 것으로 보고 있다. 북한 지도부는 제재로 인해 또다시 엄청난 기근이 발생해도 버틸 것이라고 단언한다.

금강산관광 중단, 개성공단 폐쇄, 남북 교역 중단 등을 포함한

2017년 12월 22일 UN안전보장이사회에서 북한에 대한 결의안을 표결하는 장면.

5·24조치는 모두 우리 정부의 단독 조치라는 점에서 국제 제재와 성격이 다르다.

관광 분야는 UN의 제재 대상이 아니어서 금강산관광 재개는 상대적으로 용이하다. 북한 선박의 남측 해역 운항 금지 조치, 대북지원사업 재개, 북한 주민 접촉 제한조치 해제 등은 현재 가능한 사안이다. 개성공단 재개는 UN의 제재와 중첩된다는 점에서 창의적 해법을 찾아야 한다. 남북 간 교류는 민족 내부 간 거래이기 때문에 국제 제재와 무관할 수 있다는 논리다. 그런 명분을 가지고 국제 사회를 설득하고 대안을 제시해서 돌파구를 찾는 것이다. 북한 주민을 돕기 위한 인도적 지원도 과감하게 나서 남북 간 교류 협력 분위기를 조성하자고 주장한다.

2장

한반도 비핵화와 평화 협상

01
성공과 실패의
북핵 30년

북한 핵문제는 1989년 프랑스 상업위성 'SPOT 2호'에 의해 영변의 핵시설이 알려지면서 공론화됐다. 이후 30여 년 동안 진전과 후퇴를 거듭하며 한반도를 둘러싼 위기와 갈등의 진원지가 됐다. 당시 동유럽 공산권 국가들의 붕괴와 소련의 해체는 북한에 엄청난 충격을 주면서 북한 내부에 체제 위기감이 고조됐다. 북한의 동맹국이자 후견국인 소련과 중국이 한국과 외교 관계를 수립하자, 북한은 외교적 고립에 빠졌다. 북한은 핵무기만이 스스로를 보호해줄 수 있다고 판단하고 국제 사회의 제재와 압력에도 불구하고 집요하게 핵개발에 매달렸다.

북한 핵개발의 역사는 1955년 북한과학원에 핵물리연구실을 설

립하면서 시작됐다. 소련과 원자력 협정을 체결한 뒤 1962년 평안
북도 영변 지역에 설립한 원자력연구소와 1965년 소련에서 도입
한 IRT-200으로 불리는 연구용 원자로가 핵 연구의 기반이 됐다.
1970년대 말 영변에 5MW 실험용 원자로를 비롯한 독자적인 핵시설
을 갖춰나갔다.

1980년대 에너지난이 심각해지자 북한은 매장량이 풍부한 우라
늄을 활용한 전력 생산을 구상하면서 소련에 원자력발전소 건설을
요청했다. 원자력발전을 위해 1985년 12월 핵확산금지조약NPT에 가
입했다. NPT 가입국은 18개월 내에 국제원자력기구IAEA와 핵안전조
치협정을 체결한 뒤 핵사찰을 받아야 하지만 북한은 핵사찰을 계속
미뤘다. 체르노빌 원전 사고 등을 이유로 소련의 원자력발전소 건설
은 무산됐다.

냉전 종식 위기에서 핵개발을 택한 북한

미국의 정보기관은 1989년 영변에 건설 중인 핵시설이 플루토늄
을 생산하는 재처리 시설임을 확인했다. 그해 9월 프랑스 상업위성
이 찍은 영변 핵시설 사진이 공개됐다. 이때부터 북한 핵문제의 서막
이 열린 것이다.

조지 부시 대통령은 냉전 종식에 맞춰 1991년 9월 전 세계에 배
치한 전술 핵무기를 철수하기로 하고, 한국에 배치된 핵무기도 철수
했다. 이 같은 영향으로 노태우 정부도 1991년 11월 '대한민국 어디

에도 어떤 형태로든 핵무기는 존재하지 않는다'는 핵 부재 선언을 했다. 이어 남북은 1991년 12월 한반도 비핵화 공동선언을 채택했다. 핵무기 시험·제조·접수·사용 금지, 핵에너지 평화 목적 이용, 핵 재처리·농축시설 보유 금지, 핵통제공동위원회 구성 등 6개항의 공동선언이었다.

한반도 평화 무드에 1992년 1월 김용순 북한 국제부장과 아놀드 캔터 국무부 정무차관이 뉴욕에서 미북 간 첫 고위급회담을 열었다. 회담의 결과로 북한은 1992년 1월 IAEA와 핵안전조치협정에 서명하면서 핵계획이 평화 목적임을 과시했다.

해빙 무드가 깨진 것은 1992년 7월 IAEA 사찰 결과와 북한의 신고 내용이 일치하지 않아 특별 사찰 문제가 제기되면서다. IAEA는 수차례 사찰 결과, 핵무기 제조용 플루토늄을 추출한 것으로 추정했다. 미국은 1992년 10월 팀스피리트 훈련을 이듬해 3월 재개하기로 했다. 북한은 이를 빌미로 1993년 3월 NPT 탈퇴를 선언하면서 1차 북핵위기가 발생했다.

북한은 상황을 벼랑 끝으로 몰고 가면서 긴장을 고조시켰다. 주한미군기지에 패트리어트 미사일, 아파치 헬기, 비상용 군수 물자 등이 속속 도착하면서 한반도에 긴장이 최고조에 달했다. 이때 지미 카터 전 대통령이 중재를 위해 1994년 6월 판문점을 통해 전격 방북했다. 김일성 주석은 카터에게 미국이 대북 핵공격을 하지 않고 경수로를 제공해주면 핵프로그램을 동결하고, IAEA의 영변 특별 사찰을 수용하겠다고 밝혔다. 하지만 1994년 7월 8일 김일성 주석이 급성심

북한 핵문제 일지

1985년 12월 12일	북한, NPT 가입
1991년 9월 17일	남북한, UN 동시 가입
1992년 4월 9일	북한 최고인민회의, IAEA 협정 승인 결정
1993년 3월 12일	북한, NPT 탈퇴 선언
1994년 6월 13일	IAEA가 6월 10일 북한 제재결의안 채택, 북한 IAEA 탈퇴 선언
1994년 6월 15~18일	지미 카터 전 미국 대통령 북한 방문
1994년 7월 9일	김일성(7월 8일) 사망, 미북회담 중단
1998년 8월 31일	북한, 대포동 1호 미사일 시험
1999년 6월 6~15일	남북한 해군 1차 연평해전
2000년 6월 13~15일	평양, 1차 남북정상회담 개최
2002년 6월 29일	2차 연평해전
2002년 10월 5일	북한, 우라늄 농축 프로그램 보유 시인
2003년 8월 27~29일	베이징, 1차 6자회담
2005년 2월 10일	북한, 핵무기 보유 발표 및 6자회담 중단 선언
2006년 7월 5일	북한, 대포동 2호 미사일 시험
2006년 10월 9일	북한, 최초 핵실험
2009년 4월 5일	북한, 장거리 로켓(은하 2호, 광명성 2호) 시험 발사
2009년 5월 25일	북한, 2차 지하 핵실험
2009년 6월 12일	UN안보리, 대북제재결의 1874호 채택
2010년 3월 26일	천안함사건
2010년 11월 23일	연평도포격사건
2011년 12월 17일	김정일 국방위원장 사망
2012년 12월 12일	북한, 장거리 로켓 '은하 3호' 발사
2013년 2월 12일	북한, 3차 핵실험
2016년 1월 6일	북한, 4차 핵실험 / '첫 수소탄 시험 성공' 주장
2016년 2월 7일	북한, 장거리 로켓(미사일) '광명성호' 발사
2016년 2월 10일	정부, 개성공단 가동 전면 중단 결정
2016년 9월 9일	북한, 5차 핵실험
2016년 11월 30일	UN안보리, 북한 5차 핵실험 따른 대북제재결의 2321호 채택
2017년 9월 3일	북한, 6차 핵실험
2017년 9월 11일	UN안보리, 북한 6차 핵실험에 대응한 대북제재결의 2375호 채택
2017년 9월 14일	북한, IRBM '화성-12형' 발사
2017년 11월 29일	북한, ICBM급 '화성-15형' 발사
2017년 12월 22일	UN안보리, 대북제재결의 2397호 채택
2018년 4월 27일	문재인 대통령-김정은 위원장, 판문점 평화의 집 남북정상회담
2018년 5월 26일	문재인 대통령-김정은 위원장, 판문점 통일각 남북정상회담
2018년 6월 12일	트럼프 대통령-김정은 위원장, 싱가포르 정상회담
2018년 9월 19일	문재인 대통령-김정은 위원장, 평양 남북정상회담
2019년 2월 28일	트럼프 대통령-김정은 위원장, 하노이 정상회담
2019년 6월 30일	남북미 정상 첫 판문점 회동

근경색으로 사망했다. 그해 7월 25일 사상 첫 남북정상회담을 앞두고 있어 그의 갑작스런 죽음은 큰 충격이었다.

미국과 북한은 스위스 제네바에서 북핵 협상을 다시 시작해 1994년 10월 21일 '제네바합의'를 만들었다. 미국의 중간 선거를 2주 앞둔 시점에 서둘러 합의한 것이다. 북한이 핵활동을 동결하면 그 대가로 미국과 한국이 북한에 100kW급 경수로 2기를 건설하고 중유를 제공하는 내용이 담겼다. 특별 사찰은 경수로 건설 마지막 단계인 핵심부품이 인도되는 시기로 미룬 불완전한 타협이었다.

북한은 1994년 11월 1일 핵활동 동결을 선언했다. 1995년 한·미·일은 경수로 건설을 맡을 한반도에너지개발기구KEDO 컨소시엄을 설립했다. 북한은 1997년 10월 영변 원자로의 폐연료봉 8,000여 개를 봉인했다. 미국은 의심 지역으로 지목한 양강도 금창리 지하시설을 1999년 사찰해 이상 없음을 확인했다. 이에 따라 경수로 본 공사는 2002년 2월 함경남도 신포에서 착수했다. 경수로 건설이 지연되자 북한은 제네바합의에서 정한 중유 50만 톤 외에 추가 전력 보상을 요구했다. 미국이 추가 보상을 거부하자 북한은 핵시설에 대한 IAEA 사찰을 거부했다.

고농축우라늄 핵개발, 2차 북핵위기

1994년 제네바합의로 1차 북핵위기가 봉합된 뒤 8년 만에 2차 북핵위기가 시작됐다. 2001년 출범한 부시 행정부는 네오콘을 중심으로 대북 강경 정책으로 전환했다. 2002년 1월 조지 부시 대통령은 연두교서에서 북한, 이란, 이라크 세 나라를 악의 축으로 규정하고 "선제공격으로 정권을 교체시켜야 할 대상"이라고 선언했다. 그해 10월 3일 제임스 켈리 미국 국무부 차관보가 조지 부시 대통령의 특사 자격으로 평양을 방문한다.

켈리 차관보가 북한의 HEU 문제를 제기하자, 강석주 외무상 제1부상은 "핵무기는 물론 그보다 더한 것도 가지게 돼 있다"고 말했다. 북한이 영어로 번역한 것은 "was entitled to posses not only nuclear weapon but any type of weapon more powerful than that"이다. '핵무기보다 더 강한 것'은 확정되지 않은 모호한 표현이었다. 미국은 강석주 제1부상이 HEU 프로그램을 시인했다고 판단했다. 반면 북한은 그런 적이 없다고 맞섰다.

KEDO는 2002년 11월 북한의 즉각적인 핵포기를 요구하며 대북 중유 공급 중단을 결정했다. 북한은 그해 12월 12일 핵동결 해제 및 핵시설 가동을 선언했다. 8,000여 개의 폐연료봉, 재처리시설인 방사화학실험실, 핵연료봉 제조 공장 등에 붙였던 봉인을 제거했다.

북한은 2003년 1월 10일 NPT 탈퇴를 재선언하면서 핵위기를 불러왔다. 그해 10월에는 영변의 5MW 원자로를 재가동했다. 2차 북핵 위기는 다자간 협상으로 해법을 모색했다. 2003년 8월부터 남북과 미·중·러·일 6개국이 참여한 6자회담이 가동됐다. 6자회담은 가다 서다를 반복하는 가운데 북한은 2005년 2월 10일 핵무기 보유를 선언했다.

2005년 9월 19일 4차 6자회담 전체회의에서 9·19공동성명을 채택한 뒤 6개국 대표들이 손을 맞잡고 축하하는 장면.

출처 : 매경 DB

　미국이 주도해서 2005년 9월 19일 6자회담에서 '모든 핵무기와 현존 핵계획 포기'를 담은 9·19공동성명을 채택했다. 하지만 공동성명 직후 미국 재무부는 마카오의 방코델타아시아^{BDA}은행에서 북한의 불법 자금을 동결시켰다. 북한은 2006월 7월 5일 대포동 2호 미사일을 발사했다. 10월 9일 함경북도 길주군 풍계리 지하에서 플루토늄을 원료로 한 1차 핵실험도 감행했다.

폐기된 비핵화 합의들

　미북 간 협상이 이어져 2007년 '9·19공동성명에 언급된 모든 핵무기와 현존하는 핵프로그램의 포기하는 과정을 동결-불능화-신고-폐기의 4단계로 나눠 동결 부분에 관한 이행 절차를 구체화한

'2·13합의'를 발표했다. 이어 불능화의 신고 범위와 반대급부를 제공하는 '10·3합의'를 도출했다.

2008년 5월 미국이 북한을 테러 지원국 명단에서 해제하고 북한은 24시간 내에 영변 5MW 원자로의 냉각탑을 폭파하기로 합의했다. 2008년 6월 27일 북한이 '핵 불능화'를 하겠다면서 영변 5MW 원자로의 냉각탑을 폭파했다. 이 장면은 CNN 등으로 전 세계에 중계됐고, 불가역적인 핵폐기로 가는 상징적인 사건으로 받아들여졌다. 미국은 북한이 주장하는 '행동 대 행동' 원칙에 따라 북한을 테러 지원국 명단에서 해제했다.

그러나 미국과 북한은 서로를 믿지 못했다. 북한은 핵개발을 둘러싸고 미국과의 갈등이 이어지자 "HEU 공장을 비롯한 영변의 모든 핵시설과 함께 5MW 흑연 감속로(원자로)를 재정비, 재가동하는 조치를 취한다"며 돌아섰다. 핵물질 및 핵시설 검증에 대한 이견으로 인해 6자회담은 2008년 12월을 마지막으로 열리지 못했다. 5년의 산고 끝에 나온 9·19공동성명은 무너졌고 북핵문제는 원점으로 돌아갔다.

9·19공동성명 좌초 이후 북한은 핵무장의 길을 걸었다. 북한은 2009년 5월 25일 풍계리 지하 실험장에서 2차 핵실험을 다시 감행했다. 2010년 3월 천안함 피격 사건, 11월 연평도 포격도발 사건 등 남북 관계가 극단적으로 악화됐다. 북한은 11월 12일 영변의 HEU 시설을 전격 공개함으로써 그간 북한을 둘러싼 모든 핵 의혹은 사실로 드러나게 됐다.

2012년 미북 대화에서 핵과 미사일 발사 중단 등을 포함한 '2·29합의'가 타결되고 협상 진전에 대한 국제 사회의 기대가 높아진 것도 잠깐이었다. 북한은 4월 13일 장거리미사일 발사를 강행해 2·29합의를 파기하고, 헌법 서문에 핵보유국임을 명시했다. 오바마 행정부도 대화를 포기하고 '전략적 인내'를 택했다.

2011년 12월 17일 김정일 국방위원장이 사망하고, 2012년 4월 28일 김정은이 노동당 제1비서로 추대되면서 새 국면으로 전환됐다. 북한은 2013년 2월 13일 3차 핵실험, 3월 9일 '핵보유국 지위 영구화 선언', 3월 31일 '경제 건설 및 핵 무력 건설 병진노선' 채택, 4월 1일 '자위적 핵보유국 지위 공고화 법'을 제정했다.

북한은 2016년 1월 6일 풍계리에서 다시 4차 핵실험을 감행한 뒤 수소탄 실험을 했다고 주장했다. 그해 5월 7차 당대회 계기 '병진노선 당규약 명기' 등 일련의 조치를 통해 국제 사회의 강력한 반대에도 불구하고 핵보유국 공식화를 시도했다. 4차 핵실험 8개월 만인 9월 9일 5차 핵실험을 감행했고, 폭발력은 10kt(1kt=TNT 1,000톤의 폭발력)이었다. 5차 핵실험 후 북한은 핵탄두 소형화에 성공해 미사일에 핵탄두를 장착할 수 있다고 주장했다.

2017년 11월 핵무력 완성 선언

2017년 9월 3일 6차 핵실험을 강행한 뒤 ICBM 장착용 수소탄 시험을 성공했다고 발표했다. 그해 11월 북한은 수소탄 핵실험과

ICBM 발사 성공을 계기로 '국가 핵무력 완성'을 선언했다. 국방부는《국방백서》에서 북한의 핵 능력에 대해 "6차 핵실험에서 보여준 핵폭발 위력은 약 50kt으로 이는 과거 핵실험에 비해 현저히 증대돼 수소탄 시험을 시행한 것"이라고 평가했다. 핵무기 원료인 HEU는 700~800kg, 플루토늄은 50여kg 보유하고 있다는 것으로 미국 정보 당국은 추정하고 있다.

스톡홀름국제평화연구소SIPRI는 2019년 1월 보고서에서 북한이 현재 20~30기의 핵탄두를 보유해 2018년 10~20기보다 더 늘어난 것으로 추정된다고 밝혔다. 영국의 국제전략문제연구소IISS도 북한의 핵무기 숫자를 20~60개로 추산하는 자료를 냈다. 이처럼 기관마다 차이가 있는 건 최근 몇 년 동안 핵무기에 사용되는 핵물질을 북한이 얼마나 생산했는지를 파악하는 게 어려워졌기 때문이다.

《국방백서》는 북한이 작전 배치했거나 개발 중인 중거리탄도미사일IRBM과 ICBM의 사거리에 대해서는 무수단 3,000km, 화성-12형 5,000km, 화성-13형 및 화성-14형 5,500km 이상, 화성-15형 1만 km 이상으로 평가했다. 북한이 보유한 탄도미사일의 탄두중량은 잠수함발사탄도미사일SLBM인 북극성 및 북극성-2형(사거리 1,300km)과 IRBM인 화성-12형 및 무수단은 650kg, ICBM인 화성-15형은 1,000kg으로 평가됐다.

북한의 핵무기 소형화 능력을 고려할 때 탄두중량 500kg이면 핵탄두 탑재가 가능하다. 따라서 화성-15형이 작전 배치되면 북한이 미 본토를 핵무기로 공격할 수 있는 능력을 갖추는 것이다.《국방백

2017년 7월 4일 오전 동해상으로 ICBM 화성-14형을 시험 발사하는 장면.

출처 : 조선중앙TV 캡처

서》는 "탄두의 대기권 재진입 기술 확보 여부를 검증할 수 있는 실거리 사격은 실시하지 않아 이에 대한 추가 확인이 필요하다"며 북한의 ICBM 능력의 완성 여부 평가는 유보했다.

02

남북·미북 잇단 정상회담,
격랑의 한반도

2018년은 격동의 한 해였다. 문재인 대통령과 김정은 국무위원장의 3차례 정상회담이 세계의 시선을 한반도로 집중시켰다. 사상 첫 미북정상회담이 열리면서 비핵화 논의도 본격화됐다.

악화일로를 걷던 한반도 정세는 1988년 서울올림픽 이후 30년 만에 다시 열린 평창동계올림픽을 계기로 일순간 급반전했다. 김정은 국무위원장이 신년사에서 평창올림픽 참가와 남북 관계 개선 의지를 밝혔다. 평창올림픽 참석을 명분으로 김 위원장의 여동생인 김여정 노동당 제1부부장이 서울을 방문해 문재인 대통령을 만나 김 위원장의 친서를 전달했다. 이어 남북고위급회담, 남북단일팀 구성, 북한의 평창올림픽 참가와 고위급대표단 파견 등이 이어지면서 대화 국면으로 급진전됐다.

정의용 청와대 국가안보실장은 3월 특사단을 이끌고 방북해 4월 말 1차 남북정상회담 개최를 확정했다. 이어 정 실장은 미국으로 향해 트럼프 대통령을 만나 '김 위원장이 트럼프 대통령과 조속한 만남을 희망한다'는 메시지를 전달했다. 트럼프 대통령도 '만나겠다'는 의사를 밝히면서 사상 처음 미북정상회담이 성사됐다.

한반도 정세가 극적으로 전환된 데는 문재인 정부의 중재 외교의 역할이 컸다. 2018년 7월 '베를린 구상'을 내놓은 이래 문 대통령의 끈질긴 대북, 대미 설득 외교가 통한 것이다. 대북특사단은 김정은 위원장으로부터 비핵화 의지 표명과 핵·미사일 실험 중단 약속을 받아냈다. 북한의 핵·미사일 도발 중단 의사가 분명해지면서 트럼프 대통령도 미북정상회담 제안을 수락했다.

평양 남북정상회담 첫날인 2018년 9월 18일 오후 평양 시내에서 시민들이 일상을 보내고 있는 모습.

출처 : 매경 DB

북한 최고지도자, 남한 땅 처음 밟다

4월 27일 남북의 두 정상이 판문점 군사분계선MDL: Military Demarcation Line에서 만났다. 문재인 대통령과 김정은 국무위원장은 환한 얼굴로 첫 악수를 나눴다. 두 정상은 분단의 선을 손잡고 함께 넘고 다시 넘었다. 전 세계가 지켜보는 가운데 분단을 넘어 평화로 통일로 나아가자는 평화의 의지를 보여줬다. 남북 대결의 상징이던 판문점을 화해의 상징으로 바꾸는 역사적인 장면이었다.

두 정상은 완전한 비핵화와 남북 관계의 획기적 개선 등 합의 사항을 담은 '한반도의 평화와 번영, 통일을 위한 판문점선언'을 채택함으로써 남북 관계의 새로운 이정표를 세웠다.

문재인 대통령과 김정은 국무위원장이 기자들 앞에서 판문점선언의 의의와 내용을 설명하면서 개방적인 모습을 연출했다. 김 위원

문재인 대통령과 김정은 국무위원장이
판문점에서 처음 만나 인사하는 장면.
출처 : 매경 DB

장은 시종 '이행 의지'를 강조했다. 남북 정상이 다짐한 대로 평화의 길로 들어설 것으로 기대감에 부풀었다. 김 위원장의 부인 리설주 여사가 만찬에서 문 대통령, 김정숙 여사와 함께한 것도 정상 국가화의 의지를 보여준 것이다. 남북 정상은 수행원이나 통역 없이 30분 동안 단둘만의 '도보다리 밀담'을 나눴다. 전 세계에 생중계된 두 정상의 판문점 MDL 악수와 도보다리 산책은 세계사에 길이 남을 명장면으로 기록됐다.

하지만 5월 25일 트럼프 대통령이 김 위원장을 향한 공개서한에서 미북정상회담 취소 의사를 밝히면서 미북협상이 위기를 맞았다. 다음날인 5월 26일 문 대통령과 김 위원장은 판문점 북측 지역 통일각에서 2차 정상회담을 했다. 6·12 싱가포르 미북정상회담을 앞두고 김 위원장이 '중재자'인 문 대통령에게 만남을 요청했다. 급박하다 보니 사전에 알려지지 않고 사후 공개됐다. 두 정상은 한반도 비핵화와 항구적인 평화체제를 위한 협력 의지를 재확인했다.

적대 관계 청산 첫걸음, 센토사의 악수

우여곡절 끝에 6월 12일 싱가포르 센토사섬 카펠라호텔에서 '세기의 만남'으로 1차 미북정상회담이 열렸다. 이날 오전 9시 4분 두 정상이 회담장 양국 국기 앞으로 성큼성큼 걸어갔다. 트럼프 대통령이 먼저 "나이스 투 미트 유, 김정은"이라고 인사를 건넸고, 김 위원장은 "대통령님을 만나뵙게 돼서 기쁘게 생각합니다"라고 답했다.

김 위원장이 트럼프 대통령에게 "우리에게는 발목을 잡는 과거가 있고, 그릇된 편견과 관행들이 때로는 우리 눈과 귀를 가렸지만 모든 것을 이겨내고 이 자리에 왔다"고 말하는 장면이 전 세계에 생중계 됐다.

두 정상은 공동성명에서 "트럼프 대통령은 북한에 체제 안전보장을 제공하고, 김 위원장은 한반도의 완전한 비핵화에 대한 확고하고 흔들리지 않는 약속을 재확인했다"고 밝혔다. 두 정상은 새로운 북·미 관계 수립과 한반도 평화체제 구축을 위한 공동의 노력, 북한의 4·27판문점선언 재확인과 완전한 한반도 비핵화 노력, 북한 지역의 미군 유해 발굴 및 송환 등 4개항에 합의했다.

싱가포르 공동선언문은 새로운 미북 관계 수립, 평화체제 구축, 비핵화로 이어지는 구조다. 미국의 선 비핵화론이 밀려나고, 북한이 요구해온 선 신뢰 구축이 관철된 것이다. 미국이 원하던 '완전하고 검증 가능하며 돌이킬 수 없는 비핵화CVID'가 빠졌다. 비핵화의 구체적인 조치나 시한이 담기지 않았다. 트럼프 대통령은 "시간이 없었다"라고 솔직하게 답했다.

트럼프 대통령은 회담 후 기자회견에서 "우리가 북한과 협상을 하는 상황에서 군사훈련을 하는 것이 부적절하고 매우 도발적이라고 생각한다"고 밝혀 한·미 군사훈련 중단 방침을 시사했다. 회담의 상징성에도 불구하고 트럼프 대통령은 거센 미국 내 비판에 시달렸다. 가시적인 성과 없이 북한이 오랫동안 주장해왔던 논리를 수용했다는 이유다.

백두산에 오른 남북 정상

정상회담 한 달 뒤 싱가포르 합의 이행 방안을 논의하기 위해 평양을 방문한 폼페이오 국무장관은 종전선언의 대가로 북한 핵시설과 무기에 대한 완전한 신고와 검증을 요구했다. 이에 북한은 합의 정신을 위반하는 강도적 요구라고 반발했다. 미북 간 대화 분위기는 빠르게 식었고, 교착상태로 빠져들게 된다.

3차 남북정상회담은 9월 18~20일 평양에서 했다. 문재인 대통령과 김정은 국무위원장은 19일 백화원 영빈관에서 평양공동선언문을 발표했다. 두 정상은 공동선언에서 "남과 북은 한반도를 핵무기와 핵위협이 없는 평화의 터전으로 만들어가야 하며 이를 위해 필요한 실질적인 진전을 이뤄나가야 한다는 데 인식을 같이했다"고 밝혔다. 그 세부 조치로 북한은 동창리 엔진 시험장과 미사일 발사대를 유관국 전문가들의 참관하에 영구 폐기하기로 했다. "미국이 상응 조치를 취하면 영변 핵시설의 영구 폐기 같은 추가 조치를 계속 취할 용의가 있다"고 합의하면서 미북 대화의 불씨를 살렸다. 김 위원장이 이른 시일 내 서울 답방을 명시해 분단 이후 첫 서울 정상회담을 예고했다.

부속합의서로 군사 분야 이행합의서를 채택, 남북군사공동위원회를 재가동하고 긴장 완화 조치들을 취하기로 했다. 이와 함께 동해선 및 경의선 철도·도로 연결 착공식과 개성공단 재개 협의 등 교류 협력을 증진하기로 했다.

김 위원장은 전 세계로 생중계된 기자 회견에서 "조선반도를 핵

문재인 대통령과 김정은 국무위원장이 무개차를 타고 평양 순안공항에서 백화원 초대소로 이동하며 시민들을 향해 인사하고 있는 모습.

출처 : 매경 DB

무기도, 핵위협도 없는 평화의 땅으로 만들기 위해 적극 노력해나가기로 확약했다"고 밝혔다. 김 위원장이 처음 육성으로 '비핵화'를 확약한 것이다.

문재인 대통령은 평양 5·1경기장에서 열린 집단 체조 '빛나는 조국'을 관람하고 나서 평양시민 15만 명 앞에서 육성으로 북한 최고지도자가 비핵화 결단을 내렸다는 사실을 알렸다. 문 대통령은 "백두에서 한라까지 우리 강산을 영구히 핵무기와 핵위협이 없는 평화의 터전으로 만들어 후손에 물려주자고 (김 위원장과) 확약했다"고 밝혔다. 두 정상은 20일 백두산 정상을 함께 오르고, 천지를 산책하는 장면도 연출했다.

11월 6일 미국의 중간 선거에서 민주당이 압승을 거뒀다. 미 의회
가 공화당에서 민주당으로 주도권이 넘어가자, 트럼프 대통령도 압
박감에 불편한 행보를 보였다. 11월 8일 예정된 김영철 노동당 부위
원장의 미국 방문 계획도 연기됐다. 구체적인 성과 없이 지루한 비핵
화 협상 국면이 지속됐다.

하노이 담판 결렬, 갈 길 먼 비핵화

　　김정은 국무위원장은 2019년 1월 1일 신년사에서 "핵무기를 만
들지도 시험하지도 않으며 사용하지도 전파하지도 않을 것"이라고
육성으로 북한 주민에게 공개 언급했다. 신년사는 북한 주민 전체가
학습해야 한다는 점에서 비핵화 방향을 기정사실화한 것이다. 하지
만 김 위원장은 "미국이 우리 인내심을 오판하면 새로운 길을 모색
할 수밖에 없다"고 밝혔다.

　　김영철 노동당 부위원장이 미국 국적기를 타고 1월 17일 워싱턴
을 방문해 트럼프 대통령을 면담한 뒤 2차 미북정상회담의 개최 시
기가 가시화됐다. 스티븐 비건 미 국무부 대북정책특별대표는 1월
19일 스톡홀름에서 2박 3일 동안 최선희 외무성 부상 등과 토론회
를 열었다. 이어 2월 3일 서울을 방문한 뒤 6일 평양으로 향해 실무
협상에 돌입했다. 2박 3일 동안 머물면서 김혁철 미국문제특별대표
와 협상을 벌였다. 평양 실무 협상 이후 하노이 정상회담을 위한 준
비가 서둘러 진행됐다.

마침내 2월 23일 토요일 오후, 김정은 위원장을 태운 전용 열차가 평양을 출발했다. 북중 접경 지역인 단둥역을 통과한 뒤 톈진역을 거쳐 우한, 창사, 난닝을 지난 베트남 쪽 접경 도시인 동당역에 26일 오전 도착했다. 평양을 출발한 지 65시간 만이다. 하지만 세기의 담판을 기대했던 하노이 2차 미북정상회담은 결렬됐다. 2월 28일 예정됐던 김정은 국무위원장과 도널드 트럼프 대통령 간의 오찬 및 합의문 서명식이 전격 취소됐다.

트럼프 대통령은 회담 직후 기자 회견에서 "김 위원장이 비핵화 의지가 있다"면서도 "북한의 완전하고 불가역적인 비핵화 방안이 중요하고 비핵화를 해야 제재 완화를 할 수 있다"고 결렬 이유를 밝혔다. 트럼프 대통령은 "영변 핵시설 외 규모 큰 핵시설이 있다"며 "우리 인식에 대해 북한이 놀랐던 것 같다"고 말하며 합의 불발에 대한 책임을 북한 측으로 돌렸다.

마이크 폼페이오 장관은 영변 핵시설 외에도 더 많은 것을 원했다면서, 미사일 시설과 핵탄두 무기 시스템을 언급했다. 3월 3일 볼턴 보좌관은 미국 언론에 트럼프 대통령이 김정은 위원장에게 핵과 생화학 무기, 탄도미사일의 포기를 포함한 '빅딜' 문서를 전달했다고 밝혔다. 전면적 비핵화가 보장되지 않으면 제재 해제는 없다는 의지를 분명히 한 것이다.

북한의 리용호 외무상과 최선희 부상은 3월 1일 새벽 기자 회견을 열고 미국의 입장을 반박했다. 북한은 미국 전문가 입회하에서 미북 공동으로 영변 핵시설을 폐기하겠으며, 상응 조치로 11건의

UN 대북제재 중 2016년 이후 5건 해제를 요구했다고 밝혔다. 부분적 비핵화로 대북제재 해제를 노린 것이다.

북한은 영변 핵시설에 대한 사찰 검증과 영구 폐기를 제안하고 일부 대북제재의 해제를 요구했으며, 미국은 '영변+α'를 요구하면서 합의가 무산된 것이다. 영변 핵단지를 영구 폐기해도 비밀리에 은닉된 HEU 생산시설과 핵탄두, ICBM이 그대로 남는다는 사실을 미국이 정확히 인식한 것이다.

회담이 결렬되고 미국 언론은 '배드딜'보다는 '노딜'이 낫다고 평가했다. 김정은 위원장은 다음날인 3월 1일과 2일 베트남 친선 방문 일정을 진행하고 다시 중국 대륙을 관통해 평양으로 귀환했다. 하노이 회담 결렬은 비핵화 협상 과정이 얼마나 멀고 험난한 과정인지 확인해줬다.

남·북·미 정상, 역사적 첫 판문점 회동

남·북·미 정상이 사상 처음 한자리에서 만났다. 문재인 대통령과 도널드 트럼프 대통령, 김정은 국무위원장은 6월 30일 판문점 공동경비구역JSA 남측 지역 내 '자유의 집' 앞에서 3자 회동을 했다. 한국전쟁 이후 정전협정(1953년 7월 27일)이 체결된 지 약 66년 만이다. 트럼프 대통령은 이날 오후 3시 46분 MDL을 넘어 '깜짝 월경'하고 3시 47분 김 위원장과 함께 남측 지역으로 넘어왔다. 이 자리에서 문 대통령과 두 정상이 만나 역사적인 남·북·미 정상회동을 이뤄냈다.

문재인 대통령, 도널드 트럼프 대통령, 김정은 국무위원장이 판문점 남측 자유의 집 앞에서 대화하는 장면.

출처 : 매경 DB

트럼프 대통령은 이어 자유의 집에서 김 위원장과 53분 동안 3차 미·북정상회담을 했다. 회담 후 김 위원장은 한미 정상의 배웅을 받으며 오후 4시 53분 북측으로 귀환했다.

김 위원장은 남·북·미 정상이 만난 자리에서 "좋지 않은 과거는 청산하고 앞으로 더욱 좋은 만남을 유지하자"고 말했다. "북남 분단의 상징, 나쁜 과거를 연상케 하는 오랜 적대 관계에서 이렇게 평화의 악수를 한 것 자체가 어제와 달라진 오늘을 표현하는 것"이라고 했다. 트럼프 대통령은 "우리는 굉장히 긍정적인 일들을 이뤄냈다"며 "우리가 처음 회담했을 때부터 서로에게 호감이 있었다는 것이 중요하다"고 말했다.

문 대통령은 이날 한 발 물러서서 미국과 북한 간 만남이 중심이 되도록 배려했다. 문 대통령은 "트럼프 대통령의 과감하고 독창적 접근 방식에 경의를 표한다"며 "오늘 만남으로 한반도의 완전한 비핵화와 항구적 평화를 구축하기 위한 평화 프로세스의 큰 고개를 하나 넘었다"고 말했다.

미북 정상이 '흥미로운 내용'이 담긴 친서를 주고받으면 물밑에서 이벤트로 논의됐을 테지만, 트럼프 대통령의 즉흥 제안이었다. 트럼프 대통령이 트위터에 올렸고, 김정은 위원장이 한달음에 달려오면서 전격 성사됐다.

미북 양측의 이해가 맞아떨어졌기 때문이다. 2020년 대통령 선거를 앞두고 외교 성과에 목말라하는 트럼프 대통령은 상징적 이벤트가 필요했다. 김정은 위원장도 시진핑 국가주석의 방북 이후 국면 전환의 계기를 노리던 상황에서 톱다운식 정상 담판의 부활을 과시하는 이벤트가 필요했다.

하지만 화려한 이벤트가 북핵문제의 실질적 진전을 의미하지는 않는다. 2019년 2월 하노이회담 결렬 이후 교착상태에 빠진 미북 대화의 동력을 살렸지만 비핵화 협상의 갈 길은 멀고도 멀다.

"북에 핵은 최종 수단, 쉽게 포기 안 할 것"

"김정은 국무위원장은 최종적인 승리final victory를 생각하고 있다. 핵무기는 이 같은 최종 승리를 위한 중요한 수단이다." 허버트 맥매스터 전 미국 백악관 국가안전보장회의NSC 보좌관은 2019년 10월

허버트 맥매스터 전 백악관 NSC 보좌관.

10일 서울 장충아레나에서 열린 제19회 세계지식포럼 개막식에서 '미국의 대외 정책과 한반도의 운명'이라는 주제 강연을 통해 "북한은 여전히 핵무기를 쉽게 포기하지 않을 것"이라고 밝혔다.

맥매스터 전 보좌관은 "북한의 한 고위 관리는 '핵무기는 우리의 보검treasured sword'이라는 말을 수차례에 걸쳐 했다"며 "'이 칼로 미국과 한국 간 동맹을 자를 것이고 이를 통해 한반도에 전쟁이 났을 때 미국이 한국에 도움을 주지 못하게 할 것'이라는 그의 말을 유념해야 한다"고 강조했다.

그는 "김 위원장이 올해 신년사에서 11차례나 통일을 언급한 것은 우연이 아니다"며 "북한은 북한 정권하에서 남북통일이 이뤄져야 한다고 주장하고 있다"고 덧붙였다.

맥매스터 전 보좌관은 이어 진행된 좌담회에선 북한 비핵화를 위해 김정은 정권 체제 보장을 약속해야 한다는 주장에 부정적 인식을 드러냈다. 그는 "1953년 이후 한반도에서 일어난 피격, 암살, 격침 등 모든 도발은 북한이 자행한 것"이라며 "그런 북한 정권에 체제 보장에 대해 어떻게 확신을 줄 수 있느냐"고 목소리를 높였다.

그러면서 "충분한 재래식 무기를 보유한 김정은 위원장이 핵무기까지 보유하려고 했다"며 "이는 핵을 통한 적화통일을 이루겠다는 것이고, (국제 사회는) 이런 가능성을 배제해선 안 된다"고 했다. 이어 "도널드 트럼프 대통령과 시진핑 국가주석은 김 위원장에게 핵을 가질 경우 체제 보장이 아닌 체제 위협을 받게 된다는 점을 보여줘야 한다"고 했다.

맥매스터 전 보좌관은 "2018년 한반도는 전쟁으로 가는 길목에 있었다"며 "미국은 북핵위기 상황에서 최대한 압박을 가하는 시험적인 외교 전략을 감행했고, 김 위원장을 설득할 수 있었다"고 말했다. 그는 "북한과 대화에 진전이 있을 것이라는 착각을 불러일으키고, 제재 완화를 얻어내고, 협상을 질질 끌고, 도출된 합의를 깨는 행태를 반복해왔다"고 경고했다.

맥매스터는 "북한이 무슨 일을 하더라도 싸우지 않겠다고 말하는 한국인들이 있다는 것을 안다"며 한국 내 민족주의 및 반전 기류를 지목했다. 그는 "미국은 원치 않는 국가와 군사동맹을 이어가지는 않을 것이다. 다만 많은 한국인이 여전히 동맹을 지지한다고 믿는다"며 "북핵이 한미동맹을 깨뜨리는 칼이 되지 않도록 늘 경각심을 가져야 한다"고 말했다.

맥매스터 전 보좌관은 34년 동안 미 육군에 몸담으며 최고의 군 전략가로 이름을 날렸고 NSC 보좌관을 1년여 역임하고 트럼프 행정부에서 사임했다. 현재 보수 성향 싱크탱크 스탠퍼드대 후버연구소에 재직하고 있다.

북한 핵문제 관련 합의문 핵심 내용

한반도 비핵화 공동선언 (1991년 12월 31일)	남과 북은 핵무기의 시험, 제조, 생산, 접수, 보유, 저장, 배비, 사용을 하지 아니한다. 남과 북은 핵재처리 시설과 우라늄 농축 시험을 보유하지 아니한다.
미북 제네바합의 (1994년 10월 21일)	미국은 2003년을 목표 시한으로 발전용량 총 2,000MW 발전능력의 경수로를 북한에 제공하기 위한 조치를 주선할 책임을 진다. 경수로 및 대체 에너지 제공에 대한 보장서한 접수 즉시 북한은 흑연감속원자로 및 관련 시설을 동결하고 궁극적으로 이를 해체한다. 북한의 흑연감속원자로 및 관련 시설의 해체는 경수로 사업이 완료될 때 완료된다.
9·19공동성명 (4차 6자회담 공동성명, 2005년 9월 19일)	조선민주주의인민공화국은 모든 핵무기와 현존하는 핵계획을 포기할 것과, 조속한 시일 내에 NPT와 IAEA의 안전조치에 복귀할 것을 공약하였다. 미합중국은 한반도에 핵무기를 갖고 있지 않으며, 핵무기 또는 재래식 무기로 조선민주주의인민공화국을 공격 또는 침공할 의사가 없다는 것을 확인하였다. 조선민주주의인민공화국은 핵에너지의 평화적 이용에 관한 권리를 가지고 있다고 밝혔다. 여타 당사국들은 이에 대한 존중을 표명하였고, 적절한 시기에 조선민주주의인민공화국에 대한 경수로 제공 문제에 대해 논의하는 데 동의하였다.
2·13합의 (9·19공동성명 이행을 위한 초기조치, 2007년 2월 13일)	조선민주주의인민공화국은 궁극적인 포기를 목적으로 재처리 시설을 포함한 영변 핵시설을 폐쇄·봉인하고 IAEA와의 합의에 따라 모든 필요한 감시 및 검증 활동을 수행하기 위해 IAEA 요원을 복귀토록 초청한다. 조선민주주의인민공화국은 9·19공동성명에 따라 포기하도록 돼 있는, 사용 후 연료봉으로부터 추출된 플루토늄을 포함한 공동성명에 명기된 모든 핵프로그램의 목록을 여타 참가국들과 협의한다. 미합중국은 조선민주주의인민공화국을 테러지원국 지정으로부터 해제하기 위한 과정을 개시하고, 조선민주주의인민공화국에 대한 대적성국 교역법 적용을 종료시키기 위한 과정을 진전시켜 나간다.
10·3합의 (9·19공동성명 이행을 위한 제2단계 조치, 2007년 10월 3일)	영변의 5MWe 실험용 원자로, 재처리시설(방사화학실험실) 및 핵연료봉 제조시설의 불능화는 2007년 12월 31일까지 완료될 것이다. 조선민주주의인민공화국은 2·13합의에 따라 모든 자국의 핵프로그램에 대해 완전하고 정확한 신고를 2007년 12월 31일까지 제공하기로 합의하였다. 조선민주주의인민공화국은 핵물질, 기술 또는 노하우를 이전하지 않는다는 공약을 재확인하였다.
10·4선언 (남북 관계 발전과 평화번영을 위한 선언, 2007년 10월 4일)	남과 북은 한반도 핵문제 해결을 위해 6자회담 '9·19공동성명'과 '2·13합의'가 순조롭게 이행되도록 공동으로 노력하기로 하였다.

판문점선언 (한반도의 평화와 번영, 통일을 위한 판문점선언, 2018년 4월 27일)	남과 북은 완전한 비핵화를 통해 핵 없는 한반도를 실현한다는 공동의 목표를 확인하였다.
미북 싱가포르 공동성명 (2018년 6월 12일)	트럼프 대통령은 조선민주주의인민공화국에 안전보장을 제공하기로 약속했고, 김정은 위원장은 한반도의 완전한 비핵화에 대한 그의 확고하고 흔들림 없는 약속을 재확인했다. 2018년 4월 27일 판문점선언을 재확인하면서, 조선민주주의인민공화국은 한반도의 완전한 비핵화를 위해 노력하기로 약속한다.
9월 평양공동선언 (2018년 9월 19일)	남과 북은 한반도를 핵무기와 핵위협이 없는 평화의 터전으로 만들어 나가야 하며 이를 위해 필요한 실질적인 진전을 조속히 이뤄 나가야 한다는 데 인식을 같이하였다. 북측은 동창리 엔진시험장과 미사일 발사대를 유관국 전문가들의 참관하에 우선 영구적으로 폐기하기로 하였다. 북측은 미국이 6·12북미공동성명의 정신에 따라 상응조치를 취하면 영변 핵시설의 영구적 폐기와 같은 추가적인 조치를 계속 취해 나갈 용의가 있음을 표명하였다.

03

비핵화 협상의
난관

  북한은 2017년 6차 핵실험과 화성-15형 ICBM 발사를 계기로 '핵무력 완성'을 선언했다. 이듬해인 2018년 4월 20일 당 중앙위원회 제7기 3차 전원회의에서 핵·ICBM 시험 중지 및 북부 핵실험장 폐기, 핵무기 선제 불사용, 핵무기·기술 이전 금지 등을 발표했다. 5월 24일에는 과거에 6차례 핵실험을 했던 풍계리 핵실험장을 언론에 공개하고 폭파했다. 북한 방식의 핵실험과 미사일 발사에 대한 일종의 모라토리엄을 선언한 것이다.

  북한은 2018년 대화의 테이블로 나왔다. 북한이 핵과 안전보장을 맞교환할 수 있다는 조건으로 앞세워 대화의 물꼬를 열었다. 하지만 냉전 종식을 위한 전략적 결단인지, 핵보유를 기정사실화하는 전략인지는 어느 누구도 단정할 수 없다. 북한이 약속을 지키지 않으면 합의문에 완전한 비핵화를 명시적으로 합의했다고 해도 그냥 빈말에 불과하다는 것을 숱하게 경험했다.

북한의 6차례 핵실험으로 비핵화의 대상은 플루토늄 생산시설(영변 핵시설), 우라늄 농축시설(영변 농축시설과 영변 이외 지역의 농축시설), 핵물질(농축플루토늄과 농축우라늄), 핵무기 등으로 늘어났다. 2005년 9·19공동성명과 2·13합의, 10·3합의는 영변 핵시설 해체만을 대상으로 삼았다. 앞으로 가야 할 북한의 비핵화 과정이 얼마나 험난한지 짐작할 수 있다. 핵폐기 과정의 복잡성을 감안할 때 북한의 비핵화는 현실적으로 오랜 시간이 필요하고, 그 과정에서 논란이 끊이지 않을 것이다.

미국과 북한 간에 첫 정상회담이 성사된 배경에는 트럼프 대통령의 결단이 있었다. 트럼프 대통령은 화염과 분노를 말하며 군사 행동 불사를 강조하다가 한국의 대북특사단이 전한 김 위원장의 메시지를 듣고 미북정상회담을 즉석에서 수락했다. 2018년 6월 12일 싱가포르에서의 첫 미북정상회담을 했다.

당시 트럼프 대통령은 북한의 입장을 그대로 담은 성명서에 서명해 국내외의 비판을 받았다. 북한이 핵과 미사일 시험을 중단하고, 미국은 한미연합훈련을 중단하기로 한 '동결 대 동결' 합의다. 이어서 키리졸브연습KR : Key Resolve, 독수리훈련Foal Eagle, 을지프리덤가디언연습UFG : Ulchi Freedom Guardian 등 3대 한미연합훈련이 중단됐다. UFG 연습은 북한군의 전면 남침에 대비한 연합훈련이고, KR 연습은 유

사시 미군의 한반도 증원 훈련이다. 독수리훈련은 실기동 훈련이다. 남북은 비무장지대DMZ GP 10곳씩 폭파했다. DMZ에 남은 GP는 남측이 60개, 북측이 160개다. 휴전선 지역 정찰 활동과 서해 5도 방어를 위한 포사격 훈련도 금지됐다.

트럼프 대통령은 김정은 국무위원장을 다시 만난 하노이 2차 정상회담에서는 회담 결렬을 선택했다. 트럼프 대통령은 자신의 판단력과 협상력을 확신하고 있다. 국내 정치적 필요에 따라 북한과의 어떤 형식의 합의도 수용할 가능성이 높다. 합의 사항은 역사에 길이 남을 '위대한 합의'로 포장할 수 있다.

트럼프 대통령과 김정일 위원장의 톱다운 방식의 협상이 미북 협상을 이끌어온 원동력이다. 난관이 없지 않았지만 친서 외교로 극복해왔다. 2017년 두 정상은 서로 말폭탄을 주고받았다. 트럼프 대통령은 2017년 UN총회 연설에서 핵미사일 실험을 강행하는 김 위원장을 겨냥해 "로켓맨"이라고 비꼬았다. 김 위원장은 '미치광이', '불망나니' 등 거친 말을 쏟아냈다. 하지만 정상회담 이후 트럼프 대통령의 발언은 "우리는 사랑에 빠졌다", "우리의 케미스트리는 환상적이다" 등으로 변했다. 따라서 '트럼프 변수'가 협상의 최대 동력인 동시에 리스크이기도 하다.

일괄 타결 vs 단계적 이행

북한은 북핵 협상에서 일관되게 단계적, 상호주의 방식을 고수했다. 북한이 동결, 신고, 검증 등 비핵화 단계 조치를 진행하고, 미국은 이에 상응해 제재조치 해제, 경제지원 등 상응 조치를 취하는 방식이다. 최종 단계인 핵시설 해체에 이르면 제재 전면 해제, 미북수교, 평화협정 등으로 관계를 정상화하는 수순이다. 부분적 합의로 협상을 이어가면서 최종 목표에 도달하는 것이다. 그러려면 미북 간에 비핵화에 대한 정의에 합의해야 한다. 비핵화란 핵탄두와 핵물질,

생화학무기, 중장거리미사일 등에 대해 합의가 있어야 비핵화 로드맵을 짤 수 있다.

하노이 2차 미북정상회담에서도 북한은 영변 핵시설에 대한 영구 폐기를 밝히면서 5건의 대북제재의 해제를 요구했다. 일종의 '스몰딜' 카드를 제시한 것이다. 반면 미국은 북한의 '완전한 비핵화'에 집중하면서 '영변+α'를 요구했다. 북한이 원하는 수준의 제재 해제를 달성한 다음에 비핵화 협상을 계속 할 필요가 없게 되는 상황을 우려한 것이다. 그래서 일괄 타결, 포괄적 해결 방식의 '빅딜'을 원했다. 일괄 타결이 되면 모든 사안이 종료된다. 대부분의 국제 분쟁은 일괄 타결 방식으로 한다.

미국이 요구했던 비핵화의 수준은 '완전하고Complete, 검증 가능하며Verifiable, 되돌릴 수 없는Irreversible, 비핵화Denuclearization', 즉 CVID였다. 이후 되돌릴 수 없는 비핵화라는 '불가역' 개념이 빠지고 '최종적이고, 완전하게 검증된 핵폐기FFVD : Final, Fully, Verified, Denuclearization'로 대체됐다. 지금까지 북핵합의는 '일괄 타결 또는 포괄적 합의, 단계적 이행 방식'을 택했다. 6자회담은 9·19공동성명이라는 원칙을 내놓은 뒤 2·13합의, 10·3합의라는 단계적 실행 방안을 만들었다. 물론 이행 과정에서 무산됐다.

비핵화가 먼저냐, 신뢰 구축이 먼저냐의 논쟁은 공허하다. 북한이 진정한 비핵화를 결정했다면 핵무기를 해체하고, 핵물질을 해외로 반출하며, 핵시설을 불능화하면 된다. 핵시설을 해체하고 오염을 처리하고, 핵연구 인력의 평화적 활동 전환은 시간이 걸리겠지만 불가능한 일은 아니다. 결국은 진정성의 문제로 귀결된다. 완전한 핵폐기에 도달할 때까지 김정은 위원장이 비핵화 의지를 갖고 있는지 끊임없이 시험받게 될 것이다. 트럼프 대통령도 과거의 대통령처럼 결코 속지 않겠다고 계속 강조해왔다.

북한이 핵무기에 목매는 이유가 사라진다면 핵포기를 생각할 것이다. 체제 보장 약속을 북한이 진정으로 믿는다면, 은폐한 핵까지 포함하는 완전한 핵폐기는 불가능한 것은 아니다. 과거에도 북한은 핵 없이 생존해왔다. 북한이 정상 국가로 나가면 비밀리에 숨겨둔 핵이 부담으로 작용할 것이다. 완전한 비핵화는 이런 과정을 통해 이뤄질 것이다.

진실의 문, 사찰과 검증

비핵화 과정에서 가장 중요한 것은 신뢰성 있는 사찰과 검증이다. 한반도비핵화공동선언, 제네바합의, 9·19공동성명의 파기는 모두 사찰과 검증 방법의 이견 때문이다. 국제 사회가 정한 비핵화의 기준과 절차는 IAEA 규정이다. 핵시설과 핵물질 신고, 국제기구 감시하의 동결, 핵심시설과 장비 불능화, 폐기 단계를 밟게 된다. 1994년 제네바합의 때는 북한이 IAEA에 제출한 신고서를 기초로 영변 핵시설 동결과 IAEA 감시 요원을 파견했다. 하지만 북한의 우라늄 농축 사실이 드러나면서 합의가 깨졌다.

2005년 6자회담의 9·19공동성명과 2007년 10·3합의는 북한의 핵무기와 핵프로그램 포기를 규정하고 영변 핵시설의 폐쇄와 봉인, IAEA 감시 요원 파견, 완전하고 정확한 신고서 제출, 모든 핵시설의 불능화가 합의됐다. 영변 핵시설의 폐쇄와 봉인, IAEA 감시 요원 파견, 신고서 제출, 일부 핵시설 불능화까지 이행됐지만 북한이 시료 채취 등의 검증을 거부하면서 합의가 깨졌다. 2차례 모두 동결과 신고까지는 진행됐지만 검증의 벽을 넘지 못한 것이다.

빅딜, 스몰딜 등 어떤 형식의 합의를 진행해도 사찰과 검증의 관문을 통과해야 한다. 북한은 20~30개의 핵무기를 보유한 것으로 추정하고 있다. 북한 핵시설의 정확한 위치와 핵무기 숫자가 확인되지 않는 상황이다. 신고와 검증이 전제되지 않은 동결은 '합의 파기'를 예고하는 수순이다. 과거 북한은 한 번도 정확하게 신고한 적이 없었고, 검증도 승낙한 바가 없다. 북한이 진정한 핵포기 의지가 전제되지 않는 한 불가능하다. 북한은 2018년 초 각국 언론을 초청해서 풍계리 핵실험장을 폭파하는 이벤트를 벌였다. 미국을 자극하지 않으려고 핵실험과 장거리미사일 시험 발사도 잠정 중단했다. 이에 맞춰 한미군사훈련도 중단됐다.

미북 협상이 더디게 진행되면 장기 교착상태에 빠지게 된다. 북한의 핵보유는 기정사실화되고, 대북제재조치에도 허점이 생길 수밖에 없다. 태영호 전 공사에 따르면 2016년 6월 평양에서 리용호 외무상 주제로 '제44차 대사회의'가 열렸다. 의제는 핵무력 완성 기간을 어떻게 설정할 것인가, 대북제재가 어느 정도까지 심화할 것인가, 핵보유국이 되려면 어떤 노정을 거쳐야 하는가 등이었다. 회의의 결론은 단기간에 핵무력을 완성해야 하며, 제재는 지금껏 견뎌온 문제라고 의견을 모았다. 핵보유국이 되는 방법으로 인도·파키스탄 모델을 창조적으로 적용하기로 했다고 한다. 미국을 비롯한 국제 사회가 공식 인정하지 않지만 암묵적으로 핵보유를 인정하는 방식이다. 미국이 파키스탄의 핵보유를 인정하면서 세력 균형 차원에서 파키스탄과 대립 관계인 인도의 핵보유를 인정했다.

최악의 시나리오는 북핵 협상의 결렬이다. 트럼프 행정부가 협상이 아무 진전이 없을 경우 선택할 카드다. 미국의 대북한 추가 제재와 군사적 옵션을 다시 검토한다는 의미다. 미국 의회에서 상당한 설득력을 얻고 있다. 하지만 미국이 군사적 옵션을 쉽게 선택할 수 없다. 우선은 대북 경제제재 수위를 높이는 방법이다. 무역 전면 금지, 외환 거래 금지, 유류 공급 금지, 북한 화물 수송 금지 등 카드는 아직 남아 있다. 북한의 군사적 반발을 고려해야 하고, 중국과 러시아의 저항도 예상되고 있다.

결국은 불신의 벽을 넘어야

핵포기는 최고지도자인 김정은 국무위원장의 결단이 있어야 가능하다. 북한은 안보 불안이 해소되지 않으면 핵을 포기하지 않을 것이다. 과거 숱한 북핵합의가 역사적이라는 수식어를 달고 등장했지만 깨진 것은 북한 체제의 안전보장 때문이다. 대북 설득과 제재, 압박, 경제 보상으로 북핵문제를 본질적으로 풀 수는 없다. 북한은 강한 제재와 압박, 안보와 경제위기에 봉착하면 핵합의에 나선다. 그러나 안보 불안 때문에 비핵화를 할 수 없다. 핵합의 사항을 위반하고 핵개발을 재개하는 악순환을 반복해왔다.

2018년 3월 정의용 특사가 방북 후 "군사적 위협이 해소되고 북한의 체제 안전이 보장된다면 핵을 보유할 이유가 없다"는 김정은 위원장의 메시지를 전달했다. 이것이 북한의 핵무장과 핵포기의 본질이다. 북한도 핵무기 없이 안전보장이 된다면 핵개발을 위해 엄청난 부담을 치를 필요가 없다.

북한이 안전을 보장하는 조치로는 종전선언과 평화협정 방안이 있다. 한반도에서 평화를 구현하려면 한국전쟁의 법적 종식이 필요하다. 이는 종전선언과 평화협정 체결로 구체화될 수 있다. 4·27판문점선언에 의하면 '정전협정 → 종전선언 → 평화협정'이라는 순서가 한반도 평화체제 구축의 순차적 단계로 설정됐다.

미합중국과 조선민주주의인민공화국(북한)은 국제법상으로 현재도 서로 적국이다. 중국과 함께 1953년 7월 27일 판문점에서 '한국 군사 정전에 관한 협정'을 조인한 당사국들이기 때문이다. 국제법상 종전선언이 반드시 필요하지는 않다. 일반적으로 평화협정 제1조가 법적 종전은 물론 새로운 평화의 도래를 선언한다. 정전협정은 기본적으로 평화협정 체결을 전제로 체결된다.

1953년 7월 27일 체결된 정전협정 제4조도 "한국 문제의 평화적 해결을 보장하기 위해 쌍방 군사사령관은 쌍방의 관계 각국 정부에 정전협정이 조인되고 효력을 발생한 후 3개월 내에 각기 대표를 파견해 쌍방의 한 급 높은 정치회의를 소집하고 한국으로부터의 모든 외국 군대의 철거 및 한국 문제의 평화적 해결 등 문제들을 협의할 것을 이에 건의한다"고 규정했다. 하지만 잠정적 성격을 가진 정전협정이 지금까지 유지되고 있는 비정상적인 상황이다.

종전선언의 주체가 누가 돼야 하는지도 논란이다. 남북만 주체가 돼야 하는가 아니면 남·북·미, 더 나아가 남·북·미·중이 돼야 하는지 말이다. 정전협정의 당사자는 미국, 중국, 북한이다. 남북은 2007년 10·4남북정상회담선언에서 '3자 또는 4자 정상 간 종전선언'에 합의한 바 있다.

2018년 4월 27일 문재인 대통령과 김정은 국무위원장은 판문점선언에서 한반도에 전쟁은 없을 것이며 새로운 평화의 시대가 열렸음을 8,000만 우리 겨레와 전 세계에 엄숙히 천명했다. 판문점선언에 이어 평양공동선언에서 "남과 북은 한반도의 항구적이며 공고한 평화체제 구축을 위해 적극 협력할 것"이라면서 "남과 북은 그 어떤 형태의 무력도 서로 사용하지 않는 데 대한 불가침 합의를 재확인하고 엄격히 준수하기로 했다"고 선언했다.

앞으로 북한의 비핵화 진전 과정에서 미북 관계가 개선되면, 남·북·미·중 간 상호 신뢰가 높아지고 그렇게 되면 '한반도 종전선언'과 '한반도 평화체제 구축'을 위한 논의가 진전될 수 있다. 종전선언은 북한의 핵폐기 과정을 촉진시키고, 평화협정 체결을 가속화할 수 있는 촉매제가 될 수 있다. 미국이 참여하는 종전선언은 북한이 미국의 대북 적대 시 정책 변화를 확인하고, 체제 위협에 대한 북한의 불안을 해소하는 계기가 된다.

종전선언은 상징적이고 법적 구속력이 없다고 해도 주한미군의 주둔에 영향을 줄 수 있다. 한국전쟁이 공식적으로 끝나고 남북한이 평화 상태로 접어들면 남한에 2만 8,000명의 미군을 주둔시킬 근거가 약해진다. 종전선언을 하게 된다면 UN사 존속, 주한미군 계속 주둔 등에 대한 명확한 합의가 있어야 한다.

북한의 정권 교체, 체제 붕괴, 흡수 통일 등 반대하는 입장을 천명해서 김정은 위원장의 부담을 줄여줘야 한다. 리비아의 카다피 정권은 핵개발 프로그램을 폐기했지만 몰락했다. 우크라이나도 핵을 포기했지만 러시아의 개입을 막지 못했다.

미북 양자는 물론 중국·러시아·일본 등 다자가 참여해 북한의 체제를 보장하는 방법도 있다. 이는 동북아의 안보 협력체로 발전하는 디딤돌이 될 수 있다.

김정은, 내 아이들이 핵을 이고 살기 원치 않아

"내 아이들이 핵을 이고 평생 살아가기를 원치 않는다." 2019년 2월 베트남 하노이에서 열리는 2차 미북정상회담을 앞두고 앤드루 김 전 미국 중앙정보국CIA 코리아미션 센터장이 〈매일경제〉 기자를 만나 김정은 국무위원장의 발언을 전격 공개했다. 그는 북한을 수차례 오가며 김 위원장을 만나 비핵화 협상을 실무적으로 조율했던 핵심 인물이다.

앤드루 김 전 CIA 코리아미션 센터장.

　김 전 센터장은 2월 22일 스탠퍼드대 연설에서 2018년 3월 마이크 폼페이오 미 국무장관이 방북해 북한의 비핵화 의지를 물었을 때 김 위원장이 "나는 아버지이자 남편이고 내게는 아이들이 있다. 내 아이들이 핵을 지고 평생 사는 것을 원치 않는다"며 자신의 진정성을 강조했다는 일화를 소개했다. 김 위원장의 이런 발언은 그동안 미국이 북한의 비핵화 의지를 확약했다고 말해온 중요한 판단 근거 가운데 하나로 지목된다.

　그는 이어 "북한의 기본 생각은 군사·경제를 병행 발전시키는 병진노선"이라며 "핵보유를 통해 군사 발전은 어느 정도 이뤘다고 판단하고 앞으로 경제 제재를 해소하는 것이 중요하다. UN 제재를 풀고 금강산과 개성공단을 열고 싶어 한다"고 했다. 그러면서 "북한은 여전히 핵보유국으로 인정받고 싶어 하고 김 씨 일가의 통치와 안전을 보장받고 싶어 한다"고 덧붙였다. 핵보유국 인정 부분은 종국적 목표라기보다 비핵화 협상에서 유리한 고지를 점하기 위한 북한의 전략을 언급한 것으로 풀이된다.

　김 전 센터장은 이에 대응하는 미국의 목표는 'FFVD'라는 점을 재확인했다. 그는 비핵화 로드맵을 실현하려면 "포괄적 신고와 전문가 사찰을 해야 하고 핵무기, 운반체, 핵물질 폐기를 거쳐 NPT에 재가입해야 한다"고 했다. 이어서 "핵·탄도미사일은 물론 생화학 무기 프로그램에 대해서도 포괄적으로 이뤄져야 한다"며 WMD의 완전한 폐기 입장도 강조했다. 김 전 센터장이 언급한 비핵화 최종 단계에서 북한의 NPT 가입은 원자력발전 등 핵의 평화적 사용 가능성을 열어두면서도 핵무기 제거 후 '사후 관리'를 국제기구에 맡길 수 있다는 의미가 있다.

북한이 원한다는 '핵보유국 인정'과 미국이 원하는 'FFVD'는 상충 관계에 있다. 김 전 센터장이 명확히 밝히지는 않았으나 맥락상 김 위원장은 협상 단계에서 북한을 핵보유국으로 인정해달라고 요구한 것으로 풀이된다. 북한이 핵보유국 지위를 인정받을 경우 '핵군축' 협상으로 전개될 수 있기 때문에 그만큼 유리한 고지를 점할 수 있다.

김 전 센터장은 현재 미·북 간 협상 상황을 '동상이몽'이라고 표현하며 '동상동몽同床同夢'으로 나아가야 한다는 점을 강조했다. 핵무기를 포기하는 대가로 미국이 북한에 줄 수 있는 상응 조치로 경제·정치·안보 등 3개 축의 인센티브를 제시했다. 북한 은행의 국제 거래 허용, 석유를 포함한 북한 수출입 재개 등은 경제적 인센티브다. 미국인의 북한 여행 재개, 음악·학술교류, 김 씨 일가에 대한 안전보장 등은 정치적 인센티브로 분류했다. 종전선언 서명, 평화협정 체결, 외교관계 수립 등도 안보 측면의 당근책이 될 수 있다고 했다. 물론 김 전 센터장은 "FFVD가 가시권에 들어갔을 때 이 같은 인센티브를 실행할 수 있다"고 못 박았다.

김 전 센터장은 사견을 전제로 "북한이 '종교의 자유'를 허용하면 인권 개선을 보여주기 위한 노력을 보여줄 수 있다"고 말했다. 그는 "일제강점기 평양은 예루살렘과 같은 곳이었다. 평양에 고등 교육을 받은 사람들이 많았고 역사적 뿌리가 있다. 김정은의 할아버지와 할머니는 기독교를 추종했다"고 말했다.

그는 김 위원장에 대해서는 "미국과 관계를 개선하기 위한 열망이 강하다"며 "상당히 매력적인Charming 사람이다. 핵심을 짚어내며 긍정적인 방식으로 말을 할 줄 안다"고 평했다. 부친인 김정일 국방위원장보다 협상 상대로서 낫다는 평가도 곁들였다.

이어서 "김 위원장은 주민에게 더 나은 삶과 경제적 번영을 약속했다"며 "북한 주민 대다수는 그의 협상 전략을 지지하는 것 같다"고 말했다. "한미연합훈련에 대해서도 김 위원장은 이해한다고 했다. 그러나 북한 주민이 매우 공격적으로 느낀다고 하더라"고 전했다. 김 위원장이 주한미군이나 한미연합훈련 등에 대해 사고가 유연하다는 주장이다.

김 전 센터장은 "지나치게 과거에 집착할 필요는 없다"며 "우리에게는 새로운 가능성이 있기 때문"이라고 미·북 협상의 미래를 낙관하기도 했다. 다만 "북한은 이슈가 많지만 오직 김 위원장이 결정하는 구조"라며 "북한의 의도를 파악하는 유일한 길은 계속 그를 상대해서 의지를 시험하는 것"이라고 덧붙였다.

04

북한
얼마나 버틸 수 있나

UN안전보장이사회(안보리) 대북제재는 북한의 1차 핵실험이 있었던 2006~2015년의 대북제재와 2016~2017년의 제재로 나뉜다. 북한에 가장 큰 타격을 준 제재는 2016년 이후 채택된 2270호를 비롯한 5개의 제재다. 2016년을 기점으로 UN안보리가 대북제재의 범위를 경제 일반으로 확대해 북한 경제가 큰 타격을 입었다.

대북제재가 효과적이라는 것은 2019년 2월 28일 하노이 2차 미북정상회담에서 확인됐다. 리용호 외무상이 하노이회담이 결렬된 다음날 새벽에 긴급 기자 회견을 열고 "우리가 미국에 요구한 것은 전면적 제재 해제가 아니라 일부 해제"라며 "UN 제재 11건 가운데 2016~2017년의 5건, 그중 민수 경제와 인민 생활에 지장을 주는 항목만 먼저 해제하라는 것"이라고 했다. 트럼프 대통령이 "북한이 모든 제재를 풀어달라고 요구했다"고 한 것을 반박한 것이다. 하노이 회담에서 제재 완화에 집착한 것으로 보인 것은 그만큼 북한 경제가 다급한 상황임을 드러낸 것이다.

UN안보리의 대북제재는 2006년 1차 핵실험 때부터 시작됐지만 북한을 본격 압박한 제재는 2016년 4차 핵실험 이후부터였다. 이때부터 국제 사회의 대북제재는 북한의 주력 수출품인 석탄, 의류, 수산물, 철광의 대외 거래를 금지했다. '달러 박스'였던 해외 노동력 송출도 차단했다. 2019년 말까지는 해외 파견 근로자들도 전원 귀국 조치돼 그나마 들어오던 수억 달러도 끊길 판이다.

UN안보리는 북한이 합법적으로 수입할 수 있는 원유를 400만 배럴, 정제유는 50만 배럴로 제한했다. 북한은 평상시 단둥-신의주 파이프라인을 통해 들여오는 원유 400만 배럴과 중국과 러시아에서 수입하는 450만 배럴의 정제유가 필요하다. UN 제재로 북한이 합법적으로 들어올 수 있는 총석유량은 450만 배럴로 50%가량 줄었고, 정제유는 약 88% 축소했다. 늘 북한 편을 들던 중국과 러시아조차 북한의 계속되는 도발을 묵과할 수 없어 찬성표를 던졌다. 대북제재의 여파로 2018년 북한 대중 수출은 전년보다 90% 정도 줄었다. 2016년 이후 시작된 5개 대북제재는 북한을 협상 테이블로 불러낸 최고의 압박 카드였음이 증명됐다.

여기에 2010년 3월 북한의 천안함사건에 대한 대응으로 이명박 정부는 5·24대북제재조치를 발표했다. 남북 교역 중단, 대북 신규

2016년 이후 UN 대북제재

2270호 (4차 핵실험, 2016년 3월 7일)	• 석탄, 철광석 등 수출 금지(민생용 예외) • 북한 내 외국 금융기관 폐쇄 및 거래 금지 • 북한 금융기관 해외지점 폐쇄 및 거래 금지 • 북한과의 수출입 화물 검색 의무화
2321호 (5차 핵실험, 2016년 11월 30일)	• 석탄 수출 연 4억 달러 상한(예외 삭제) • 아연·동·니켈 등 기타 광물 수출 금지 • 대북 무역 위한 금융 지원 금지
2371호 (미사일 화성－14호 발사, 2017년 8월 5일)	• 석탄·철광석·납 등 주요 광물 수출 금지 • 수산물 수출 금지 • 대북 신규 합작사업 금지 • 해외 파견 북 근로자 규모 동결
2375호 (6차 핵실험, 2017년 9월 12일)	• 섬유·의류 수출 금지 • 북 원유 수입량 동결(연 400만 배럴) • 북 정제유 수입량 제한(연 200만 배럴) • 모든 대북 합작 중단·기존 사업 120일 내 폐지 • 계약 만료 북 해외 근로자 계약 연장 금지
2397호 (미사일 화성－15호 발사, 2017년 12월 23일)	• 식품·농산물·목재·토석류·선박·기계류 등 수출 금지 • 북 석유 제품 수입량 제한 강화 (정제유 연 50만 배럴, 원유 연 400만 배럴) • 산업용 기계류·운송수단·철강·금속 수입 금지 • 해외 파견 북 근로자 24개월 내 전원 송환 • 북 영해 어업권 구입 금지

투자 금지, 대북지원 사업의 원칙적 보류, 개성공단과 금강산을 제외한 방북 불허, 북한 선박의 남한 해역 운항 불허 등 북한과의 교류와 지원을 중단했다. 이명박 정부는 이듬해 5·24조치를 유연화해 개성공단의 기존 공장의 생산 활동 유지를 위한 설비 반출과 대체 건축을 허용했다. 박근혜 정부는 5·24조치 예외 사업으로 나진－하산프로젝트 사업에 남한 참여를 허용했지만 북한의 장거리미사일 발사에 대한 대응 조치로 2016년 2월 개성공단을 폐쇄했다. 대북제재가

강화된 현재 UN회원국으로 국제법 준수의 의무가 있는 우리는 남북교류와 남북경협이 불가능하다. 다만 한반도의 긴장 완화에 기여하는 교류 사업에 한해 제재 예외를 인정받아 추진하는 상황이다.

더욱이 미국의 대북제재강화법에 따라 긴급 의료 구조 등 일부의 인도적 활동을 제외하고 미국인과 북한과의 모든 거래와 투자가 금지돼 있다. 미국의 단독 제재는 미국 관할과 미국인만을 대상으로 삼지만 금융 제재 등을 통한 세컨더리 보이콧을 이용해 대부분의 나라가 미국 단독 제재를 준수하도록 하고 있다.

구멍 난 대북제재 : 불법 환적, 밀수 성행

UN안보리 대북제재위원회 전문가 패널이 2019년 3월 공개한 연례보고서에 따르면 북한은 대북제재를 피하기 위해 온갖 방법을 동원하고, 대담하게 불법 활동도 한 것으로 나타났다. 안보리 결의 2397호에 따라 정제유 수입이 연간 50만 배럴로 제한되자 총 148차례의 선박 환적을 통해 정제유 밀수에 나섰다. 50척 이상의 선박, 160개 회사가 연루돼 조사를 받고 있다. 한국산 정제유가 우리 선박들까지 동원돼 북한으로 밀반출되기도 했다.

해상 환적에 중국의 위챗, 블록체인 기술 등 첨단 기법을 동원해 제재를 회피했고 사이버 해킹 수법으로 약 6,500억 원을 가로채기도 했다. 심각한 것은 제재를 피하려고 민간시설이나 국가 기간시설까지 동원하고 있었다는 점이다. 남포항은 수중 송유관까지 갖춰진

원유 밀매 기지가 됐다.

미국 재무부 및 국무부 등이 발표한 대북제재주의보에서 "2018년 북한 항구에 최소 263척의 유조선이 불법 해상 환적을 통해 얻은 정제유를 싣고 들어왔다"며 "이 유조선들이 탱크를 가득 채워왔을 경우 북한은 378만 배럴(약 44만 톤)의 정제유를 수입한 것"이라고 지적했다.

김정은 국무위원장이 싱가포르 정상회담 등에서 이용하는 최고급 방탄 리무진 차량들이 네덜란드, 중국, 일본, 한국, 러시아 등 복잡한 경로를 통해 북한에 반입되고 있는 것으로 전해졌다.

워싱턴DC 소재 비영리 그룹인 선진국방연구센터는 자료 및 탐사 취재를 통해 메르세데스 마이바흐 S600 2대를 적재한 컨테이너의 이동 경로를 추적했다. 2018년 6월 네덜란드 로테르담의 항구에서 1대에 50만 달러에 달하는 메르세데스 마이바흐 S600 2대가 2개의 컨테이너에 각각 적재됐다. 이 차량을 적재한 컨테이너는 다롄, 오사카, 부산, 러시아 나홋카까지 선박으로 옮겨진 뒤 블라디보스토크에서 북한 화물기를 통해 북한으로 최종 반입된 것으로 확인됐다. 2019년 1월 컨테이너에 적재됐던 것과 같은 기종의 메르세데스 마이바흐 S600 차량이 평양 노동당 청사로 이동하는 것이 포착됐다. 당일 김 위원장의 예술대표단 사진 촬영에서 같은 차량이 등장했다고 덧붙였다.

미국은 제재를 위반하는 제3국을 대상으로 2차 제재(세컨더리 보이콧)도 시행하고 있다. 최대의 압박만이 북한을 협상장으로 끌어낼 수 있다는 전략을 유지하고 있다. 유례없는 강력한 대북제재는 북한의 산업 생산 부분에 영향을 주고, 그 여파가 시장에 전해지면서 북한 경제 전반에 타격을 주는 시스템이다. 제재 강도가 높아지지 않아도 기간이 길어질수록 북한 경제에 주는 충격은 클 수밖에 없다. 다만 제재 효과가 어느 정도인지 실증적인 근거는 없다. 북한에 대한 통계도 정확하지 않다.

북한의 주력 수출품인 무연탄 수출이 재개되지 못하고 있다. 수출탄 갱도는 지속적으로 채굴하지 않으면 금방 물이 차서 폐갱화가 진행된다고 한다. 무연탄 수출 제재는 수출탄 운송 또는 야적과 관련된 순천과 남포 지역 경제를 위기로 몰고 있다. 수출되지 못한 수출탄은 내수로 돌려져 화력발전소, 공장, 기업소에 수출가의 4분의 1 수준으로 판매된다고 한다.

철광석 수출 제재는 코크스 수입 중단으로 이어진다. 코크스가 수입되지 않으면 저급한 수준의 선철만 생산할 수밖에 없다. 북한에서 산업의 쌀로 불리는 제철 제강 산업의 위축을 불러일으킨다. 기계류, 전자기기 등의 수입 금지가 지속되면서 공장 가동률도 하락하고 있다. 북한은 강력한 수입 대체 정책을 시행했지만 소비재 이외 자본재 수입 대체는 성과를 보지 못하고 있다. 핵심부품과 설비는 해외에서 수입해야 하는데, 대북제재로 수입이 불가능하다.

정제유 수입 금지는 물류에 영향을 주고 있다. 2000년대 이후 북한 시장화 확산의 주역인 '서비차(서비스와 자동차의 합성어)'로 불리는 민간 도로 물류였다. 만약 서비차의 가동률이 떨어지면 시장의 물류

회전 속도가 줄고, 지역 간 가격 편차가 확대되면서 시장 확대에 악영향을 초래할 수 있다.

시간은 북한 편이 아니다

대북제재로 인해 산업 생산이 큰 폭으로 감소했지만, 시장 물가와 환율은 안정세를 유지하고 있다. 북한에서 시장 거래는 60% 이상이 위안화나 달러 등 외화가 통용되고 있고, 북한 원화가 차지하는 비중은 40% 정도에 불과하다. 제재가 장기화되면 외화 유입이 갈수록 감소되고 외화 가치가 상승하면서 환율이 올라가며, 시장 물가도 상승하는 구조로 갈 것이다. 생산, 유통, 무역 전반에 걸쳐 가동률 하락과 시장화의 침체로 귀결될 것이다.

북한이 추진하는 최선의 경제 전략은 대외 관계 개선과 이를 통한 대북제재의 해제다. 미국과의 일정한 '타협'을 통해 UN 제재를 최소한 2270호 이전 수준으로 복귀시키는 것이다. UN 제재가 2270호 이전 수준으로 완화되면 기존의 북중경협과 남북경협이 재개될 수 있다. 중국으로부터 경제발전을 위한 인프라 투자까지 기대할 수 있다. 남북경협은 안보리 제재가 해제돼도 미국의 대북제재가 있기 때문에 대북 물자 반출까지 풀려야 인프라 조성과 공단 개발 같은 대규모 대북협력 사업이 가능하다.

실효적인 대북제재는 중국에 의해 좌우된다. 중국은 북한과의 관계를 고려해서 대북제재에 소극적이고, 제재 이후 일정한 시점이 지나면 제재를 부분적으로 풀어주는 패턴을 반복했다. 미중 무역전쟁이 격화되면서 대북제재를 지지했던 중국의 입장이 바뀌고 있다. 중국은 북한이 경제위기로 빠지기 전에 식량 등 인도적 대북지원을 제공하고 있다. 북한 입장에서 대북제재에 대한 최후의 안전망이 생긴 것이다.

북중 관광 협력은 제재 대상이 아니어서 확대할 가능성이 높다. 세관 단속을 완화하는 방법으로 북중 간 무역량을 늘릴 수 있다. 우리나라를 비롯한 국제 사회의 인도적 지원도 이어지고 있다.

북한의 핵포기 거부와 미국의 제재 해제 거부가 장기간 계속된다면 북한의 선택지는 좁아진다. 핵을 안고 천천히 몰락하는 것인지, 아니면 중국 등의 도움으로 근근이 생존할 것인지 선택해야 한다. 주민들에게 경제발전을 약속한 김정은 위원장에게 이 같은 경제 상황은 부담이다. 시간이 갈수록 북한이 불리한 게임이다. 북한 주민이 바라는 '고깃국에 이밥'이라는 경제 수준에는 미칠 수 없다. 김정은 위원장이 바라는 정상 국가로도 갈 수 없다. 김 위원장이 북한 주민들에게 다시는 허리띠를 졸라매는 일이 없도록 하겠다는 약속은 물거품이 된다.

반면 경제제재에 앞장선 미국을 비롯한 국제 사회는 급할 게 없다. 북한과 경제교류가 없기 때문에 영향이 없다. 트럼프 대통령도 북핵문제는 장기간의 시간이 필요하며 급할 것이 없다고 강조했다. 미국은 북한의 완전한 비핵화가 이뤄질 때까지 유일한 대북 압박 수단인 제재조치를 해제하거나 완화하지 않겠다는 입장을 확인했다.

KOREA
WON

3장

시장 수용한 북한 경제 변화

김정은의
시장경제주의 철학

유럽식 시장경제 맛을 아는 김정은

　김정은 국무위원장은 1984년 김정일 국방위원장과 고영희의 둘째 아들로 평양에서 태어나 김일성 주석, 김정일 국방위원장에 이어 3대째 북한을 이끌고 있다. 김정일의 큰아들은 첫 아내 성혜림 사이에 난 김정남으로 2017년 말레이시아 공항에서 독극물로 피살됐다. 명확한 증거는 나오지 않았지만 김정남을 불편하게 생각하는 북한 수뇌부가 지시했을 것이라는 게 기정사실로 받아들여지고 있다.

　김정남이 해외를 돌아다니며 쓴소리를 하는 데다 일부에서 언젠가는 김정남을 왕좌에 옹립시키려 한다는 소문이 마음에 걸렸을 것이다. 김정남은 일본에 밀입국한 사실이 드러나면서 아버지 김정일

김정일(부)
(1942년~2011년)

김경희(고모)
노동당 비서
(1946년 5월 30일~)

장성택(고모부)
국방위 부위원장
(1946년 2월 6일~2013년 12월 처형)

성혜림
(1937년~2002년)

김영숙
(1947년~)

고영희(모)
(1953년~2004년)

김옥
(1964년~)

김정남
(1971년~
2017년 2월 암살)

김설송
(1973년~)

장남 김정철
(1981년~)

차남 김정은
국무위원장
(1984년~)

김춘송
(1975년~)

리설주(처)
(1989년~)

장녀 김여정
(1987년~)

김정은 가계도.

의 눈 밖에 났고, 이후 권력 범주에서 멀어졌다. 그의 아들 김한솔은 아버지 장례도 치르지 못한 채 해외로 도피해서 살고 있다.

김정은 위원장의 어머니 고영희가 난 형 김정철은 권력에 관심이 없고 재즈나 팝 등에 열광하는 조용한 스타일이다. 동생 김여정 노동당 제1부부장은 어릴 때부터 똑똑하고 정치 감각도 뛰어나 아버지 김정일이 가장 흡족해하는 자식이었다. 그가 아들이었다면 후계자로 양성됐을 것이라는 게 내부 소식통 얘기다.

김 위원장은 중고교 과정을 스위스에서 밟으며 자본주의 시장경제의 문화를 체험했다. 5~6년 정도 유럽 생활을 하면서 풍족함과 함께 자유로움을 즐기기도 했다. 학교에서 급우들과 싸움도 제법하면서 이를 수습하기 위해 리용호 외무상에게 찾아갔다는 일화도 있다. 농구를 좋아하고 누구에게든 지기를 싫어하는 보스 기질도 꽤 있었던 것으로 전해진다. 일찌감치 인터넷 검색에 눈을 떠 유럽뿐 아니라 미국 등 각 나라의 이것저것을 살펴보면서 성장했다.

북한으로 돌아왔을 때 그는 아버지 김정일이나 당 간부들에게 아무도 묻지 못하는 것들을 간혹 물었다. 북한은 왜 못 사냐고 물어 당 간부들을 당혹스럽게 한 적도 있다. 아버지 김정일에게 북한 경제가 잘 사는 방법으로 외국인 투자를 받아들여야 한다는 주장을 하는가 하면, 해외 관광객을 대폭 늘려 관광 수입을 올려야 한다는 말도 서슴없이 했다고 한다.

이런 발언은 유럽의 풍족하고 자유로운 세상을 경험한 김 위원장의 생활에서 나온 것이다. 이 때문에 북한 내부나 서방에서도 김정은이 북한 경제 현대화에 적극 나설 것으로 기대하게 했다.

2012년 4월 11일 노동당 제1비서로 추대된 데 이어 4월 13일에는 국방위원장에 오르면서 김정일이 가졌던 직책을 승계하고 후계자의 자리를 굳혔다. 이후 잘 사는 북한 경제를 만들기 위해 자신의 개방적인 생각을 드러냈다. "조선의 현 경제 시스템으로는 힘들다. 다른 나라들의 경제 시스템을 모두 연구해보자. 좋다는 경제 이론도 다 가져다가 공부해보자."(태영호,《3층 서기실의 암호》, 299쪽)

김정은 위원장은 집권 100일을 갓 넘긴 2012년 4월 15일 평양 김일성광장에서 처음으로 공개 연설을 했다. 김일성(1994년 사망) 주석 출생 100주년을 기념하는 군사 퍼레이드가 열린 자리다. 김 위원장은 "우리 인민이 다시는 허리띠를 조이지 않고 사회주의 부귀영화를 마음껏 누리게 하자는 것이 우리 당의 확고한 결심"이라고 공언했다. 북한 지도부가 주민의 생활 형편이 열악하다는 사실을 공개 인정한 것이다. 김일성 주석이 북한의 풍요로운 미래상을 '쌀밥에 고깃국, 비단옷과 기와집'으로 그렸다면 손자 김 위원장은 '사회주의 부귀영화'로 표현한 것이다.

확대되는 기업의 자율성

연설 2개월 후인 2012년 6월 6·28방침으로 불리는 '우리식 경제관리 방안'을 내놓았다. 실적이나 초과 생산에 따라 인센티브를 부여해서 생산성을 높이자는 취지다. 시장이라는 존재를 사회주의 계획경제체제 안으로 끌어들인 조치다. 협동농장이나 공장, 기업소에서 시범 실시했지만 성과를 내지는 못했다. 경제 인프라가 열악한 데다 제한적인 개혁 조치로 효과를 거두기 어려웠다. 이후 12·1조치, 3·1조치를 잇따라 발표하면서 기업 경영의 자율성을 확대했다.

2014년에 시행된 5·30조치에서는 일반 기업에 상품의 계획 생산 처분권을 대폭 넘긴 '사회주의 기업관리책임제'를 도입했다. 기업소 등 생산 주체에게 경영권, 계획권, 생산조직권, 제품개발권, 품질관리권, 인재관리권, 합영 및 합작권, 재정관리권, 가격제정권 등 12가지 경영 권한을 부여했다. 잉여 생산물 처분과 임금 결정의 자율성이 커졌고, 생산성과에 따른 '인센티브'가 가능해 경쟁을 촉발시켰다. 침체된 경제 전반에 활력을 불어넣고, 국가의 배급 부담도 대폭 줄이려는 시도였다.

김정은 시대 주요 경제정책

구분	내용
6·28방침 (2012년 6월 28일)	•우리 식의 경제 관리법 제시 •농업 : 생산물을 국가와 농장이 7:3 분배 •공업 : 공장 기업의 자율권 확대, 지방 공장 개인투자 허용 •서비스 : 국유기업에 소속을 둔 개인투자 허용
12·1조치 (2012년 12월 1일)	•지배인 책임경영제도 공식화 •기업소의 당 책임비서와 지배인 책임하에 독립채산제 도입 •계획, 원부자재 조달, 판매, 수익 분배까지 자율 책임경영
3·1조치 (2013년 3월 1일)	•외화구좌인 협동구좌 제도 도입 •외화 환율 제도에 시장가격을 반영한 변동 환율제 적용 •모든 기업소와 기관에 외화구좌 도입 의무화
5·30조치 (2014년 5월 30일)	•사회주의 기업책임관리제 도입 •제품개발권, 품질관리권, 인재관리권 등 독자경영 권한 부여

김 위원장은 핵개발이 끝나자 '경제·핵 병진노선'에서 '경제건설 총력노선'으로 전환을 선언했다. 2018년 4월 20일 노동당 제7기 중앙위원회 3차 전원회의에서는 '경제·핵 병진노선'의 승리를 선포한 뒤 '새로운 전략노선'이라면서 '사회주의 경제건설'에 집중하겠다고 결정했다. 이는 당과 국가의 모든 사업을 경제건설에 총력을 기울인다는 것이다. 그동안 군수산업 육성에 집중했던 자원을 동결 또는 축소하고 인민경제에 더 많은 자원을 투입한다는 의미다.

　　2013년 3월 31일 당 중앙위원회 3차 전원회의에서 '경제건설·핵무력 건설 병진노선'을 경제정책 기조로 정했다. 당시 북한은 핵무력 강화가 '혁명 발전의 합법칙적 요구'라며 핵무력을 결코 포기하지 않고 지속시켜갈 것이고, 경제건설도 병행할 것이라고 주장했다.

　　북한은 2019년 4월 개정한 사회주의 헌법 '제2장 경제' 분야에서

김정은 국무위원장이 2019년 4월 노동당 청사에서 새로 선출된 국무위원회 위원들과 기념촬영을 하고 있다.

출처 : 매경 DB

당 우위의 전통적 경제관리 방식인 '대안의 사업 체계'를 삭제하고, 생산 현장의 자율성을 높이며 '시장 요소'를 도입한 '사회주의기업 책임관리제'를 새롭게 명시했다. 이른바 '김정은식 경제 방식'의 헌법적 기반을 마련한 것이다.

북한 경제발전 5개년 전략 주도하는 김정은

김정은 시대의 대외개방 전략은 국가경제발전 5개년 전략과 경제개발구 전략으로 압축된다. 2016년 5월 36년 만에 열린 제7차 조선노동당대회에서 국가경제발전 5개년 전략(2016~2020)을 발표하고 자체 전기 생산과 식량의 자급자족을 강조했다. 내수 위주의 '자립 경제'를 강화해 국제 사회의 경제제재가 끼치는 영향력을 최소화하겠다는 의도였다.

그는 "전력 문제를 푸는 것은 5개년 전략 수행의 선결 조건"이라며 "전력 생산 목표를 반드시 점령해야 한다"고 강조했다. 단기 목표로는 식량 자급자족, 에너지 문제 해결, 경공업 발전, 무역 구조 개선, 경제개발구 자본 유치, 관광산업 활성화 등을 내걸었다. 장기 목표로 인민경제의 주체화·현대화·정보화·과학화를 달성할 것을 강조했다. 하지만 강도 높은 대북제재를 가하고 있는 상황에서 북한의 경제발전 전략은 성과를 거두지 못하고 있다.

이와 함께 김 위원장은 2013년 5월 외자 유치를 목표로 하는 경제개발구법을 발표했다. 나선, 황금평과 위화도, 금강산, 개성공업지

국가경제발전 5개년 전략을 홍보하는 포스터.

출처 : 조선중앙통신 캡처

구 등 기존의 경제특구 외에 지방에 경제개발구를 만들어 국토 균형 발전을 촉진한다는 계획이다. 현재 중앙급 경제특구 5개, 중앙급 경제개발구 4개, 지방급 경제개발구 18개 등 총 27개에 달한다. 나선경제특구, 황금평위화도경제특구, 개성공업지구, 원산금강산관광지구, 신의주 국제무역지대를 제외하면 김정은 시대에 새롭게 지정된 경제개발구는 22개다.

중국식 경제특구를 벤치마킹해 경제특구와 경제개발구를 중앙급, 지방급으로 나눴다. 지방의 특성을 반영해 공업개발구, 농업개발구, 관광개발구, 수출가공구, 국제녹색시범구 등으로 특화했다. 하지만 경제개발구 정책은 선포된 이후 지지부진하다. 대북제재 강화와 전력 부족, 열악한 인프라, 낙후된 물류 체계 등으로 속도를 내지 못하고 있다.

자력갱생은 실패의 역사

북한 경제의 위기는 1980년대 후반 사회주의 국가들의 붕괴와 함께 시작됐다. 북한의 후원국이던 소련은 망해서 자본주의로 전환한 러시아로 바뀌었다. 소련으로부터 공급되던 원유와 식량지원 등 경제원조 단절은 북한 경제에 상당한 타격을 줬다. 중국도 개혁과 개방을 통해 시장경제 중심의 글로벌 경제 질서에 편입됐다. 북한만 체제 유지에 매달리며 세계와 본격적으로 담을 쌓았다.

1990년대에 들어서면서 북한 경제는 내부 자원 고갈로 심각한 침체에 빠졌다. 에너지와 원자재 부족으로 대부분 공장 가동이 멈추거나 부분 조업에 들어갈 정도였다. 9년 연속(1990~1998) 마이너스 성장률을 기록했다. 이 기간 동안 북한의 경제능력이 약 45% 감소했다는 분석도 있다.

1995년과 1996년 연속으로 수해를 입으면서 식량난이 심각하다. 황장엽 전 노동당 비서를 비롯한 고위 탈북인사와 대북지원 단체 등은 당시 200~300만 명이 아사한 것으로 전했다. 북한도 당시를 '고난의 행군'이라고 부를 정도다. 배고픔을 이기지 못해 압록강과 두만강을 넘는 탈북자가 대량 발생했다. 2000년대 이후에도 절대 빈곤에서 벗어나지 못해 최빈국으로 전락했다.

북한 경제는 제1경제(인민경제)와 제2경제(군수경제)로 이원화돼 있다. 군수산업을 국가 경제의 기본으로 삼고 있다. 제2경제에 예산과 자원을 전폭 투입하는 구조다. 심각한 경제난 속에서도 핵과 미사일 개발 등 군수산업에 대한 과도한 투자가 경제 침체를 심화시켰다. '우리식 사회주의' 경제나 자력갱생 노선을 숱하게 강조했지만 군수산업 중심의 정책으로는 식량난, 에너지난, 외화난 등 경제위기를 풀 수 없는 구조다.

비핵화 협상이 장기화되고 대북제재가 지속될 경우 김 위원장이 제시한 경제 목표 달성은 불가능하다. 북한은 이를 극복하기 위해 간부와 주민을 대상으로 내부 역량 총동원과 체제 결속을 강조하고 있지만 한계가 있을 수밖에 없다.

평양 장마당 시장경제에 70% 이상 의존

북한의 계획경제 한계 속에서 주민들의 생계를 이어줄 새로운 대안이 나타났다. 바로 장마당이다. 장마당이 계획경제의 한계, 배급제 실패의 그늘을 보완해줬다. 그러면서 북한 사회의 모습은 크게 변해왔다.

실제로 2012년 김정은 체제가 공식 출범하고 나서 '혁명의 수도' 평양은 외형상 엄청난 변화를 겪었다. 서양식 레스토랑과 수족관이 등장했고 물놀이장이 새로 생겼다. 평양의 신도시로 통하는 과학자 거리와 여명거리가 조성됐고, 고층 아파트도 즐비하게 건설됐다. 밤

거리도 가로등에 네온사인이 설치됐다.

평양 시내 곳곳에서 신분 과시용이자 생존 수단인 휴대폰 사용자를 만날 수 있고, 출퇴근 시간에 교통 체증이 생길 만큼 통행량도 많아졌다. 만성적인 경제위기에 시달리는 도시처럼 보이지 않는다. 김정일 시대보다 살기가 좋아졌다는 평가도 많다. 물론 평양시엔 북한 전체 인구(2,500만 명)의 10%가량인 250만 명이 산다. 노동당원이나 군부·내각의 간부, 엘리트 계층 등이 주로 거주하고 있다. 대북제재에도 불구하고 쌀값을 비롯해 시장 물가는 대체로 안정적이고, 시장 환율 역시 안정적 추세다.

평양의 겉모습과 달리 속사정은 그물망 대북제재와 압박으로 교역량이 급감하면서 경제가 가라앉고 있는 것이 현실이다. 북한 경제는 수출을 통해 수입이 확대되고, 다시 국영기업의 생산력 강화와 자본재 공급 확대로 이어졌다. 이를 통해 경공업기업이 현대화되는 선순환 구조를 이뤘다. 하지만 대북제재로 자본과 설비에 대한 수출 통제가 되면서 북한 경제의 성장 메커니즘이 제대로 작동할 수 없는 상황이다.

평양 이외 지역은 아직도 쟁기로 농사를 지을 정도로 상황이 심각하다. 평양~신의주 철도가 평균속도 45km로 달리는 등 인프라는 최악의 상황이다. 경제난에서 벗어나지 못했고 식량난도 지속되고 있다. 제조업도 여전히 회복되지 않는 상태다. 경제성장의 엔진도 없다. 김정은 위원장이 이끌어야 할 북한 주민은 김일성 시대, 김정일 시대의 북한 주민이 아니다. 1990년대 이전까지 국가계획위원회를 통한 국정가격과 배급제도는 무너졌다. 이제 북한 주민은 시장에서 생존해야 한다.

김 위원장은 젊은 지도자로서 체제 유지의 성공 여부도 먹고 사는 문제, 즉 경제에 달려 있다. 어느 나라든 정치가 안정되면 경제발전을 추구한다. 북한도 김일성 주석이 국가 정통성을 확립했고, 김정일 국방위원장이 선군정치로 체제 안정을 다졌다면 김정은 국무위원장에게 경제발전은 숙명이다. 그래서 단번 도약으로 사회주의 체제를 그대로 두고 과학기술을 통해 빠른 속도로 경제난을 극복하겠다는 의지를 보였다. 경제강국 건설은 김 위원장의 집권 중에 이뤄야 할 숙원 사업이다.

김 위원장은 중국 등 해외와 적극적인 경제교류를 희망했다. 북한 근로자들 파견을 통한 외화벌이도 독려했다. 남한과의 경제교류, 관광 및 협력 사업에도 적극성을 드러냈다. 금강산관광도 재개하고 개성공단 재가동도 강력히 희망하며 문재인 대통령에게도 요구했다. 김정은 위원장은 남북이 공동운영하던 개성공단에 대해 "조선 체제에 장기적으로 위협이 되지 않겠느냐고 많은 사람이 걱정했다. 하지만 얻은 게 더 많다. 우선 우리에게 절대적으로 필요한 돈을 벌었다"고 말한 것으로 전해진다.

김정은은 개성공단의 성공사례를 들며 이와 비슷한 공단 14곳을 더 만들라고 지시했다. 김정은 위원장의 경제개발 구상은 2018년 4월 27일 문 대통령과 판문점 도보다리 대화에서 베트남식으로 경제를 발전시키고 싶다는 표현으로 드러났다.

김정은은 왜 중국 모델을 선택하지 않고 베트남식 모델을 따르고 싶다고 말한 것일까. 북한은 나라 규모 면에서 중국과 비교가 안 된다. 중국은 인구가 14억에 이르고 땅도 거대하고 자원도 많다. 큰 내수 시장을 기반으로 국제무역을 활발히 하면서 G2로 성장했다. 반면 베트남은 인구가 적고 미국과 전쟁 후유증에다 금수조치로 어려움을 겪은 바 있다. 하지만 개혁개방을 키워드로 한 도이모이정책으로 외국인 투자를 유치하면서 빠른 속도로 경제를 부흥시키고 있다. 베트남은 김정은 위원장이 닮고 싶은 정치 리더십 모델도 갖고 있다. 사회주의 국가 체제 아래 공산당 중심으로 권력 구조를 유지하면서 경제를 발전시킨 베트남 모델은 김 위원장 입장에서 벤치마킹할 수 있는 모델인 셈이다.

2018년 12월 방한했던 베트남 권력 3위인 응웬 티 킴 응언 국회의장은 〈매일경제〉와의 인터뷰에서 "베트남의 발전 궤적은 북한에게 분명히 좋은 모델이 될 것"이라고 말했다.

김 위원장은 구체적으로 베트남 배우기에 들어갔다. 리용호 외무상은 2018년 11월 29일부터 3박 4일 일정으로 베트남을 방문했다. 응우옌 쑤언 푹 베트남 총리를 만났고 팜 빈민 부총리 겸 외교부 장관을 만나 베트남의 경제 상황과 협력 상황을 협의했다. 리용호 외무상이 베트남을 방문하고 돌아간 후 미국의 마크 램버트 국무부 동아태 부차관보도 베트남을 방문했다. 베트남 외교부 등의 당국자들과 만나 하노이의 2차 북미회담 장소 및 일정과 함께 북한과 베트남 간 경제협력 문제 등을 협의하고 돌아갔다.

베트남 경제개발 모델

베트남 모델은 무엇인가. 공산당 중심의 사회주의 체제를 유지하되, 외국 자본을 받아들여 경제를 발전시킨 모델이다.

베트남은 1975년 무력통일을 이뤘지만 전후 복구와 자본주의를 유지했던 남베트남 지역을 사회주의화하는 작업에서 난관에 부닥쳤고 기록적인 경제난을 겪었다. 1978년 캄보디아 침공에 따른 미국과 서방 국가들의 경제제재로 국제사회에서 철저히 고립됐다. 설상가상으로 1979년에는 중월전쟁이 터지면서 전비 부담이 늘어났고 경제 상황은 더욱 악화됐다.

이러한 상황에서 개혁개방정책은 생사기로에 접어든 베트남이 취할 수 있는 유일한 선택지였다. 베트남은 1982년 미국과 접촉해 실종된 미군과 전쟁 포로 문제에 대해서도 협의하며 미국과의 관계 개선을 위한 첫발을 뗐다. 1986년 6차 공산당대회에서 도이모이정책을 도입하며 과감한 개혁개방의 길로 들어섰다. 도이모이는 베트남어로 '변화한다'는 뜻의 '도이doi'와 '새롭게'라는 의미의 '모이moi'가 합쳐진 용어로 '새롭게 변한다'는 의미다.

외국인 투자법을 만들고, 국유기업도 민영화했다. 토지상속권과 담보권, 사용권을 인정하는 등 소유권을 인정했는가 하면 시장 가격의 자유화 조치도 취했다. 기업 설립도 자유롭게 하면서 적극적인 개혁개방의 길로 나아갔다. 그러나 미국은 도이모이정책 도입 초기 베트남에 대해 인권 탄압, 무기 거래 등을 이유로 무역과 금융 거래 금수조치를 풀어주지 않았다.

빌 클린턴 미국 대통령은 베트남의 일련의 개혁개방정책을 평가하고 1994년 2월 베트남에 대한 금수조치를 풀고 1995년 베트남과 국교 관계를 수립했다. 이어 동남아시아국가연합인 아세안에도 가입했다.

베트남은 미국과의 관계 개선 과정인 1994년 국제통화기금IMF와 세계은행WB 등 국제기구의 원조를 받기 시작했다. 1998년에는 아시아태평양경제협력체 APEC에도 가입하며 글로벌 경제에 본격 데뷔했다. 2001년에는 미국과의 무역협정을 발효했고 호찌민 증권거래소를 개설했다. 2006년에는 미국에서 '항구적 정상교역 관계PNTR' 지위를 획득하고 2007년에는 세계무역기구WTO에 가입했다. 우리나라와는 1992년 대사급 외교 관계를 맺었다.

베트남은 도이모이정책 이후 일시적 부침은 있었지만 연평균 6~7%에 이르는 고성장세를 유지하면서 '아세안의 성장 엔진'으로 자리매김했다. 개혁개방 초기 400달러를 갓 넘겨 북한을 까마득하게 올려다봤던 베트남의 1인당 GDP는 1,000달러에 불과한 것으로 추정되는 북한 GDP를 여유 있게 더블스코어 이상으로 제칠 정도로 높아졌다.

WB 기준으로 1986년 421달러에 불과했던 1인당 GDP는 2017년 2,343달러로 6배 가까이 뛰었다. WTO 자료에 따르면 1986년에는 상품 교역량이 29억 4,000만 달러(수출 7억 9,000만 달러, 수입 21억 6,000만 달러)에 불과했지만 2016년에는 3,513억 8,000만 달러로 100배 이상 폭증했다. 수출과 수입도 각각 1,765억 8,000만 달러, 1,748억 달러로 균형을 맞췄다.

02
사유재산 인정하는
북한 경제

북한에서 장마당은 1990년대 경제난 이후 새롭게 나타났다. 기존의 배급제도가 무너지면서 자생적으로 생겨난 암시장에서 출발해 새로운 장마당으로 변모했다. 장마당에는 공장과 기업소의 제품, 텃밭과 소토지에서 경작된 농축산물, 국제 사회의 지원 물자, 북중 간의 무역이나 밀수 물자 등이 대규모로 유입됐다.

북한은 2003년 3월 불법이던 장마당을 '종합시장'이라고 이름을 붙여 합법화했다. 계획경제체제 아래서 부분적으로 시장을 허용하면서 전국적인 규모의 유통 네트워크가 만들어졌다. 일상적으로 물건을 사고파는 기본 상행위는 물론이고 무역 거래, 화폐교환, 구인구직, 인력 시장, 정보 교환, 사설 금융, 부동산 거래, 의약품 거래 등도 하고 있다. 북한 주민 대부분의 소비재를 해결하는 거대한 시장이 형성된 것이다. 주민들의 장사 형태로 '등짐장사'부터 지역 간 물자를 유통시키는 '되거리장사', 철도와 차량을 이용한 도매장사인 '달리기장사'는 물론이고 상설시장에서 판매하는 '매대장사'로까지 분화됐다.

2018년 기준 북한 전역에 460여 개의 종합시장이 운영되고 있다. 각 도별 평균 40.6개 정도 된다. 전국 단위의 도매시장은 함경북도 청진의 수남시장, 평성의 옥전시장, 평양북도 신의주의 채하시장(남중동시장)이 대표적이다. 수남시장은 공업품시장, 육류수산물시장, 중고 옷시장, 잡화시장 등 품목별로 분화된 전문시장으로 구성돼 있다. 이곳은 1만 7,000여 개에 달하는 매대가 있는 것으로 전해졌다. 평안남도 평성의 옥전시장은 평양에 인접해 도소매 유통 중심지 역할을 하고 있다. 채하시장은 중국 단둥과 인접해 있어 중국 수입품의 통로다.

도 단위의 대표 시장은 혜산시장(양강도 혜산시), 외룡시장(자강도 강계시), 사포시장(함경남도 함흥시), 갈마시장(강원도 원산시) 등이 있다. 평양에도 30여 곳의 시장이 있는데 기능이 분화돼 있다. 낙랑구역의 '통일거리시장'은 판매 건물 3동에 주차장도 갖추고 고가 수입품을 주로 취급하고 있다. 중구시장, 보통강시장, 대성시장 등도 있다.

시장 유통이 활성화되면서 물자와 여객 수송이 활발하다. 과거 철도 중심의 유통이나 10여 년 동안 트럭, 버스, 택시 등을 이용한 개인 운수업이 발전하고 있다. 형식적으로 국영기업이나 국가기관

소속이지만 실질적으로 개인 투자하고 운영하는 경우가 많다. 평성 국영 여객사업소에서 운영하는 시내 무궤도전차는 가격을 인상하는 대신 전차 수와 운행 시간을 늘렸다고 한다. 신의주에서 정규 노선 시내버스가 운행되고 있다. 철도성은 개인사업자와 합작해 평양 ~신의주 구간에서 비싼 요금을 받는 '벌이기차'를 운행하고 있다.

통일연구원이 추정한 바에 따르면, 2016년 기준 종합시장 상인이 최소 110만 명(109만 2,992개, 매대당 상인 1명 기준)에 달한다. 이제 시장이 북한 경제의 실핏줄이 된 셈이다.

북한 당국은 시장 운영에 대해 장세를 징수하고 있다. 시장에서 매대를 빌려 공식적으로 장사하려면 장세(매대세)를 내야 한다. 상인 1인이 납부하는 장세는 지역별로 다르다. 김정일 시대는 시장에 대한 통제와 허용을 반복했으나, 김정은 시대는 시장의 역할과 기능을 암묵적으로 허용했다. 시장에서 상품을 사고파는 구조가 형성되면서 자본주의 특성이 나타나고 있다. 자영업자, 개인수공업자, 사기업, 고리대금업, 환전상 등도 함께 성장하고 있다. 재화의 생산과 분배가 시장 메커니즘에 빠지고 있다. 1990년대 이전까지 국가계획위원회를 통한 국정가격과 배급제로 유지되는 북한 경제와는 완전히 다른 변화다. 국가가 정하는 국정가격이나 한도가격이 전혀 지켜지지 않고, 시장의 수요와 공급에 의해 가격이 결정되고 있다. 북한 경제가 초기 자본주의 태동 단계로 진입한 것으로 보인다.

1998년 사회주의 헌법 개정 이후 개인의 소유를 부분 인정하고 있다. 개인 밭 경작물, 장마당에서 장사로 얻은 수입 등으로 개인 소

북한의 대표적 종합시장

회령(국경 시장)
중국 상인들에게도
매대 허용

● 수남

함경북도

양강도

채하
중국 수입품
전국 유통 통로

자강도

함경남도

평안북도

평성
북한 최대의 도·소매
상품 유통 중심지

평안남도

중앙
평양 제2의 종합시장

사리원
곡물·식료품·의류
대량 유통

평양 ●

황해북도

강원도

통일거리
2003년 8월 본보기로 개장
한 대표적 종합시장으로
판매건물 3동, 주차장 완비

황해남도

출처 : 북한 이해

유 대상이 확대되고 있다. 주민의 70% 이상이 시장에서 돈을 벌고,
전체 가계소득의 70% 이상은 시장 활동에서 나온다는 분석도 있다.
국가가 정하는 국정가격이나 한도가격이 전혀 통하지 않고, 시장의
수요와 공급에 의해 가격이 결정되고 있는 것이다.

주택 등 부동산의 사적 소유가 인정되지 않지만, 당국의 묵시적
인 동의 아래 사적 거래를 하고 있다. 국가주택 이용허가증(입사증)
을 뇌물을 주고 관할기관에 명의 변경하는 방식으로 주택을 사고팔
고 있다. 북한 주민들은 소토지, 살림집, 매대를 '3대 재산권'으로 인
식하고 있다.

새로운 부유층 돈주, 붉은 모자 기업

북한의 신흥 부유층을 '돈주'라고 부른다. 돈주의 뜻은 말 그대로 내 주머니에 현금을 많이 가지고 있는 사람을 말한다. 이들은 1990~2000년대 초반 달러나 인민폐를 사고팔거나 고리로 현금을 빌려주기도 하면서 일종의 대부업으로 출발했다. 점차 자금을 융통해주고 이자 수익을 얻는 '북한판 금융가(자본가)'로 변신했다. 2000년대 중후반부터 돈주들의 사금융은 예금과 송금, 자금이체, 물자대금 결제, 담보대출 등으로 상업 금융기관의 역할을 맡고 있다. 돈주 간의 지역 네트워크를 형성해 대금결제와 계좌이체 등 상업금융업의 형태로 발전하고 있다.

북한의 돈주들은 사금융 분야에서 실물 경제 분야로 투자 활동을 넓히고 있다. 초기에는 시외버스, 택시, 물류 등 지방운수업, 도소매업, 국영상점 등에 투자했다. 최근에는 건설업, 채굴업, 제조업 분야 등으로 투자를 확대하고 있다.

일부 자본력을 갖춘 돈주들은 국영기업의 명의를 빌려 투자하고 부족한 건축자재를 중국에서 신속하게 조달할 정도다. 2016년 3월에 착공한 평양 여명거리가 1년 만인 2017년 4월 완공된 것도 돈주의 투자 덕분인 것으로 알려졌다. 여명거리에는 평양시 대성구역 금수산태양궁전에서 영생탑에 이르는 3km, 왕복 8차선 도로, 45층에서 82층에 달하는 초고층 아파트 40동과 공공건물 60동이 들어섰다. 북한에서 외화벌이 일꾼, 돈주 등 개인 자산가들의 수가 늘면서 고급주택에 대한 수요가 늘고 있다.

돈주가 국영기업에 운영자금을 빌려주고 그 대가로 현물를 받거나 국영기업 명의의 제품을 만드는 무늬만 국영기업인 '붉은 모자(공산주의자)'를 쓴 사업가들이 계속 늘고 있다. 법적으로는 생산수단 사유가 허용되지 않지만 현실은 다르다. 합법도 불법도 아닌 공생인 셈이다. 이는 중국의 개혁개방 초기에 성장동력 역할을 맡았던 농민 개인 또는 집단 소유의 '향진기업'에서 발생한 현상과 유사하다. 향진기업은 우리의 읍면에 해당하는 향진 소속 주민들이 중소기업을 만들어 경영과 생산 및 판매를 자율 결정하는 방식이며 우리나라의 농촌 새마을공장과 비슷하다.

북한 당국은 2014년 11월 '조선민주주의인민공화국 기업소법'을 개정해 "부족되는 경영활동 자금을 은행으로부터 대부받거나 주민 유휴 화폐자금을 동원 리용할 수 있다"(38조)고 규정했다. 돈주의 국영기업 투자를 합법화한 것이다. 돈주의 영향력은 유통 부문에도 나타나고 있다. 외화벌이 돈주가 국경까지 물건을 들여오면 돈주들이 화물을 적재한 트럭째 인수해 국내로 유통시킨다. 1명의 돈주 아래 20여 명의 중간상인이 있고, 중간상인도 소매상인을 두는 구조다. 이런 과정을 거쳐 북한 전역의 시장으로 수입품이 유통되는 것이다.

돈주가 기업의 사유, 이른바 생산수단의 사유를 통해 생산 활동을 하고, 생산품을 시장에 공급해 이윤을 창출하고 있다. 북한에도 기업가, 기업, 시장이라는 시장경제의 메커니즘이 형성됐다고 판단할 수 있다. 돈주의 활발한 기업 활동으로 생산량이 증가하고 시장으로 공급이 확대되면 상품 가격이 안정된다. 상품 가격이 안정되면 소비 증가로 이어져 북한 주민들의 생활이 향상된다. 시장에서 소비 증가는 다시 북한 기업의 생산 증가와 수익 창출로 이어질 것이다. 시장화 확대로 인한 북한 경제의 선순환적 구조로 작용하게 된다.

이 과정에서 일부 군인과 관료들이 돈주와 결탁하는 정경유착 현상도 심각한 문제로 등장하고 있다. 시장경제가 빠르게 확산하면서 빈부 격차, 부정부패 현상도 심화하고 있다. 북한 당국은 비사회주의적 현상에 대해서 검열과 단속을 계속 하고 있다. 북한 당국은 시장과 사경제의 발전을 묵인하고 활용하는 정책을 펼치고 있지만 사회적 통제의 틀을 허물지 못하도록 통제를 하고 있다.

북한 투자유치 의지 강해, 철저한 시장조사로 기회 잡아야

천용수 오스트레일리아 코스트그룹 회장은 북한에 사업체를 운영하며 지금도 1년에 7회 이상 북한을 방문하고 있다. 2018년 10월 23~25일 〈매일경제〉와 재외동포재단, 인천광역시 주관으로 송도에서 열린 제17차 세계한상대회에 참석한 천 회장은 대북 투자를 하기전 철저한 사전 공부가 필요하다고 강조했다.

"북한을 바라볼 때 지금까지의 고정관념과 생각은 지워야 한다. 기업 혼자서는 안 된다. 정부와 시민 사회가 합심해서 자신감을 갖고 도전해야 한다"는 게 격변기를 맞은 남북 관계에 대한 그의 인식이자 한국 사회에 대한 제언이다.

대북사업과의 인연은 1992년 오스트레일리아 코스트그룹 수장

대북사업 최고 전문가 천용수 코스트그룹 회장.

으로 금광 개발을 모색하면서 시작됐다. 난생처음 북녘 땅에 발을
디뎌 사업 타당성을 검증한 것이다. 당시 그의 나이는 39세였다. 그
때부터 북한과 26년 동안의 '동행'이 시작됐다. 천 회장은 "26년 동
안 총 200여 차례 북측을 방문했다"면서 "1년에 적어도 7번 이상
방문하고 평균 7~15일 정도 체류하는데 이를 시간으로 환산하면
5년 정도 북한에 거주한 셈"이라고 설명했다.

초창기 광산 개발을 위해 방북했을 때만 해도 도로 사정이 굉장
히 열악했다고 한다. 그래서 천 회장은 고려항공에서 보유한 헬리콥
터를 임차해 북측 전역을 종횡무진 누볐다. 기업가의 길로 들어선 이
후 첫 실패를 북한에서 맛봤다. 금광 개발을 위해 3년 반 동안 경비
를 쏟으며 매달렸지만 최종 협의 과정에서 북측이 다른 파트너와 손
을 잡았던 것이다. 그는 "당시 북측이 홍콩 투자사를 선택했는데 이
파트너사가 파산하면서 사업이 무산됐다"고 한숨을 쉬었다.

그런데 뜻하지 않은 기회가 돌아왔다. 사업을 성공시키겠다는 북
측의 열망이 워낙 강했던 터라 천 회장 측에 아연괴(금속아연)를 독
점 수출할 수 있는 기회를 제공한 것이다. 천 회장은 "친분이 있던

북측 광업부 사람들이 제안했다. 이후 5년 동안 아연괴를 독점 공급해 투자금 이상을 회수할 수 있었다"고 말했다.

이를 기반으로 사업도 확대됐다. 1995년 북한과 최초의 합영회사를 세웠다. "인민들이 사용하는 제조업에 투자하는 게 어떻겠냐"는 제안을 북에서 했고 이를 받아들였다. 그해 폴리우레탄 생산공장을 열고 11월부터 생산을 했다. 이 사업은 평양 인근 공장에서 생산해 100% 북측 내수용으로 판매하는 구조다. 향후 대북제재가 풀리면 각종 제품을 만들 수 있는 폴리우레탄 수요가 크게 늘어날 수 있어 북측에서도 관심을 갖고 발전시키려는 사업 분야라는 게 그의 설명이다. 천 회장은 현재 평양, 함흥, 순천, 해주, 청진 등 북한 각지에 공장을 두고 있다. 폴리우레탄폼, 세탁비누 등은 북한에서 생산해 내수용으로 판매하고 가발은 중국으로 전량 수출하고 있다.

중장비·식품 등도 수입해 북한에 판매하고 있다. 업무용 사옥은 평양 월양동(개선문 인근)에 있으며 합영회사 선봉코스트는 평양시 낙랑구역 통일거리에 위치해 있다. 그는 "식료품 등의 중국 의존도가 높았는데 최근 급속도로 발전하면서 국산화되는 물품이 상당히 많아졌다"면서 "자력으로 생산해 품질도 상당한 수준이며 해외 경쟁력까지 갖출 수 있다"고 변하는 북한 경제상을 설명했다.

그는 대북사업을 염두에 두고 있는 이들에게 2가지를 주문했다. '역지사지'의 자세와 '북한 공부'가 그것이다. 천 회장은 "우리 생각과 그들(북한) 생각은 많이 다르다. 그들 입장에서 사업을 기획해야 일이 성사될 수 있다"면서 "섣불리 사업하기보다 북한에 대해 공부를 많이 하고 이해해야 한다"고 말했다. 그는 "합영회사를 설립하는 것에 대해 북측이 상당히 융통성이 있는 편"이라며 "사업을 진행하며 필요한 것들을 서류화해서 확인하며 철저히 법 테두리 내에서 절차를 밟고 책임 있는 거래를 하는 게 중요하다"고 강조했다.

문재인 대통령 평양 능라도경기장 대중연설 효과는?

2018년 9월 19일 문재인 대통령의 평양 능라도 5·1경기장에서의 연설은 북한 사회에도 대단한 충격을 준 것으로 전해진다. 문 대통령의 연설은 김정은 위원장의 제안으로 이뤄졌다. 나름대로 자신감이 있었다는 얘기다.

하지만 15만 명의 평양 시민들은 문 대통령의 자유로운 연설을 들으면서 남한 사회의 자유를 느꼈고, 가정으로 돌아가서는 가족 간에 상당한 토론도 이어졌다고 한다. 남한을 자유롭게 오갈 수 있는 시대가 오는 건지, 통일이 정말 가까이 오는 것인지, 부부간에도 부자지간에도 많은 얘기가 오갔다고 한다. 일부 북한 주민들 사이에서는 문 대통령 부친이 함흥에서 탈출한 얘기를 하며 문 대통령이 북한 사람이라며 애정을 갖고 있다는 얘기가 전해진다.

문재인 대통령이 평양 5·1경기장에서 연설하는 장면.

출처 : 매경 DB

03

숫자로 본
북한 경제

경제성장률 −4.1%, 21년 만에 최저

한국은행의 '2018년 북한 경제성장률 추정 결과'에 따르면 2018년 북한의 실질 GDP는 전년 대비 4.1% 감소한 것으로 나타났다. 이는 −6.5%를 기록한 1997년 이후 21년 만에 최저치다. 2011년 김정은 국무위원장이 집권한 이후 2014년까지 1% 안팎의 경제성장을 해오다 2015년(-1.1%)에 역성장을 했다. 그러다 2016년에 성장률이 3.9%로 올랐지만, 2017년엔 대북제재의 여파로 성장률이 −3.5%로 고꾸라졌다. UN안보리는 2016년부터 대북제재를 강화하기 시작해 2017년에는 북한산 석탄·철광석의 수입을 전면 금지하는 결의안을 채택했다.

1인당 GNI 142만 8,000원

한국은행에 따르면 2018년 북한의 1인당 국민총소득GNI은 142만 8,000원으로 남한(3,678만 7,000원)의 26분의 1(3.9%) 수준에 머문다. 북한의 1인당 GNI를 달러로 환산하면 약 1,171달러로 캄보디아(2017년 기준 1,300달러), 미얀마(1,234달러)보다 낮고 아프리카의 모리타니(1,124달러)보다 높다. 북한의 국민총소득(명목 GNI)은 35조 9,000억 원으로 전년 대비 2.0% 감소 전환했다. 2016년(36조 4,000억 원) 이후 최저로 한국(1,898조 5,000억 원)의 53분의 1(1.9%) 수준이다.

대외무역 28억 4,300만 달러

2018년 북한의 대외무역(남북교역 제외) 규모가 전년보다 48.8% 감소한 28억 4,300만 달러(약 3조 3,350억 원)로 나타났다. 총 교역 규모도 2년 연속 줄었다. 코트라의 〈2018년도 북한 대외무역 동향〉 보고서에 따르면 북한 수출은 전년 대비 86.3% 감소한 2억 4,000만 달러, 수입은 31.2% 감소한 26억 달러로 집계됐다. 무역적자는 23억 6,000만 달러로 전년(20억 1,000만 달러)보다 17.5% 증가했다. 급격한 교역량 감소는 UN안보리 대북제재결의 영향으로 분석됐다.

중국 무역의존도 사상 최고 95.8%

중국에 대한 무역의존도는 사상 최고를 기록했다. 북한이 중국을 상대로 하는 무역이 전체 대외무역에서 무려 95.8%를 차지하는 것으로 집계됐다. 북한의 상위 교역국으로는 중국에 이어 러시아·인도·파키스탄 등의 나라가 이름을 올렸지만 교역 비중은 1% 미만으로 매우 미미하다. 북한의 무역 규모가 크게 줄어들면서 북한과 중국의 교역량도 전년도의 절반 수준으로 크게 줄어든 것으로 나타났다. 북한과 중국의 무역 규모는 2018년 27억 2,000만 달러(한화 약 3조 2,000억 원)로 2017년 52억 6,000만 달러(한화 약 6조 2,000억 원)보다 48.2% 감소했다.

환율은 1달러당 7,750원

북한 장마당 쌀값을 보름 단위로 공개하는 데일리NK에 따르면 2019년 6월 25일 현재 쌀값은 1kg당 평양 5,000원(시장 환율 1달러당 8,025원 기준), 신의주 4,920원, 혜산 5,500원이다. 2018년 1월 8일 쌀값은 1kg당 평양 5,000원, 신의주 4,990원, 혜산 5,200원으로 가격 등락이 없는 상황이었다. 환율은 2019년 6월 25일 1달러당 평양 7,750원, 신의주 7,800원, 혜산 7,830원에 거래됐다. 그해 1월 8일 1달러당 평양 8,500원, 신의주 8,430원, 혜산 8,570원이었다.

정부 인정 장마당 460개

1990년대 계획경제체제가 멈추면서 국영상점을 대신해 식량을 비롯한 생필품을 공급하던 재래식 시장을 장마당이라고 불렀고, 시장화의 진전으로 합법화되면서 종합시장으로 불린다. 2018년 기준 공식 인정받은 종합시장은 약 460개로 추산된다. 간이시장이나 메뚜기시장까지 더하면 종합시장의 몇 배에 이른다. 무역회사와 돈주, 거대상인과 중간상인, 매대에서 장사하는 소매상이 종합시장을 매개로 연결돼 있다. 매대의 자릿세나 종합시장을 거점으로 전국적으로 연결되는 시외버스 사업에서 거둬들이는 준조세가 지방정부의 주요 수입원이다.

휴대전화 600만 대

통일부에 따르면 북한 주민이 사용 중인 휴대전화가 600만 대에 이르며 3G 아래의 품질로 추정하고 있다. 북한 인구가 2,500만 명 정도인 점을 감안하면 약 4명에 1명꼴로 휴대전화를 갖고 있는 셈이다. 휴대전화 단말기 평균 가격을 100~200달러로 추산했다. 북한의 이동통신망은 내국인 및 외국인 서비스를 하는 고려링크와 내국인 전용인 강성네크가 있다. 북한 당국은 보안 이유로 해외와 연결을 제한하고 있다. 북한 내부에서만 운용되는 인트라넷 구조의 '광명'망을 운영하고 있다. 고려링크의 외국인 전용 서비스는 국제 인터넷과 연결돼 있어 북한 내에서도 인터넷 접속이 가능하다. 북한 내부 자본으로 설립한 강성네트는 내국인 전용 서비스를 제공하고 있다. 북한 내부에서도 중요 대학이나 연구소 등은 국제 인터넷망과 연결돼

평양 순안공항에서 시내로
향하는 거리에서 한 여성이
휴대전화를 사용하는 모습.
출처 : 매경 DB

있고, 접속하려면 북한 당국의 사용 승인을 받아야 한다.

평양 중심으로 카드 결제

북한에서는 현재 평양을 중심으로 전성카드(조선중앙은행), 나래
카드(조선무역은행), 고려카드(고려은행), 금길카드(대성은행), 선봉카드
(황금의 삼각주은행) 등의 선불·직불카드가 사용되고 있다. 전성카드
가 사용 가능한 가맹점을 늘리고 있으며 송금도 가능하다. 카드 발
급 은행들은 은행 본·지점뿐 아니라 체신국과 평양 내 순안국제공
항, 류경상업은행, 고려호텔 등에 개별 은행 단위로 CD기를 설치·운
영 중이다. 이 카드들은 외화상점, 식당, 헬스장 등에서 쓰인다. 카드
결제는 신분이 노출되지 않아 인기가 높다고 한다.

발전 전력량 235억kWh, 만성 전력난

2017년 북한에서 생산된 전력량은 235억kWh[킬로와트시 : 1킬로와트^{kW}의 비율로 1시간에 변환 또는 소비되는 에너지(전력량 등)를 1킬로와트시라고 함]다. 남한의 24분의 1 수준에 그칠 만큼 절대적으로 전력이 부족하다. WB · 국제에너지기구^{IEA} · 세계보건기구^{WHO} · 국제재생에너지기구^{IRENA} · 유엔통계처^{UNSD}가 공동으로 내놓은 에너지 관련 보고서에서 북한은 2017년 도시 전기 공급률 39%, 농촌 전기 공급률 52%, 전국 전기 공급률은 44%를 각각 기록했다. 북한 인구 약 2,500만 명 가운데 1,400만 명에게는 아직 전기가 제대로 공급되지 않고 있다.

평양~신의주 철도의 평균속도는 45km

북한의 철도 총연장 길이는 5,287km로 남한 4,078km 대비 1.3배 길었다. 남북철도공동조사단의 보고서에 따르면 궤도의 전반적인 노후화, 터널 내 균열 등이 매우 심각하다. 평양~신의주 간 225km 구간이 소요시간 4시간 54분, 평균속도는 시속 45km 수준이다. 대부분 철도는 시속 40km 이하로 운행되고 있다. 북한의 도로 총연장 길이는 2만 6,178km로 남한 11만 91km의 4분의 1 수준이다. 도로 인프라 역시 매우 낙후된 상태다. 버스로 평양~신의주는 8시간이 걸리고, 평양~원산은 6시간, 평양~함흥은 8시간으로 추정하고 있다.

북한 자동차 28만 4,000대

2017년 북한의 자동차 총 등록대수는 28만 4,000대, 연간 생산량은 3,800대에 불과하다. 남한은 연간 4,115만 대의 자동차를 생산하고 있다. 북한 자동차를 생산하는 제조사는 2018년 기준 총 5곳이다. 평화자동차, 승리자동차, 평양자동차, 청진상용차, 김정태기관차 등이며 평화차와 승리차가 2대 제조사로 통한다. 자체 생산 능력이 떨어져 군용 및 화물차 일부를 제외하면 승용차 등은 수입한다.

평양 택시 6,000대

통일연구원의 〈김정은 시대 8대 변화〉 보고서에 따르면 2018년 평양에는 택시 6,000여 대가 운행되고 있다. 택시요금은 기본거리 4km에 2달러, 1km당 0.5달러가 추가된다고 한다. 콜택시 서비스와 전자결제 시스템도 갖췄다고 한다. 순안공항이나 평양역, 고려호텔 등지에서 줄을 선 채 손님을 기다리는 택시의 모습을 볼 수 있다. 평양을 중심으로 중산층 이상의 이동 수요가 늘면서 택시 이용객이 많아졌다. 평양 지역의 택시는 국영운수회사인 대동강여객운수사업소에 등록을 해야 운행할 수 있다.

고려항공 민항기 24대

고려항공은 24대의 항공기를 보유하고 있는데, 그중 18대가 운항 가능하다. 현재 운행하는 항로는 평양~선양, 평양~베이징, 평양~블라디보스토크 노선이다. 김정은 국무위원장은 블라디미르 푸틴 러시아 대통령과 블라디보스토크에서 북러정상회담을 하기 위해서 고려항공 특별기 JS371편으로 이동했다. 하지만 항공기가 장거리 비행을 할 수 없어 싱가포르 1차 미북정상회담에는 중국 비행기를 이용했고, 하노이 2차 미북정상회담에는 전용열차로 이동했다.

평양 지하철 3개 노선

인구 250만의 평양에는 지하철 노선이 3개 있다. 1973년에 천리마선, 1975년에 혁신선이 개통됐다. 1987년에는 천리마선의 연장 형태로 만경대선이 개통된다. 전체 길이 34km, 현재 16개역을 운영하고 있다. 외국인 관광객에게 개방되고 있는 영광역은 화려한 샹들리에·벽화·대리석으로 유명하다. 평양 지하철은 평균 깊이 100~150m 지점에 역이 있어 방공호로 활용이 가능하다. 요금은 거리에 상관없이 1회 승차 기준 5원이다.

주택 보급률 70%

LH토지주택연구원에 따르면 북한의 주택 보급률을 70% 내외로 추정하고 있다. 북한의 가구 실태는 동거가구 비중이 30%를 차지해 향후 가구가 분화되면 주택건설 수요가 늘어날 것으로 전망된다.

북한 중앙통계국과 유엔인구기금^{UNFPA}의 2014년 조사에 따르면 주택 유형별 비중은 연립주택 41.7%, 단독주택 32.8%, 아파트 25%이며 평양의 경우 아파트 비중이 62.9%에 달했다. 2009년 살림집 법을 개정해 주택의 거래, 매매, 교환 등을 금지했지만 시장화가 급속히 진행되면서 자연스럽게 시장을 통한 주택 매매와 임대가 활성화되고 있다. 개인 투자자에 의한 분양 시장도 형성되고 있다.

수도관 식수 공급 가구 55.6%

주거 인프라는 도시와 농촌 간의 격차가 크다. 북한 중앙통계국과 유니세프가 공동 조사한 2017년 다중지표군집조사 보고서에 따르면, 살림집까지 수도관으로 식수가 공급되는 가구 비율은 55.6%다. 2014년 UN의 경제사회인구보건조사 보고서에 따르면 화장실의 경우 수세식은 63.2%(개별+공동), 재래식은 36.8%(개별+공동)로 조사됐다. 도시는 수세식이 71.1%인 반면 농촌은 48.9%에 불과하다.

합계출산율 1인당 1.89명

북한 사회의 저출산 추세가 지속되고 있으며 여성들의 출산 의지도 낮아지는 추세다. 2014년 북한 중앙통계국과 UNFPA가 공동 조사한 결과, 북한 기혼여성(15~49세)의 합계출산율은 1인당 1.89명이다. 1993년 인구센서스 결과는 2.13명이었고, 2008년 결과는 2.01명이었다. 2014년 북한 기혼여성(15~49세)의 평균 출산연령은 29.0세다. 1993년 28.6세, 2008년 28.7세로 변화 폭은 적었다. 장마당에서 생계를 꾸리는 여성이 늘면서 장사나 양육 문제 등의 이유로 임신과 출산을 기피하는 현상도 나타나고 있다.

외국인 관광객 20만 명 넘어

김춘희 북한 국가관광총국 관광홍보국장은 중국 신화통신과 인터뷰에서 2018년 북한을 찾은 외국인 관광객이 20만 명을 넘어섰고, 이 가운데 중국인이 90%에 달한다고 밝혔다. 평양 순안국제공항 현대화와 마식령 스키장 조성을 통해 관광산업에 새로운 진전을 보이고 있다고 소개했다. 북한에서 휴대전화 국제 로밍이 안 되고 호텔 내 무선 인터넷 서비스가 제공되지 않는 것이 외국인 관광객의 최대 불편 사항이라고 전했다.

평양골프장 27홀

〈골프다이제스트〉 국가별 베스트코스 기록을 살펴보면 북한에는 3개의 골프장이 있다. 평양과 남포를 잇는 고속도로의 태성호수에 인접한 평양골프장Pyung Yang G.C.은 기존 18홀에서 9홀을 증설해 27홀로 확장했다. 평양 양각도골프장은 9홀짜리 파3홀 코스로만 구성돼 있다. 2007년 금강산 아난티골프장은 운영이 중단된 상태다.

4장

남북경제공동체로 가는 길
신마셜플랜

'신마셜플랜New Marshall Plan'은 2차 세계대전 이후 미국이 황폐해진 유럽을 부흥시키기 위해 과감한 원조를 추진한 '마셜플랜'에서 영감을 얻어 우리도 북한 경제 회생을 지원해 한반도 공동 번영을 모색하자는 프로젝트다.

유럽에 대한 미국의 원조계획 정식 명칭은 '유럽부흥계획'이지만 당시 미국 국무장관이던 조지 마셜이 처음으로 공식 제안해 '마셜플랜'으로도 불린다. 미국이 추진한 마셜플랜의 주요 목적은 구소련 주도의 공산주의 확산 방지였다. 반면 '신마셜플랜'은 흡수 통일식 정치 논리를 배제하고 서로 성장의 촉매제가 될 수 있는 경제협력을 통해 공동 번영을 추구하자는 취지다.

대규모 북한 개발계획이라고 보면 이해하기 쉽다. 남북이 협력해 북한 경제가 성장하고 주민 생활이 향상되기를 돕자는 것이다. 북한 경제는 지속되는 경제난으로 내부 자원이 고갈되고, 국제적 고립이 깊어지면서 경제성장의 동력이 사라진 상황이다.

외부에서 체계적인 지원은 북한 경제의 재건을 위한 '마중물' 역할을 하게 된다. 북한의 풍부한 지하자원과 양질의 노동력에 남한의 자본과 기술이 결합하면 새로운 성장동력을 만들 수 있다. 고비용과 저효율로 침체에 빠진 한국 경제의 도약을 위한 기반이 될 수 있다. 북한의 철도·도로·항만·공항 등 사회 간접자본 수요가 엄청나기 때문에 국내 건설 산업에 새로운 블루오션을 제공할 수 있다. 토지 사용료, 인건비 상승으로 경쟁력을 잃고 있는 중소기업에게도 새로운 사업의 기회를 줄 수 있다. 한국 경제에 '북한 리스크'를 줄여 외국인 투자 등 긍정적으로 작용할 것이다.

그래서 남북의 공동 번영을 위해서도 남북경제공동체 구축은 필수적이다. 남북경제공동체가 구축되면 남북 간 화해와 협력 단계를 넘어 민족공동체의 기반을 만들게 된다. 남북경제공동체는 통일로 가는 첩경이다.

01

북한 경제의 견인차 산업단지

개성공단은 남한의 자본·기술과 북한의 노동력·토지를 결합한 합작공단이었다. 인건비와 가격 경쟁력 때문에 고민하던 남한의 중소기업에 새로운 기회를 제공했다. 북한에게도 정당한 노동과 토지 제공으로 부를 축적하는 시장경제를 배우는 데 큰 역할을 했다. 남과 북 모두에게 '윈윈' 모델이었다.

북한 노동자에게 준 임금은 1인당 월 100달러 수준이었다. 서울에서 1시간 거리로 물류비용 절감, 무관세 등 장점을 갖고 있었다. 중국과 베트남 등 어느 해외 공단보다 유리한 조건이었다. 북한도 개성공단을 통한 수입 증대, 북한 주민의 일자리 창출과 안정적 생활 보장, 남한 기업의 생산 기술과 공단 운영 기법 등을 얻었다.

개성공단은 남과 북이 서로 다른 법과 제도, 사고방식, 가치관 등을 배워가는 자리였다. 매일 아침 서울 광화문에서 철조망과 지뢰밭이 가득한 MDL이 인접한 개성공단으로 통근버스가 다녔다. 북한도 개성공단을 건설하면서 인근 6사단, 64사단, 2군단 포병 연대를 5~10km 후퇴시켜 군사적 긴장 완화에 기여했다. 그래서 남과 북이 평화롭게 공존하면서 경제적으로 협력하는 평화프로젝트라는 평가를 받았다.

앞으로 북한 경제 회생도 제2, 제3의 개성공단 형태의 산업단지 성공 여부에 달려 있다. 산업단지의 실효성은 개성공단의 조성과 운영 경험을 통해 입증됐다.

산업단지 조성의 관건은 전력, 교통, 통신, 용수 등 인프라 건설이다. 김정은 시대에 경제개발구 정책을 발표했지만 어느 한곳 제대로 추진되지 못했다. 경제특구 5개, 중앙급 경제개발구 4개, 지방급 경제개발구 18개 등 27개가 지정됐다. 신의주·혜산·만포 등 중국과의 접경 지역이나 청진·나선·홍남처럼 항만을 중심으로 개발계획을 세웠다. 전력 부족, 낙후된 물류 체계, 북핵 리스크 등이 겹치면서 산업단지인 경제개발구 조성을 어렵게 만들고 있다. 선제적으로 인프라를 투자하기가 쉽지 않기 때문이다.

개성공단도 우리 정부가 남북협력기금으로 전력, 용수 등 공단 기반 시설을 구축한 덕분에 가능했다. 전 세계에 단기 수익을 고려하지 않고 천문학적 비용의 인프라에 투자할 나라와 기업은 없다. 따라서 초기에는 정부 주도로 산업단지의 인프라 구축에서 기업 유치

문재인 정부 한반도 신경제지도 H벨트

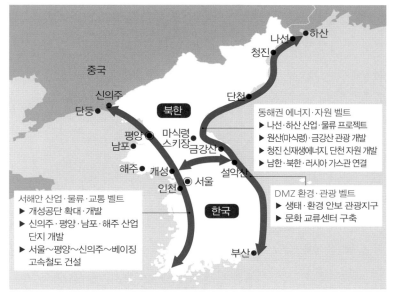

중국

북한

나선
하산
청진

신의주
단둥
단천

동해권 에너지·자원 벨트
▶ 나선·하산 산업·물류 프로젝트
▶ 원산(마식령)·금강산 관광 개발
▶ 청진 신재생에너지, 단천 자원 개발
▶ 남한·북한·러시아 가스관 연결

평양
남포
마식령
스키장
금강산

해주
개성
설악산
인천
서울

한국

서해안 산업·물류·교통 벨트
▶ 개성공단 확대·개발
▶ 신의주·평양·남포·해주 산업
　단지 개발
▶ 서울~평양~신의주~베이징
　고속철도 건설

DMZ 환경·관광 벨트
▶ 생태·환경 안보 관광지구
▶ 문화 교류센터 구축

부산

출처 : 국정기획자문위원회, 통일연구원

까지 패키지로 전담하는 모델을 만들어야 한다. 북한은 국가경제개발 10개년 전략계획(2010~2020)을 통해 서남 방면(신의주~남포~평양)과 동북 방면(나선~청진~김책)의 양대 축을 개발한다는 계획이다. 문재인 정부의 한반도 신경제 지도 구상도 동해권, 서해 연안 등 권역별 협력벨트를 만들어 동서를 잇는 'H경제벨트'를 조성한다는 구상이다.

문재인 대통령도 2019년 8월 광복절 경축사에서 "부산에서 시작해 울산과 포항, 동해와 강릉, 속초, 원산과 나진, 선봉으로 이어지는 환동해 경제는 블라디보스토크를 통한 대륙 경제, 북극 항로와 일본을 연결하는 해양 경제로 뻗어나갈 것"이라고 밝혔다. 이어 "여수와 목포에서 시작해 군산, 인천을 거쳐 해주와 남포, 신의주로 향한 환황해 경제는 전남 블루이코노미, 새만금의 재생에너지 신산업, 개성공단과 남포, 신의주로 이어지는 첨단 산업단지의 육성으로 중국, 아세안, 인도를 향한 웅대한 경제 전략을 완성할 것"이라고 강조했다. 남북한 모두 한반도 개발을 위해 'H경제벨트'를 만든다는 데 인식을 공유하고 있다.

남과 북은 분업 구조를 형성하기에 산업 구조가 적합하다. 북한에 대해 한국과 중국 간 또는 한국과 베트남 간의 분업 구조와 유사한 협력 방식을 만들 수 있다. 북한이 원하는 설비, 부품, 소재 등의 공급이나 북한 산업의 재건에 필요한 플랜트 엔지니어링 등의 기술은 남한이 풍부한 경험과 기술을 축적하고 있다. 수십 년 동안 수출지향적 산업화를 추진하는 과정에서 쌓은 지식과 경험을 북한에 전수할 수 있다. 마산의 수출공업지구 운영 등 우리만의 노하우를 전달할 수 있다.

북한을 생산기지로 활용하면서 동시에 소비재 및 중간재 수출 시장으로 활용할 수도 있다. 중국이나 베트남과 달리 언어와 문화를 공유하고 있는 등 장점이 많다.

하노이 삼성전자 휴대폰 공장이 현지 인력 16만 명을 고용하며 베트남 GDP 대비 20%, 전체 수출 중 25%를 담당하고 있다. 이 시설이 북한에 있다면 현재 1,215달러에 불과한 북한 1인당 GDP가 곧바로 3,120달러로 뛰어오를 것이라는 분석도 있다.

국제적 산업단지로 업그레이드

개성공단은 남북 간 윈윈 모델임을 입증했지만 한계도 보여줬다. 글로벌 스탠더드에서 벗어난 폐쇄적인 경제특구 운영으로 개성공단의 잠재력을 충분히 발휘하지 못했다.

개성공단은 태생적으로 북한 지역에 있기 때문에 북한 리스크가 크다고 판정받았다. 개성공단은 2003년 6월 1단계 개발공사에 착공했고, 2004년 12월 첫 생산 제품이 나왔다. 2008년 말부터 북한이 정치군사적 이유로 개성공단 출입을 통제했고, 2013년 4월 노동자 임금 문제를 앞세워 북한이 근로자 전원을 철수시켜 5개월 동안 잠정 중단됐다. 북한의 핵실험과 미사일 발사로 박근혜 정부는 2016년 2월 개성공단 전면 중단 조치를 취했다.

공단 가동이 중단되기 전까지 125개 기업이 가동됐다. 2005년 3월부터 누적 생산액은 32억 3,000만 달러에 달했다. 북한 근로자 5만 5,000여 명에 남측 주재원까지 약 6만 명이 근무했다. 북한은 우리 정부와 기업이 경쟁력을 높이기 위한 요구를 이행하지 않았다. 자유로운 3통(통행, 통신, 통관), 우리 기업 주도의 노무 관리, 인터넷과 휴대폰 사용 등의 문제에서 진척이 없었다. 개성공단은 국제 사회에서 통용되는 수준의 공단으로 발전하지 못했다. 북한 스스로 개방은 최소화하면서 외화벌이 사업에만 활용한 결과다.

북한의 산업단지와 경제특구의 성공 여부는 외자 유치에 달려 있다. 남한 자본뿐 아니라 세계 각국의 자본이 들어와야 한다. 그래야 산업단지다운 산업단지가 된다. 외자 유치는 북한에 대한 국제 사회

개성공단 사업 추진 현황

2000년 8월	현대아산–북한 간 '공업지구개발에 관한 합의서' 채택
2002년 11월	북한 '개성공업지구법' 제정
2002년 12월	'개성공업지구 통신·통관·검역에 관한 합의서' 채택
2003년 6월	개성공단 1단계 100만 평(330만㎡) 개발 착공
2004년 1월	'개성공업지구와 금강산관광지구의 출입 및 체류에 관한 합의서' 채택
2004년 6월	시범단지 입주기업 계약 체결(15개 기업)
2005년 9월	개성공단 1단계 1차 기업 분양(24개 기업)
2007년 5월	우리 측 '개성공업지구 지원에 관한 법률' 제정
2007년 6월	개성공단 1단계 2차 기업 분양(183개 기업)
2013년 1월	개성공단 총생산액 20억 달러 달성
2013년 4월	북한, 개성공단 북한 근로자 전원 철수
2013년 8월	'개성공단 정상화를 위한 합의서' 채택
2013년 8월	개성공단 남북공동위원회 구성
2013년 9월	재가동
2013년 9월	남북공동위원회 사무처 개소
2016년 2월	개성공단 전면 중단

의 신뢰로부터 시작된다. 경제의 투명도와 자유도를 높여야 외자 유치 분위기가 조성된다. 통행, 통신, 통관 등 3통은 기본이고 외자 유치를 위한 필수적인 법과 제도가 갖춰져야 한다.

시범적으로 개성공단부터 국제화를 추진해야 한다. 개성공단은 2002년 현대아산과 북한이 합의한 대로라면 2012년 개성공단 전체 2,000만 평 개발이 끝나고 2,000여 개 기업이 매년 500억 달러 이상을 생산해야 한다. 800만 평의 공단과 1,200만 평에 50만 명 규모의 도시가 만들어지는 구상이었다. 개성공단의 입지는 서울~인천~개성을 잇는 서해 삼각경제특구다. 서울과 인천경제자유구역의 후방 생산기지이자 남북 직접 교역의 중개기지 역할을 할 수 있다. 이 같은 장점을 살려 개성공단의 2단계, 3단계 확장을 추진하고 외국 기업과 자본도 유치해야 한다.

동북아의 홍콩으로, 나선특별시

나선특별시는 동북아시아의 경제 허브로 부상할 수 있는 입지다. 북한, 중국, 러시아가 국경을 맞대고 있는 교통과 물류의 중심지다. 겨울에 얼지 않는 부동항인 나진항과 막대한 지하자원 매장지가 배후에 있다. 나선시와 중국의 훈춘, 러시아의 포시에트를 잇는 소삼각지대와 함경북도 청진과 중국의 연길, 러시아의 블라디보스토크를 잇는 대삼각지대로 구분된다.

북한도 1991년 12월 나진, 선봉에 자유경제무역지대를 설립한 뒤 본격적인 두만강개발계획에 착수했다. 1993년 나진과 선봉을 합쳐서 나진선봉시로 바꾸고 경제무역특구로 선정했다. UNDP 주도로 1992년 두만강유역개발계획TRADP이 정식 출범했고, 2005년 국가 간 협의체인 광역두만강개발계획GTI을 결성했다. 남북한과 중국·러시아·몽골 등 5개 회원국이 두만강을 중심으로 하는 삼각 지역을 개발하기 위해 설립됐다. 하지만 북핵문제가 대두되며 2009년 북한이

GTI를 탈퇴하면서 지지부진하다.

두만강 유역은 '동북아의 홍콩'이 될 수 있는 지리적 이점이 있다. 나진항은 최대 수심이 12미터로 5만 톤급이 접안할 수 있다. 중국이 나선과 연결되면 동북3성의 생산 제품을 동해로 운송할 수 있다. 나진항을 통해 미국 서해안으로 연결될 경우 중국 다롄항을 경유하는 것보다 2,600km 단축된다.

러시아도 연해주 경제개발을 위해 나선시가 필요하다. 블라디보스토크는 완전한 부동항이 아니고, 항만 시설도 포화 상태다. 포시에트는 수심이 얕다. 2016년 2월 북한의 4차 핵실험 뒤 UN 제재 결의 과정에서 러시아가 나진-하산 물류 프로젝트를 제재 대상에서 제외하자고 요구했다. 러시아의 관심을 보여주는 대목이다.

남·북·러 복합물류 사업인 나진-하산프로젝트는 두만강 하구의 북한 나진과 두만강 건너편 러시아 하산을 잇는 54km 구간 철도 운송 프로젝트다.

나진-하산프로젝트는 러시아 유연탄 등을 하산과 나진항을 잇는 철도로 운송한 뒤 나진항에서 이를 화물선에 옮겨 싣고 부산항 등으로 가져오는 게 골자다. 여기서 철도 운송 구간 '54km'의 의미가 엄청나다. 시베리아횡단철도TSR를 통해 유라시아 대륙으로 뻗어갈 수 있다. 남북 관계가 개선되면 한반도종단철도TKR로 런던과 파리까지 연결할 수도 있다. 이에 따라 2014년 11월, 2015년 4~5월과 11월 등 3차례에 걸쳐 나진-하산프로젝트의 석탄 시범 운송도 진행했다. 그러나 이 프로젝트도 북핵문제로 중단됐다.

나선시의 전략적 가치는 무궁무진하다. 러시아 연해주와 하바로 스크, 중국 흑룡강 일대 평원에 경작지를 조성해 농식품 클러스터 개발사업도 검토되고 있다. 러시아 연해주에 석탄과 가스화력 발전 소를 건설해 송전선으로 전력을 공급하는 방안도 있다.

개성공단이 남북 '스타트업 용광로' 돼야

"북측 사람들을 만나니 '언제까지 개성에서 미싱만 돌릴 것이냐' 고 하더군요. 그들도 고부가가치 산업 육성과 스타트업 육성에 관심 이 많습니다."

2016년 당시 박근혜 정부가 북한의 4차 핵실험에 맞서 그해 2월 10일 개성공단 가동을 전면 중단한다고 발표했다. 개성공단이 폐쇄 된 지 어느덧 3년이 지났지만 김진향 개성공업지구지원재단 이사장 은 답보 상황에도 희망을 말하고 있었다.

그는 참여정부 당시 국가안전보장회의NSC 전략기획실에서 한반도 평화체제 담당관으로 일하면서 개성공단 설립에 관여했고, 2008년 에는 개성공단관리위원회 기업지원부장으로 근무했다.

김 이사장은 개성공단에 아직 빈자리가 많다고 강조했다. "현재 330만m²(100만 평) 규모의 1단계 사업만 진행된 상황이다. 38%의 용지에만 기업이 입주해 있는 것"이라며 "1단계 개성공단 입주기업 이 125개였고 협력업체 3,800개, 종사자가 3만여 명이었다. 독일·일 본계 기업들도 용지는 분양받았는데 당시 정부가 신규 기업 입주를

김진향 개성공업지구지원재단 이사장.

막아 못 들어갔다"고 아쉬워했다. 그러면서 남북이 최초 합의했던 6,600만m²(2,000만 평) 수준으로 기업 입주를 확대하는 것이 목표라고 말했다.

그는 '개성공단 2단계' 프로젝트로 남북 스타트업이 활성화할 것이라고 예고했다. 김 이사장은 "북측은 정보기술IT 인재가 많고 코딩 능력도 우수한데 이 분야 협력은 제재 위반 염려가 없다"면서 "북측도 4차 산업혁명에 굉장히 관심이 많은 만큼 개성공단을 남북 스타트업이 함께 연구하고 일할 수 있는 용광로가 되게 할 것"이라고 했다. 이를 위해 개성공업지구지원재단은 엔젤투자협회·투자진흥원 등 창업과 밀접하게 관련된 7개 기관과 손잡고 실무 워킹그룹을 꾸렸다. 개성공단을 대학·연구소·기업이라는 삼각축이 함께 움직이는 장으로 탈바꿈시키겠다는 목표를 이루기 위해서다.

향후 워킹그룹은 북측의 대남 민간부문 경제협력 문제를 전담하는 '민족경제협력연합회(민경련)'와 손잡고 협의할 방침이다. 물밑에서 논의되고 있으며, 민경련에서도 남북 스타트업에 높은 관심을 갖고 있다고 김 이사장은 전했다.

그는 개성공단과 관련한 오해도 적극 해명했다. 일각에서 비판하는 '북한 퍼주기' 논란이다. 김 이사장은 "일례로 2007년 매출이 3억 원 수준이던 회사가 7년(2014) 만에 10배 정도 늘었고 부도난 기업이 한 곳도 없었다"고 설명했다.

통일부에 따르면 2015년 12월 말 기준으로 누적 생산액은 총 32억 3,000만 달러로 약 3조 6,000억 원에 이른다. 연간 생산액은 2005년 1,491만 달러를 달성한 이후 꾸준히 늘어 2015년 5억 6,000만 달러까지 높아졌다. 2005년 87만 달러였던 수출액은 2012년에는 3,640만 달러를 기록했다.

그는 개성공단의 의미에 대해 담담하게 "개성공단은 단지 명분이 아니라 손에 잡히는 돈이자 평화를 위한 확고한 물리적 장치"라면서 "국민의 평화를 담보하기 위해 공단은 반드시 재개돼야만 한다"고 강조했다.

다시 그리는
신新관광 패러다임

관광은 북한 경제 회생 프로젝트의 핵심 산업이다. 관광은 천혜의 자연 조건을 활용해 비교적 적은 자본으로 외화를 획득할 수 있는 산업이다. 외화 획득과 투자 유치를 희망하는 북한 전략에 가장 부합하는 산업이다. 관광 대국인 스위스에서 유학 경험이 있는 김정은 국무위원장이 누구보다 관광에 관심이 높다. 북한은 1980년대부터 합작·합영 사업의 대상 분야로 관광 부문을 포함하면서 관광에 대한 중요성을 인식하고 있다.

비핵화가 진전되고 인적 교류·왕래 문제가 선제적으로 풀린다면 다른 경제협력 분야보다 빠르게 현실화할 수도 있다. 무엇보다 관광 자체는 UN 제재를 받지 않는 분야다. 관광대금도 UN 제재상 '벌크

캐시(대량의 현금)' 제한 조항에서 비교적 자유롭다.

김정은 위원장은 금강산과 원산갈마해안관광지구, 마식령 스키장을 연계하는 관광 벨트를 추진하고 있다. 송도원·명사십리·갈마반도는 여름형 휴양지로, 마식령 스키장은 겨울철 휴양지로 조성하고 있다. 내금강, 외금강, 삼일포, 해금강, 통천을 묶어 연계 관광을 유도하는 것이다. 계획대로만 된다면 원산은 동북아의 관광 랜드마크가 될 수 있다.

김 위원장이 원산 개발 의지를 밝힌 시기는 2013년 3월 당 중앙위원회 전원회의에서 원산·금강산지구의 관광 활성화를 선언하면서다. 2014년 6월에는 최고인민회의 상임위원회에서 원산·금강산 국제관광지대에 대해 법률적인 조치를 했다. 북한은 2017년까지 1단계로 원산지구를 개발하고, 2025년까지 2단계로 금강산지구를 개발할 계획이다.

원산갈마국제공항은 관광 활성화를 위해 군용 공항을 국제공항으로 확장했다. 대형 활주로를 건설해 하루 4,000명의 관광객을 수용하겠다는 것이 목표다. 김정은 위원장도 수차례 원산갈마해안관광지구 건설 현장을 둘러보고 '건물을 더 지어야 한다'고 말할 정도였다. 북한은 원산갈마해안관광지구에 자본주의의 상징인 카지노를 유치할 구상도 있다. 김정은 위원장이 1차 미북정상회담 당시 싱가포르의 카지노호텔인 샌드 마리나베이 샌즈 호텔을 방문한 것은 이를 염두에 둔 포석이라는 분석도 있다.

북한은 '조선금강산국제여행사' 등을 통해 다양한 관광 정보를

마식령 스키장 호텔.
출처 : 통일부

원산갈마해안관광지구
건설 현장.
출처 : 매경 DB

제공하며 홍보와 관광객 유치에 공들이고 있는 것으로 파악된다. 실제로 조선금강산국제여행사 웹사이트에는 금강산과 평양·원산 등 주요 도시를 연계한 3박 4일에서 7박 8일까지의 다양한 관광 상품을 소개하고 있다. 법적 분쟁 우려에 대비해 금강산국제관광특구법을 만들기도 했다.

북한은 기존 명승지 중심의 단체 관광을 넘어 체험·테마 중심의 개별 관광 상품도 내놓고 있다. 관광 상품의 특징도 김일성 부자의 혁명 유적지나 자연 관광 등에서 벗어나 대동강맥주축제, 평양도 보관광, 자전거일주, 경비행기관광, 스키투어 등 다양한 관광 상품을 판매하고 있다. 북한은 최근 관광 인력 육성을 위해 장철구평양상업대학에 호텔경영학과와 봉사학과를 신설했고, 정준택원산경제대학에 관광경제학과를 설립했다.

남북교류의 상징 금강산관광

금강산관광 재개는 김정은 위원장의 관광입국 비전을 실현하기 위해 반드시 통과해야 할 관문이다. '대문' 격인 금강산이 열려야 원산과 마식령에도 본격적으로 한국과 외국 관광객을 받을 수 있다.

1998년 11월 18일 남측 관광객 882명을 실은 관광선 '금강호'가 동해항을 출발하면서 시작된 금강산관광은 대표적인 남북교류의 상징이었다. 금강산관광은 단순한 관광이 아니라 남북교류의 물꼬를 트는 역할을 했다. 민간인들이 북한 땅을 자유롭게 밟고, 주민들과 접촉하면서 민족화해와 통일의 상징으로 자리 잡았다.

현대그룹 정주영 회장이 1989년 1월 북한을 방문해 김일성 주석을 면담하고 금강산관광사업 관련 합의서를 체결했다. 우여곡절 끝에 1998년 6월 정 회장은 소떼 500마리를 몰고 민간 기업인 최초로 판문점을 통과하는 방북을 실현시켰다. 김대중 정부의 대북포용정책과 경제난 해소를 위한 북한의 실용주의적 접근이 결합하면서 금강산관광이 성사됐다.

유람선을 이용해 바닷길로 가던 금강산관광은 2003년 2월 남북을 잇는 육로가 완공됨에 따라 육로 관광으로 바뀌었다. 관광 일정도 1박 2일 관광, 2박 3일 관광 등 확대됐다. 관광 코스도 초기의 구룡연, 만물상, 삼일포 등에서 해금강과 동석동~세존봉~구룡연의 순환 코스로 확대됐고 야영장과 해수욕장 등이 개방됐다. 2007년 내금강관광이 실시됐다.

이에 따라 관광객 수도 급증해 2005년 6월에는 누적 관광객 100만 명을 돌파했고, 2008년 7월 관광 중단 전까지 누적 관광객은 195만 6,000명에 달했다.

금강산관광은 우여곡절도 많았다. 현대아산이 초기에 관광 대가로 북한에 6년 동안 9억 4,200만 달러(약 1조 550억 원)를 지급하기로 해 '퍼주기' 논란이 일었다. 현대아산은 실제로 3년 동안 4억 8,600만 달러를 지불했으며 그 후에는 관광객 수에 따라 지급하는 것으로 바뀌었다.

정부는 금강산관광에 대한 재정 지원을 했다. 2001년 6월 한국관광공사에 남북협력기금을 대출해 현대가 금강산 내에 건설한 시설물을 인수하는 방식으로 투자했다. 2002년 3월 '금강산관광객에 대한 경비 지원 지침'을 만들어 학생, 교사, 이산가족, 국가유공자, 장애인 등의 금강산관광경비의 일부를 남북협력기금에서 지원했다. 연간 40만 명의 남북 관광 시대를 앞두고 금강산관광은 2008년 7월 박왕자 씨 피격 사건으로 중단됐다.

현대그룹은 북한과 금강산을 국제관광특구로 개발하기로 합의했다. 당초 합의대로 금강산을 국제관광특구로 발전시키고 남측의 설악산과 강릉, 북측의 원산을 연계시켜 개발한다면 김정은 위원장의 관광 구상도 맞닿게 된다. 금강산에는 남북협력을 통해 구축한 관광 기반 시설이 갖춰져 있는 만큼 투자보다는 정치적 결단으로 쉽게 재개할 수 있다.

원 아시아 관광 허브 조성

북한 마식령~원산~금강산과 한국 평창~설악산을 잇는 동해안 벨트를 중국인과 일본인 등을 겨냥한 '원 아시아 관광 허브'로 조성해야 한다. 남북 강원권 관광벨트는 동남아는 물론 중국·일본 관광객들에게 충분히 매력적인 여행지로 각광받을 것이다. 동북아의 유일한 분단국, 그중에서도 분단된 도道를 한 번에 둘러볼 수 있는 특별한 체험을 제공한다.

남·북·일·러의 동북아 크루즈 관광도 유망 사업이다. 원산항은 러시아~남한~일본을 잇는 북한의 동해안 물류 중심지가 될 가능성이 높다. 부산~원산~블라디보스토크~후쿠오카를 잇는 4개국 크루즈 관광 루트로 손색없을 정도다.

남북한 교차 관광과 융복합 관광을 비롯해 지역별 특성과 콘셉트에 맞는 관광 상품을 개발하고 관광 인프라를 구축해야 한다. 교차 관광은 남한과 북한을 방문한 외국인에 한해 무비자 남북 관광을 허용하고, 백두~한라 국토종주관광 등을 검토해야 한다. 융복합 관광으로는 서해안 산업특구와 연계한 산업연수관광, 북한 청정 지역의 보건의료 관광단지로 조성할 수 있다.

백두산 관광이 이뤄진다면 자연스럽게 1시간도 안 걸리는 김포~삼지연공항 간 남북 직항로 개설이 가능하다. 남북 간 항공 협력에 따른 부수적 효과도 상당하다. 북한은 2015년 4월 백두산 지역을 무봉국제관광특구로 지정했다. 함경북도 온성섬과 평안북도의 청수, 황해북도 신평관광경제개발구를 선정했다. 관광은 자연스러운 인적 교류로 북한을 변화시킬 수 있는 정서적 토대 마련과 연계 관광을 통한 경제 효과를 기대할 수 있다.

남북 잇는 '평화 순례길' 활짝

매년 1,200만 명이 넘는 외국인이 드나드는 세계적 관광 도시 서울과 '살아 있는 사회주의 박물관' 평양. 두 도시의 거리는 채 200km가 안 된다.

그러나 분단이 낳은 시공간의 단절은 서울과 평양을 완전히 다른 세상으로 만들었다. 전쟁이 만든 철저한 폐허 속에서 재탄생된 두 도시 가운데 서울은 전후 경제 기적을 상징하는 '자본주의의 쇼윈도'로 자리매김했다. 반면 평양은 고립과 국제 제재 속에서 세계와 담을 쌓았다. 세계와 단절된 평양에는 사회주의와 주체사상을 상징하는 대규모 상징물이 빼곡하게 들어섰다. 김정은 국무위원장 집권 이후 고층 빌딩과 대형 상업·위락 시설이 속속 들어서면서 김일성·김정일 부자 동상과 빌딩숲이 공존하는 공간으로 바뀌고 있다.

이러한 가운데 서울과 평양을 함께 묶는 '피스 트래블Peace travel' 루트를 개척할 수 있다는 주장이 제기되고 있다. 관광산업 진흥을 위해 국가적 역량을 쏟아붓고 있는 북한도 서울을 방문했던 관광객이 평양도 같이 방문할 수 있도록 나름의 준비를 해야 한다는 것이다. 평양은 세계 어디에서도 보기 힘든 상징물들과 비교적 잘 계획된 공원·광장으로 이뤄져 있어 특색 있는 관광지로서의 요건을 갖추고 있다. 도시 설계·건축 전문가인 민경태 (재)여시재 한반도미래팀장은 "사회주의 이념의 기반 위에 세워진 평양이 이질감을 느끼게 할 수도 있지만 다른 측면에서 보면 서울과 대조되는 특성으로 관광객의 호기심을 불러일으킬 수 있을 것"이라고 말했다.

민 팀장은 "평양의 모습을 바꾸기보다는 오히려 살아 숨쉬는 '도시 박물관'으로 보존한다면 서울과 평양을 연결하는 광역경제권은 전 세계 관광객이 꼭 방문해보고 싶은 명소가 될 것"이라고 설명했다. 먼저 이러한 평양의 랜드마크들을 도보 혹은 자전거 여행길로 연결하는 것만으로도 훌륭한 관광자원이 될 수 있다. 길이 곧 훌륭한 관광 상품이 된 제주 올레길처럼 이른바 '평양 올레길'을 만들 수 있다는 이야기다. 앞서 민 팀장은 이 같은 '평양 올레길' 구상을 제안한 바 있다.

우선 보통강구역의 105층짜리 랜드마크인 류경호텔에서 출발해 중구역 평양성과 보통문, 인민문화궁전과 평양체육관을 거쳐 옥류관과 맞먹는 평양냉면의 강자 '청류관'으로 가는 길을 생각해볼 수 있다. 김일성 광장에서 인민대학습당, 주체사상탑과 옥류관, 만수대

평양 순례길

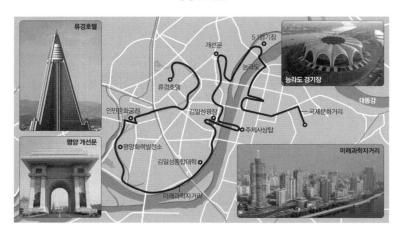

언덕으로 이어지는 길도 세계 어디에도 없는 색다른 느낌을 주는 도
보여행 루트가 될 것이다.

대동강보다 강폭이 좁은 보통강변에 자연 상태를 보존한 수변공
원을 조성하고 상업 시설을 배치해 파리의 센강이나 네덜란드 암스
테르담 운하, 일본 오사카 강변 같은 운치 있는 공간으로 만드는 방
안도 가능하다. 대규모 군사 퍼레이드 이미지로 각인된 김일성광장
에는 대형 노천카페나 공연장을 배치해 관광객을 불러 모을 수 있
다. 북측 관광 당국도 2018년 말부터 국영여행사를 통해 김일성광
장에서 새해를 맞는 양력 설맞이 관광 상품을 내놓으며 광장의 관
광적 가치에 주목하고 있다.

평양의 대학타운이자 외교단지인 동대원·대동강 구역에는 서울
대학로나 이태원 같은 청년·국제 문화거리를 엇갈리게 조성해 새로

운 문화 중심으로 키울 수도 있다. 이곳에서 평양과 세계의 청년·음식 문화가 만난다면 그 자체로 경쟁력을 가진 관광지가 될 수 있다.

이뿐만 아니다. 평양역 서쪽에 있는 공해 시설인 평양화력발전소는 원형을 최대한 보전하면서 예술·상업단지로 변모시키는 방안을 고려해볼 수 있다. 발전소를 개조한 런던의 테이트모던미술관이나 과거 거대 육가공·포장단지였던 뉴욕의 '미트패킹 디스트릭트Meat Packing District'가 맨해튼에서도 가장 떠오르는 핫플레이스로 바뀐 것은 북측도 유심히 참고할 만한 사례다. 마침 평양화력발전소 근처에는 북한 미술을 대표하는 만수대창작사도 있어 연계 관광이나 관련 산업 육성이 용이할 전망이다.

연결,
경제맥 잇자

북한의 철도와 도로는 최악의 상황이다. 2018년 11월 30일부터 12월 17일까지 진행된 경의선·동해선 북측 구간 남북공동조사로 드러났다. 공동조사단은 경의선, 동해선의 시설과 시스템 전반의 노후화가 심각한 상태라고 판단했다. 2013년 북·러 합작으로 개보수한 나진~두만강 구간을 제외하고 철도의 운행 속도는 평균 시속 30~50km 수준이었다. 경의선 개성~사리원 구간은 시속 10~20km에 그쳤다.

교량과 터널은 정밀 안전 진단이 필요한 정도로 심각하다. 경의선은 70~110년, 동해선은 60~100년 된 교량을 그대로 사용 중이었다. 교량의 하부 구조는 균열과 파손이 심각하고 부식이나 충격에

2018년 11월 30일 경기도 파주시 장단면 DMZ 내 경의선 철도 통문안으로 남북공동철도조사단을 태운 열차가 북한 개성 방향으로 향하고 있다.

의한 손상도 발견될 정도다. 터널은 많은 곳에서 내부 콘크리트가 떨어져 내리고 누수가 심했다. 궤도 시설도 레일과 침목 등의 마모와 파손이 상당히 진행된 것으로 확인됐다.

경의선은 레일 마모가 심각해 대부분 교체 시기가 지났다. 동해선도 대부분 1990년 이전에 레일을 깔아 내구 연한을 초과한 상태였다. 노반은 경사면 유실로 낙석이나 산사태 우려가 있었다. 신호나 통신도 기계식, 수동식으로 운영되고 있었다.

기관사가 역과 통신할 때는 휴대전화를 이용하기도 했다. 경의선에서는 터널 안에 중국산 화웨이 무선중계기와 안테나를 설치해 사용하는 모습이 발견됐다.

남한 철도는 AC(교류) 2만 5,000볼트, 북한 철도는 DC(직류)

3,000볼트를 쓰는 등 전압 차이가 있다. 북측은 대용량 및 고속화 수송을 위해 교류 급전 방식에 관심을 보였다. 조사단은 신호·통신·건축·전력 부분에 대해서는 보완 조사 및 송·변전 시설, 차량생산 기지, 차량기지, 궤도·침목·자갈 생산설비 등에 대한 정밀 조사가 필요하다고 결론을 내렸다.

북한 개성~평양 간 고속도로가 노후화와 시공 불량으로 대형사고의 우려가 큰 것으로 조사됐다. 개성~평양 간 고속도로 161km 구간의 절토부 103곳과 교량 90개, 터널 18개, 진·출입 시설 18곳 등을 조사한 결과를 보면, 절토부 주변은 암반의 표면이 불규칙하고 풍화 작용까지 겹쳐 대형사고의 우려가 큰 것으로 평가됐다.

조사 대상 교량 90개는 표면에 전반적으로 균열이 발생하는 등 상태가 심각했고, 시공 불량으로 철근이 노출된 거더(건설 구조물을 받치는 보)가 다수 확인됐다. 터널은 방수 시설을 설치하지 않았고 내부 배수관은 누수가 발생했으며, 균열 등 노후화 정도가 심각했다. 야간에만 쓰는 조명 시설은 낡거나 파손됐다. 진·출입 시설은 기준에 미치지 못하거나 연결 도로의 폭이 지나치게 좁아 사고의 위험이 컸으며 딱 한 곳뿐인 휴게소는 휴게 공간이 없었다.

김정은 국무위원장이 4·27 정상회담에서 "문재인 대통령이 (북한에) 오시면 솔직히 걱정스러운 것이 있는데, 우리 교통이 불비해서 불편을 드릴 것 같다"며 "평창 고속열차가 좋다던데 남측의 이런 환경에 있다가 북에 오면 민망스러울 수 있겠다"고 말한 배경일 것이다.

신압록강대교~신의주 끊긴 도로 깔고 한·중 고속철로

철도와 도로의 연결에 대한 기대감은 엄청나다. 부산·서울에서 평양과 신의주를 통과해 중국 대륙으로 달리는 한·중 고속철의 건설이다. 중국 단둥과 북한 신의주를 잇는 신新압록강대교의 북한 측 끊어진 길을 남·북·중 3자가 협력해 연결할 수 있다.

북한도 상당한 연구를 진행하고 있는 건설·운영 후 기부채납BOT : Build Operation Transfer 방식으로 재원을 회수하고 북한 내륙으로 가는 길을 열어 남·북·중 모두가 상당한 경제적 이득을 취할 수 있다. 이 길이 이어지면 인구 7,500만 명의 남북경제가 1억 명 이상의 중국 동북3성을 만나 인구 2억 명, 세계 10위권 시장을 이루는 초석이 될 수 있다.

'북한'이라는 다리를 활용해 한국 경제가 대륙으로 뻗어나갈 수 있도록 해주는 한·중 고속철 건설에 AIIB 투자를 끌어와야 한다. 시진핑 국가주석의 '일대일로' 구상을 다국적 인프라스트럭처 투자를 통해 한반도까지 이끌어오자는 것이다. 한·중 고속철은 북한 문제를 '원 아시아'라는 보다 넓은 차원에서 접근할 수 있도록 하는 시각도 제공한다. 이는 아시아 국가 간 경제 통합과 교류 협력 확대를 통해 북한을 자연스럽게 변화시킬 길이 될 수 있다.

국내 각종 타당성 조사를 종합하면, 향후 북한 고속철 건설비용은 남한(경부선 KTX 건설비용 20조 원)에 비해 3분의 1 이하 수준으로 조사됐다. 북한은 모든 토지가 '국유지'이므로 철도 건설에서 토지 수용에 따른 보상비용이 전혀 들지 않고, 노임이나 자재비용도 남한에 비해 낮다.

낙후된 기존의 철도와 도로를 정상화해야 한다. 북한 주민의 생활수준 향상에 직접 관련되는 북한 철도 개보수, 단선의 복선화, 전철화, 전압·통신·신호 체계, 신규 노선 건설이다.

철도에 이어 도로와 해운 등 복합 물류망을 구축하고 가스관 연결 등을 통해 에너지 단가를 낮추면 교역량이 크게 늘어날 것이란 전망이 나온다. 2014년 국토연구원 자료를 보면, 경의선이 중국횡단철도^{TCR}와 연결될 경우 2030년을 기준으로 경의선을 통한 철도 물동량은 3,015만 톤, 동해선이 TSR과 연결될 경우 물동량은 754만 톤이 될 것이라고 분석했다.

김강수 한국개발연구원^{KDI} 선임연구위원은 2019년 9월 KDI 연구를 바탕으로 '동아시아철도공동체 수립과 추진 방안'을 제시했다.

동아시아철도공동체 관련 7개국의 GDP는 39조 6,000억 달러로 세계 전체 GDP의 약 50% 규모이며 인구는 21억 1,000만 명으로 세계 인구의 27.4%에 해당한다고 분석했다. 구체적으로 동아시아철도공동체를 통해 실현할 수 있는 4개 철도노선 사업과 30개 철도연계 경제협력 사업을 제시했다.

4개 사업은 ① 서울~평양~선양~울란바토르~울란우데, ② 서울~평양~선양~하얼빈~치타, ③ 서울~원산~나진~하산~하바롭스크, ④ 부산~강릉~원산~나진~하바롭스크 노선이다. 기존 선로를 고려해 가장 경제적이고 실현 가능한 노선을 추렸다는 게 김 위원의 설명이다.

김 위원은 동아시아철도공동체 실현 로드맵도 밝혔다. 참여국 정부 차원의 양자·다자 협의체를 구성하고 시범운송사업 추진 등을 통해 실질적 효과를 검증한 뒤 국제기구를 출범시키는 방안이다.

김 위원은 "동아시아철도공동체가 실현되면 중국의 일대일로 경제개발 전략이나 러시아의 극동개발 프로젝트, 몽골의 자원 수출 확대, 일본의 유럽 운송노선 다변화 및 미국의 투자 이익 등이 예상된다"며 "동아시아 경제협력 확대를 위한 지렛대 역할을 하고 지역 평화에 기여할 것"이라고 전망했다.

철도 연결은 서울이 국제역이 되는 것이다. 1936년 베를린올림픽에 참가한 손기정 선수는 서울역에서 기차를 탔다. 신의주~심양~하얼빈를 거쳐 러시아 치타에서 TSR을 갈아타고 베를린에 갔다. 독립

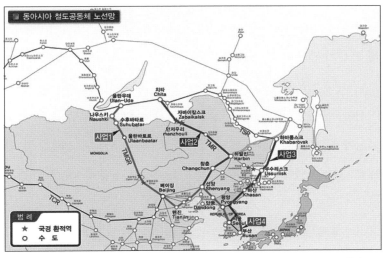

출처 : KDI

운동가들도 기차를 타고 만주와 러시아 대륙을 이주했다. 서울역에서 베를린이나 파리로 가는 기차표를 사는 시절이었다. 남쪽은 비행기나 배가 아니면 대륙으로 나갈 수 없는 '고립된 섬'이다.

남북 도로·철도 연결은 한반도 평화·협력의 상징이자 남북 모두에게 경제적 실익을 안겨줄 수 있다. '장밋빛 청사진'이 제시될 때마다 먼 훗날 기차를 타고 당시의 발자취를 따라갈 수 있다는 기대감에 부풀게 된다. 평양은 지금도 중국, 러시아와 철도로 연결돼 있어 기차로 외국으로 나가는 것이 낯설지 않다. 태영호 전 영국주재북한공사는 2004년 런던의 북한대사관 참사로 파견될 때 가족과 함께 베이징, 모스크바, 바르샤바, 베를린, 파리를 거쳐 런던까지 기차로 여행을 했다고 한다.

한반도종단철도TKR → 중국횡단철도TCR → 몽골횡단철도TMGR → 만주횡단철도TMR → 시베리아횡단철도TSR가 연결되면 한반도는 태평양에서 동북아·유라시아 대륙으로 향하는 인적·물적 출발점이자 물류의 관문이 된다.

우리나라도 국제철도협력기구OSJD의 정회원국이 됐다. OSJD는 러시아·폴란드·중국·몽골 등 과거 사회주의 국가였던 동유럽 및 아시아 국가들이 중심이 돼 창설한 국제기구다. 정회원 가입으로 앞으로 우리 기업들은 유라시아 철도로 화물을 운송할 때 통관 절차나 운임에서 경쟁력을 확보할 수 있게 된다. 동유럽의 루마니아나 알바니아에서 중남미 쿠바까지 기차표 한 장, 운송장 한 장으로 국제철도를 통한 여객·화물 운송이 가능하게 됐다.

신실크로드 아시안하이웨이

중국 단둥의 랑터우 신도시와 신의주 남부 룽천을 잇는 신압록강 대교는 중국이 전체 사업비 22억 2,000만 위안(약 3,995억 원)을 들여 왕복 4차선의 대교를 완공하고도 북한 쪽 도로 건설이 지연되면서 교량 역할을 못하고 있다. 그러나 압록강대교 북단에서 1번국도(신의주~목포), 신의주 도심으로 가는 약 5km 길을 우리 힘으로 잇는다면 나진-하산프로젝트보다 훨씬 큰 파급력을 가진 북방 3각 협력 사례가 될 수 있다는 평가도 나온다.

도로 현대화 사업을 통해 길이 열리면 부산에서 출발해 서울~평양~신의주를 지나 중국으로 나아가는 '아시안하이웨이^AH'가 열리는 것이다. 1990년대 이후 에스캅^ESCAP이라고 불리는 UN 아시아·태평양경제사회위원회에 의해 'AH' 사업이 추진됐다. AH는 아시아 지역을 하나로 묶는 도로망을 구축해 국가 간 경제·문화 교류를 증진시키기 위한 사업이다. 아시아 32개국에 약 14만km를 그물망처럼 엮어서 아시아 번영의 길로 통하는 곳이다.

조달비용, 투자 순위, 경제성 분석

남북 철도·도로 연결 사업은 개성공단과 금강산관광 관련 인적·물적 왕래 활성화를 위해 2002년 9월에 경의선과 동해선 철도·도로 연결 공사가 동시에 착공됐다. 2004년 10월 도로 연결 공사가 완료돼 2013년까지 경의선 도로를 이용한 남북 간 차량 운행은 약

130만 회, 동해선 도로는 약 18만 회에 이르고 있다.

남북 철도 연결을 위한 궤도 부설은 2005년 12월 완료했다. 2007년 12월부터 2008년 11월까지 남측 도라산과 북측 판문역 간을 운행한 화물열차는 총 448회였다. 화물 수송은 17회, 화물량은 컨테이너 76개에 그쳐 경제성 창출에 실패했다. 경제성이 없으면 어떤 사업도 진행될 수 없는 구조다. '경의선은 철도가 아니라 경제'라 했던 슬로건이 무색할 정도였다.

경의선의 경우 2000년 6·15공동선언 성과로 문산부터 개성까지 선로가 연결돼 2007년부터 1년 동안 화물열차가 정기 운행도 했던 만큼 철도 연결 자체는 어렵지 않다. 국토교통부는 동해선 철도 단절 구간인 강릉~제진(104.6km) 구간 건설(총사업비 2조 3,490억 원 추산)을 추진한다고 밝힌 바 있다. 국토교통부 관계자는 "해당 구간은 3차 국가철도망 계획에도 포함돼 있는 사업"이라고 말했다.

북한은 노후화된 철도와 도로를 남한의 자본과 기술로 현대화시킬 수 있다고 기대하고 있다. 전문가들은 남북철도와 도로를 활용하려면 북한의 철로를 다 뜯어내고 새로 건설해야 할 것으로 보고 있다. 한국철도기술연구원KRRI은 경의선과 동해선 연결과 보수에만 6조 원이 넘는 돈이 들어갈 것으로 추정했다.

조봉현 IBK경제연구소 부소장은 경의·동해선 철도 현대화와 서울~평양 간 고속도로 개·보수 등에 향후 20년 동안 11조 1,000억 원이 필요할 것이라는 전망치를 내놨다. 이는 과거 국책연구기관 등에서 철도 연결 사업 시 소요 금액을 1km당 약 30억 원으로, 고속도로는 1km당 6억 7,000만 원 정도로 추산한 것을 대입한 수치다. 정양석 자유한국당 의원은 한국철도시설공단 내부 자료 등을 토대로 분석해 철도·도로 현대화 사업에만 최소 43조 원이 필요하다고 발표했다.

북한 철도의 현대화의 개념·목표·방법에 대한 공감대 형성이 시급하다. 분단 이후 독자 구축된 전력, 통신, 신호, 차량 시스템 등을 표준화시켜야 하는 문제가 있다. 천문학적 건설비용의 조달 문제, 투자 우선순위, 남·북의 역할 분담에 대한 심도 있는 논의도 해야 한다. 무엇보다 주변 환경 변화와 사업의 경제성, 상호성, 수용 가능성, 국제성 원칙이 충분히 반영돼야 한다.

스마트시티 실험, 4차 산업 테스트베드

"북한은 모든 차량이 자율주행하는 세계 최초의 국가가 될 수 있다."《사피엔스》등으로 유명한 이스라엘의 역사학자 유발 하라리가 《호모 데우스》의 한국판 서문에서 제시한 시나리오다.

대부분의 나라는 자동차 운전을 전면 금지하고 완전한 자율주행 교통 체계로 전환하는 것이 불가능하다. 반면 북한은 차량이 적고, 규제도 없고, 운전사의 파업과 기득권을 가진 기업의 반발은 상상할 수 없다. 북한 정부의 강력한 리더십과 집행력에 기술과 자본만 뒷받침되면 가능하다. 그래서 북한의 어느 지역이라도 자율주행차, 5G, 인공지능AI, 사물인터넷IOT 등 4차 산업혁명의 첨단 기술 '테스트베드testbed'가 될 수 있다.

4차 산업혁명의 첨단기술이 집약되는 곳이 스마트시티다. 스마트시티는 첨단 정보통신기술ICT을 이용해 도시 생활 속에서 유발되는 교통, 환경, 주거 등 문제를 해결하는 '똑똑한 도시'를 일컫는다. AI, 블록체인, 5G, 가상현실, 자율주행, 드론 등 4차 산업혁명 기술을 총동원해 건설하는 것이다.

전 세계에서 진행되고 있는 150여 곳의 스마트시티 프로젝트는 신기술들의 종합 전시장이다. 서울도 스마트시티를 지향하고 있지만 서울 시민들은 서울을 전혀 '스마트'하다고 느끼지 못한다. 근본적인 도시의 문제들이 해결되지 않았고, 시민들이 체감할 수 있는 라이프 스타일의 변화가 이뤄지지 않았기 때문이다. 도시를 변화시킬 수 있는 획기적인 아이디어가 없기 때문은 아니다. 예를 들면 AI나 블록체인, 5G 같은 첨단기술들은 물론 드론이나 자율주행차 같은 아이디어들은 이론적으로 가능하다는 것이 입증됐다. 그러나 서울시에서는 관련 실험들을 진행조차 하기 어렵다.

근본적인 장벽은 현실 세계에 즐비한 규제와 진입 장벽들이다. 서울에서 한 스타트업이 시행하려고 한 차량 공유 서비스는 택시 운송 사업자들이라는 기존 이해관계 집단의 반대에 부딪혀 한 발도 내딛지 못하고 있다. 드론 비행장은 아직도 상당한 규제를 없애야 가능하다. 세계 최고 ICT 기술과 신도시를 개발해 성공시킨 경험이 있는 남한과 스마트시티 구축을 위한 가장 이상적인 조건을 갖춘 북한이 서로 힘을 모은다면 세계가 주목하는 성공 모델을 만들 수도 있다.

김정은 국무위원장도 도시 개발에 대한 남다른 야심을 갖고 있다. 김 위원장은 2018년 11월 북·중 경제협력의 상징적인 도시인 신의주의 건설 계획을 국가사업으로 추진하라고 지시했다. 김 위원장이 직접 신의주시 건설 총계획도와 도시 건설 모형을 검토한 뒤 신의주시 철도역과 의주 비행장, 도시 전력 공급망과 상수 체계 등의 인프라를 국제 기준에 맞게 구축할 것을 당부했다. 국경 관문 도시답게 현대적이면서도 민족적 색채가 짙은 웅장한 건물을 많이 짓고, 고층·초고층 주택과 호텔·백화점 등도 건설하라고 지시했다.

북한은 신의주를 비롯한 주요 특구에 금융, 물류, IT 등 고부가가치 산업을 유치하려는 시도를 하고 있다. 북한은 단순히 외화를 벌어들이기 위한 개발이 아니라 독자적으로 성장하고 경제 가치를 창출할 수 있는 산업을 유치하고 이를 중심으로 도시를 개발하려는 프로젝트를 원하고 있다. 중국의 원자재만 들여오는 단순한 사업에는 북한이 큰 관심을 보이지 않고 있다. 북한의 노동력과 남한의 자본이 결합한 개성공단 모델이 남북경협에서 여전히 유용한 협력 방식이다. 북한의 임금 경쟁력은 영원하지 않고, 노동력에 의존한 경협 모델은 한계에 직면할 것이다. 저렴한 노동력을 활용한 제조 기지이자 생산된 제품을 소비하는 시장으로 북한이 성장하려면 임금 수준도 현실화할 필요가 있다.

스마트시티 건설은 북한식 표현으로 '단박 도약'의 기회가 될 수 있다. 북한은 개발도상국 발전 단계를 답습할 필요 없이 도약적 경로를 모색할 수 있다. 통신 시스템도 4G(4세대)를 건너뛰고 곧바로 5G 기술을 도입할 수 있다. 통신 분야에서 유선 전화를 거치지 않고 무

김정은 국무위원장이 전용기를 타고 평양의 대규모 주택단지인 '미래과학자거리' 건설 현장을 시찰하고 있는 모습.

출처 : 《노동신문》

선 전화로 넘어간 것처럼 금융 결제 시스템도 신용카드를 거치지 않고 모바일 페이 등 첨단기술로 넘어갈 수 있다. 기존 고정관념을 벗고 새로운 한반도에서는 상상해볼 만하다.

세계적 전기차 회사인 테슬라의 일론 머스크 회장이 내일이라도 김정은 국무위원장과 독대를 한다고 해도 이상하지 않은 상황이다. 세상이 너무 빨리 변하고 있어 기존의 경제발전 경로만 가지고 북한의 경제발전을 예단하면 안 된다. 북한이 완전한 개방경제로 전환할 경우 스마트시티 가능성이 무궁무진할 수 있다. 인터넷 보급과 에너지 문제 등 선결 과제 해결이 필수적이지만 DMZ를 비롯해 북한 전역은 기득권이 미치지 않아 해볼 만한 프로젝트다. 현재 북한이 지정한 경제특구와 개발구는 27개에 달한다. 지역별 특성에 맞는 스마트시티 건설과 첨단기술 도입을 고려해볼 수 있다. 북한에는 사유재산권이 없어 토지 수용 문제가 없고, 보상에 대한 부담도 없다. 혁신적인 기술과 서비스를 마음껏 실험할 수 있다.

북한은 국방공업, 우주과학기술, 기계 번역, 음성합성기술, CNC 공작기계 등 첨단과학기술 분야에서 일정한 성과를 달성했다. 남한은 기존 국가 주력 사업이 쇠퇴하고 있는데, 한국에서 개발한 스마트시티가 전 세계로 수출된다면 한국 경제에도 돌파구가 될 수 있다. 궁극적으로 스마트시티가 미래 대한민국의 수출 상품이 되는 것도 불가능은 아니다. 북한도 첨단 스마트 기술을 바로 수혈 받을 수 있다. 스마트시티가 삶의 질을 높이는 데 기여할 수 있는 도시 기술이라면 북한도 충분히 그 혜택을 누릴 수 있다.

북한 예비 창업자들, 성공 사례 폭발적 관심

"북측 예비 사업가들은 책에서 배울 수 없는 실제 창업 사례와 실패에서 얻은 교훈을 궁금해합니다." 북한 스타트업(창업 초기 기업) 육성을 위해 설립한 조선익스체인지Choson Exchange 이언 베넷Ian Bennett 프로그램 매니저는 이같이 말했다. 조선익스체인지는 2010년 설립한 싱가포르 소재 비영리단체로 주로 북측 예비 창업가들을 대상으로 교육 멘토링을 진행하고 있다.

베넷 매니저는 "북측 주민을 2,600명 이상 교육했고 2010년부터 2019년까지 100명이 넘는 주민을 외국에 파견해 교육했다"면서 "조

조선익스체인지 이언 베넷 매니저.

선익스체인지에서도 2010년부터 현재까지 교육 등을 진행하는 봉사자 100명 이상이 북한에 들어가 창업 교육을 했다"고 소개했다.

영국 웨일스 카디프대학에서 심리학을 전공한 그는 2015년부터 현재까지 조선익스체인지에 몸담으면서 북측을 대상으로 창업 교육을 하고 있다. 2018년 11월에는 은정첨단기술개발구 내에서 '평성 스타트업 페스티벌' 사업을 성공리에 마치기도 했다. 은정첨단기술개발구는 북측이 첨단기술개발구를 만들겠다는 목표로 2014년 7월부터 조성한 첨단 IT 산업단지다. 평양·평성 등 대도시와 인접해 있고 국가과학원이 위치해 과학·기술 인재가 풍부하다는 것이 강점이다. 북한은 이곳을 IT, 바이오, 산업설비, 경공업, 무역 등 전문 분야로 특화했다. 당시 행사에는 평양에서 140명이 참석했고 미국 페이스북 제품 매니저가 교육을 하기도 했다.

베넷 매니저는 북한 예비 창업가들이 사업 아이템을 발표하는 것을 어려워한다고 전했다. 그는 "사업 아이템 순위를 매길 때 아이디어뿐 아니라 프레젠테이션을 잘했는지도 함께 평가한다"면서 "아이디어를 글로 작성하는 데는 익숙하지만 말로 홍보하는 것은 어려워해 이를 유심히 봤다"고 귀띔했다.

그는 몇몇 스타트업 성공 사례도 소개했다. 전력선에 과도한 전압·전류가 흘러 가전기기가 망가지는 것을 막아주는 '서지 프로텍터Surge Protector' 개발자인 한 북한 사업가 사례가 대표적이다. 그는 2016년 조선익스체인지 워크숍을 통해 아이디어를 내놓고 초기 시제품을 만들어 피드백을 거친 후 2018년 6월 제품으로 내놨다. 제품 가격은 12달러. 중국 제품에 비해 가격 경쟁력이 있으며 애프터서비스를 제공한다는 점을 강조했다. 베넷 매니저는 "북한에 갔을 때 만났는데 초기 대출금을 모두 상환했고 수익을 내고 있다는 얘기를 들었다"면서 "경쟁사 가격과 비교하면서 제품을 모니터링하는 등 발전하는 모습을 확인할 수 있었다"고 말했다.

건강 차를 판매하는 또 다른 북한 사업가는 제품 품질에는 자신 있었지만 기존 비즈니스 모델로 큰 성공을 거두지 못했다. 베넷 매니저는 "마케팅·브랜딩 전문가를 초청해 마케팅·브랜딩 전략을 다시 수립했다"면서 "고급 제품인지 기본 제품인지 분명하지 않았는데 이후 고객의 건강에 초점을 맞춘 고급 브랜드로 재탄생시켰다"고 설명했다.

그는 향후 남측 스타트업과 협력하는 데도 기대를 걸고 있다. 최근 제재 완화 이후 개성공단이 남북 스타트업 협력을 위한 최적지로 떠오르는 등 기대감도 커지고 있다. 평양 내에 창업가들을 위해 사무 공간으로 공유할 수 있는 장소를 마련하는 등 스타트업 인큐베이터를 구축하겠다는 목표도 세웠다.

베넷 매니저는 "평양에 있는 용지 몇 군데를 알아보고 있는데 아직은 초기 단계"라며 "인큐베이터 개발 프로젝트에 착수해 향후 30개 스타트업을 만들고 기업가 500명을 육성하겠다는 목표를 세우고 진행 중"이라고 설명했다.

05

민족 동질성 회복 밑거름,
사회문화협력

2018년 2월 9일 개막된 평창동계올림픽은 스포츠제전 이상의 의미를 띠며 전 세계 이목을 집중시켰다. 북한 김정은 국무위원장의 동생인 김여정 노동당 제1부부장과 직제상 북한을 대표하는 김영남 최고인민회의 상임위원장이 개막식에 참석하면서 '지구상 마지막 남은 분단국가'인 한국을 향한 관심이 뜨거워졌다. 개막식 공동 입장, 남북 단일팀 구성, 북한의 삼지연관현악단으로 구성된 문화교류로 이어지면서 평창올림픽 기간 한반도는 평화 무드가 조성됐고 남북교류와 대화의 발판이 마련됐다.

평창올림픽에 이어 5월 세계탁구선수권대회에서 여자탁구 남북 단일팀이 구성됐다. 7월엔 평양 남북통일농구가 개최돼 남북한 화합

평창올림픽에서 여자 아이스하키 남북단일팀과 일본과의 경기에서 북한 응원단이 응원을 하는 모습.

출처 : 매경 DB

을 이뤄냈다. 8월에 열린 2018 자카르타팔렘방아시안게임에서 남북은 3개 종목에 단일팀을 출전시켜 평창의 감동을 이어갔다.

체육 분야를 비롯해 문화예술, 학술, 종교, 지방자치단체 등의 남북 간 교류는 분단으로 인한 이질화를 극복하고 민족 동질성을 회복하는 데 도움이 된다. 남북한 사회 통합을 위한 기초를 제공할 수도 있다. 남북 관계에 긴장이 감돌더라도 남북 간 다방면의 교류가 완충 장치 구실을 해왔다. 민간교류는 남북의 정치적 견해 차이와는 비교적 무관하게 지속적이어야 한다. 남북교류가 상시화 단계에 접어들어야 남북 화해 분위기가 조성될 수 있다.

2032년 서울·평양 올림픽 개최 꿈꾼다

서울시가 평양시와 함께 '2032년 하계올림픽' 공동개최에 도전한다. 남북이 올림픽 공동개최를 추진하는 것은 이번이 처음이다.

2018년 9월 남북정상회담에서의 합의가 본격화하고 있다. 서울·평양 공동개최가 성사된다면 한반도 평화는 물론 통일의 물꼬를 트는 기념비적 전기가 될 것이다. 세계 유일 분단국가인 남북의 공동개최는 스포츠를 통한 인류의 평화 증진이라는 올림픽 이념에 가장 부합한다. '평화와 화합의 통일 올림픽'이라는 명분을 내걸고 국제 사회의 지지를 요청할 만하다. 물론 오스트레일리아 멜버른, 중국 상하이, 인도 뭄바이, 러시아 블라디보스토크 등 유치 희망 도시들과의 경쟁을 넘어서야 한다.

'1국가, 1도시 개최'라는 IOC의 원칙도 넘어야 한다. 2020년 하계 올림픽도 당초 나가사키와 히로시마가 공동개최하려고 했으나 논란 끝에 무산되고 도쿄 단일 개최로 결정됐다. 인류 평화와 화합이라는 올림픽 정신을 근거로 IOC집행부와 회원국도 설득해야 한다. 올림픽 공동개최는 북한 사회 내부의 변화를 이끌 수 있다. 경기장 건설은 물론 철도·도로·항공 등 사회 간접자본이 획기적으로 개선될 수 있다.

이와 함께 남북은 2020년 도쿄올림픽에 단일팀 출전을 위한 실무협의를 하고 있다. 남북이 도쿄올림픽 단일팀 구성에 합의한 종목은 여자농구, 여자하키, 유도(혼성단체전), 조정 등 4개 종목이다. 남북 체육교류는 정치·경제적으로 화해와 협력의 기반을 조성한다. 오직 경기력을 가지고 페어플레이 정신을 발휘하며 경쟁하기에 상호 이해를 증진시키고 불신을 해소한다. 이를 바탕으로 '통일한국'을 향한 물꼬가 된다.

한반도 평화 여정의 축복, 교황 방북은

종교계의 남북교류는 갈등과 반목을 해소하고 서로 화합하고 화해하는 길로 가도록 역할을 할 수 있다. '평화의 사도' 교황의 첫 방북이 추진되고 있다. 교황의 방북이 성사되면 오랜 증오나 편견 등에 의해 평화가 사라진 분쟁 지역에서는 조건 없는 화해와 사랑의 메시지가 평화를 촉진시킬 수 있다.

문재인 대통령이 2018년 10월 9일 유럽 순방길에 프란치스코 교황을 만나 김정은 국무위원장의 평양 초청 제의를 전달했다. 그해 9월 평양 남북정상회담 때 문 대통령이 김 위원장에게 "프란치스코 교황을 만나보는 게 어떠냐"고 제안해 "평양을 방문하시면 열렬히 환영하겠다"며 적극적인 호응을 얻었다고 한다.

교황이 개별국을 방문할 때 평화와 선교를 가장 먼저 고려하는데 세계 유일의 분단 지역이자 종교의 자유가 제한된 북한을 방문하는 건 가장 부합한다. 프란치스코 교황은 한반도 평화에도 큰 관심을 보여왔다. 4·27 1차 남북정상회담을 앞둔 부활절 미사에서 "예수의 씨앗이 한반도를 위한 대화의 결실을 맺어 평화를 증진하기를 기도한다"고 축원했다. 프란치스코 교황은 2015년 쿠바를 방문하는 등 미국과 쿠바가 53년의 적대 관계를 청산하고 국교를 정상화하는 데 큰 역할을 했다.

교황의 사목司牧 방문은 원칙적으로 교회의 존재를 전제로 한다. 1991년 사회주의 체제 붕괴 때 북한이 교황 방북을 추진했지만 당시 교황청이 진짜 신도를 데려오라고 요구해 무산됐다. 2000년에도 김대중 대통령이 비슷한 제안을 했지만 수포로 돌아갔다.

우리 종교인의 자발적인 동력으로 다양한 종교교류를 추진했지만 교류는 활발하지 못하다. 북한은 기본적으로 종교를 인정하지 않고, 종교 단체 역시 통일전선부 외곽 단체들이다. 그럼에도 불구하고 천주교는 벽에 금이 간 평양 유일의 성당인 장충성당의 복원사업을 진행하고 있다. 불교계는 금강산의 신계사 템플스테이를 추진하고 있다.

민족동질성 회복 첫걸음 역사학술교류

문화역사학술교류는 성격상 일회성이 아니라 장기적으로 이뤄진다. 우리 민족의 동질성과 뿌리를 확인하는 공동의 작업이다. 장차 통일의 밑거름이 될 것이다.

개성 만월대 공동 발굴·조사 사업은 2007년 시작됐으며, 그동안 남북 관계의 부침에 따라 중단과 재개를 반복했다. 2018년 남북 관계 진전으로 발굴 사업이 재개됐다. 개성 만월대는 919년 창건 후 1362년 홍건적의 난으로 소실될 때까지 고려 왕족이 쓰던 궁궐터다. 남북은 만월대 궁궐터 25만m² 중 서부건축군 3만 3,000m²를 조사해왔으며, 이 중 1만 9,000m²에 대해 조사를 통해 건물터 약 40동과 축대 2곳, 대형 계단 2곳, 세계 최초의 금속활자인 고려금속활자 5점을 비롯해 유물 1만 6,000여 점을 확인했다. 남북 공동 발굴조사 당시 남북 학자들이 유물과 유적을 발굴하면서 함께 몸을 부딪혀가며 생활하며 많은 대화가 오간 교류의 시간이었다. 남북이 공동 발굴한 유물의 자료를 국민들과 공유하기 위해 디지털 아카이브 구축도 진행하고 있다.

남북한 언어를 하나로 종합·정리하는《겨레말큰사전》남북 공동 편찬 사업도 재개됐다. 분단 70년 동안 심화한 남북 언어 이질화 현상을 극복하기 위해 서로 힘을 합쳐 단일 언어를 쓰는 민족으로서의 동질감을 회복하자는 것이다. 2005년 시작됐지만 역시 중단과 재개를 반복하다 2016년부터 사업이 전면 중단됐다. 그간 총 25회의 남북공동편찬회의를 열어《겨레말큰사전》에 수록한 약 30만 개의 표제어를 선정하고, 남북 간 표기법에 합의하는 등 언어의 이질성을 좁히기 위한 작업이 진행되고 있다. 남북 어휘 차이의 이해를 돕기 위해 남북 생활 속 어휘의 의미 차이와 상호 표기 차이를 담은 책자 출간을 추진하고 있다.

남북 언론교류는 걸음마 단계다. 2000년 1차 남북정상회담이 열리면서 물꼬가 트였다. 그해 8월 남측 언론사 사장단 46명이 방북해 '남북언론기관 공동합의문'을 발표했다. 통일과 민족단합에 도움이 되는 언론 활동 전개, 비방 중상 중지, 언론 분야 교류협력 추진, 남북 언론 접촉 창구 마련, 북측 언론기관 대표의 서울 방문 등이 주 내용이었다. 남북 언론교류 역사상 가장 큰 행사는 2006년 11월 분단 이후 최초로 열린 남북 언론인 토론회다. 2일 동안 금강산에서 '6·15공동선언 실천과 남북 언론인들의 역할'을 주제로 열린 토론회에는 남북 언론인 127명이 참석했다. 2009년 7월 6·15남측위원회 언론본부와 6·15북측위원회 언론분과위원회의 실무 접촉을 끝으로 교류는 중단됐다.

고령화하는 이산가족

이산가족 문제는 정치적 이념과 체제를 넘어서는 인류와 인권 문제다. 가장 먼저 풀어야 할 시대적 과제다. 이산가족의 고령화로 해마다 사망자가 늘고 있다. 통일부와 대한적십자사가 공동 운영하는 이산가족정보통합시스템에 따르면, 1988년부터 등록된 이산가족 상봉 신청자 가운데 4,914명이 2018년 한 해 동안 사망했다.

시스템에 등록된 이산가족 상봉 신청자는 2018년 12월 말 기준 총 13만 3,208명이며, 이 가운데 7만 7,221명이 숨져 5만 5,987명만 생존한 상태다. 앞서 2016년 3,378명, 2017년 3,795명이 세상을 떠난 데 이어, 2018년 사망자는 2년 전과 비교해 1.45배가량 늘어난 수치다.

이산가족의 약 85%가 70대 이상이라는 점에서 상봉자의 고령화가 심각하다. 생존 중인 상봉 신청자 중 90세 이상은 1만 1,533명(20.6%)이며, 80~89세가 2만 3,013명(41.1%), 70~79세가 1만 2,850명(23.0%)이다. 2018년 8월 금강산에서 남북 이산가족의 상봉 과정에서 당사자가 고령으로 숨져 신청자가 생전에 한 번도 만난 적이 없던 3촌 이상의 가족을 만나는 데 그친 경우가 상당수였다.

남북은 2000년부터 2018년까지 총 22차례의 이산가족 상봉 행사를 열었다. 2005년부터는 화상 상봉을 도입해 7차례 실시했다. 2000년 이후 2018년까지 대면 상봉은 총 4,290가족 2만 604명, 화상 상봉은 557가족 3,748명이 상봉 기회가 있었다. 정부는 영상 편지 제작을 원하는 이산가족을 대상으로 2005년부터 2018년까지 2만 1,040여 편을 제작해 보관하고 있다.

이산가족 상봉은 남북 화해의 상징으로 일회성 이벤트로 진행됐다. 상봉 규모는 2000년 첫 이산가족 행사 때와 같은 남북 각 100명, 장소는 금강산이란 틀을 유지하고 있다. '죽기 전에 고향땅 한 번 밟고 싶다. 얼굴 한 번 보고 싶다'는 이산가족의 한을 이런 방식으로는 풀 수 없다.

2018년 상봉 행사를 마친 북측 이산가족이 금강산호텔에서 북측으로 향하는 버스에 탑승한 후 눈물을 훔치며 작별하는 모습.

출처 : 매경 DB

이산가족 상봉 같은 인도적 문제는 대북제재와 무관하다. 생사와 주소를 확인하고 서신이나 전화, 화상으로 연락할 수 있도록 해야 한다. 상봉의 정례화, 상설면회소 설치도 절실하다. 남과 북을 잇는 오작교를 놓아야 한다. 이산가족 고향 방문을 북한관광 형식으로 진행하는 등 민간 차원의 이산가족 교류도 활성화해야 한다. 국내 이산가족의 북한관광 신청, 한국 기업의 중개, 중국 관광업체의 북한관광 실시, 국내 이산가족이 북한 고향을 방문하는 수순이다. 이 방식은 남북 당국 간의 협상과 상봉 절차 없이 진행할 수 있고, 한반도 정세에도 영향을 덜 받을 수 있다. 북한도 관광 수익을 얻으면서 인도적 문제를 해결할 수 있는 방안이다.

동서독은 40년 분단 기간에 서신과 소포를 교환하고 상호 방문을 통해 주민 간 접촉을 유지했다. 1968년부터 1888년까지 17억 8,500만 통의 편지가 서독에서 동독으로 발송됐다. 22억 5,000만 통의 편지가 동독에서 서독으로 전달됐다. 같은 기간 6억 3,100만 개의 소포가 서독에서 동독으로 배달됐다. 2억 1,900만 개의 소포가 동독에서 서독으로 전달됐다. 서독인은 횟수에 무관하게 연간 30일 범위에서 동독의 가족과 친척, 친구를 방문할 수 있었다. 동독인도 서독에 거주하는 가족과 친척의 결혼, 문병, 조문 등에 한정해서 횟수와 무관하게 연간 30일 범위에서 방문 가능했다.

이와 함께 북한에 생존한 국군 포로와 납북자 문제 해결도 시급하다. 정전협정 체결을 전후해 1953년 4월부터 1954년 1월까지 3차례 전쟁 포로를 상호 교환했다. 당시 UN군 측은 국군의 실종자 수를

8만 2,000여 명으로 추정했지만, 최종 인도된 국군 포로는 8,343명이었다. 실종된 상당수 국군이 송환되지 못한 채 억류된 것으로 추정하고 있다. 1994년 10월 조창호 중위의 귀환 이후 80여 명의 국군 포로가 탈북 귀환했고, 국방부는 500여 명의 국군 포로가 생존한 것으로 추정하고 있다. 정전협정 체결 이후 납북자는 3,835명이고, 이 중 87%인 3,301명이 1년 이내로 송환됐고, 9명이 자진 탈북해 총 귀환자는 3,319명이다. 북한에 남아 있는 납북자는 516명으로 추정되고 있다.

KOREA
WON

5장

신한반도 책략

01

군사충돌 방지,
대화를 통한 평화적 해결

미중 패권전쟁 프런트라인에 선 남북한

한반도는 구한말이나 21세기를 사는 지금도 강대국들이 충돌하는 지정학적 요충지다. 2019년 7월 23일 오전 중국 H-6폭격기 2대와 러시아 TU-95 군용기 2대, A-50 조기경보통제기 1대가 한국방공식별구역^{KADIZ}에 진입했다. 러시아 A-50은 독도 인근의 우리 영공까지 침범했다. 외국 군용기가 KADIZ에 진입한 사례는 여러 번 있었지만, 영공까지 침범한 경우는 이번이 처음이다.

우리 공군 전투기는 영공을 침범한 러시아 A-50에 대해 전방 1km 거리로 360여 발의 경고사격을 했다. 중국 폭격기에 대해 20여 회, 러시아 폭격기와 조기경보기에 대해 10여 회 등 30여 회

무선 경고 통신을 했으나 응답이 없었다. 우리 정부는 중국과 러시아 대사를 불러 항의했다. 하지만 이에 상응하는 조치는 취하지 못했다.

중국과 러시아의 침범은 트럼프 대통령의 등장 이후 벌어지고 있는 미국과 중국의 패권 싸움, 남중국해 충돌, 인도태평양 지역에서 힘겨루기, 호루무즈해협에서의 대립 구도 속에서 나온 의도적인 것으로 풀이된다. 한반도에서 미국·일본·한국으로 이어진 동맹벨트가 북핵 해법을 둘러싼 한미 간의 미묘한 입장 차, 한일 간의 갈등으로 느슨해지는 허점을 파고든 것 아닌가 하는 해석도 나온다. 일본이 2019년 7월 21일 참의원선거에서 압승하고 외국과 언제든 군사적 전쟁을 할 수 있는 나라로 헌법을 바꾸려 하는 데 대한 중국과 러시아의 경고 의미도 갖고 있을 것이다.

미국과 중국의 패권전쟁은 투키디데스 함정 이론이 제시하듯 예고된 것이다. 중국의 국력이 급격히 커지면서 미국에 도전하고, 미국은 이를 눌러야 하는 싸움이다. 하루아침에 끝날 싸움이 아니다. 트럼프 대통령은 북한의 핵시설과 미사일, 대량살상무기WMD 보유 현황 등을 정확히 알고 있다. 그는 2019년 2월 하노이에서 열린 2차 미북정상회담에서 김정은 국무위원장에게 부분적인 핵시설 폐기가 아닌 전면적인 핵시설 및 핵무기 폐기를 주축으로 한 완전한 비핵화를 실현하라고 압박했다. 이런 트럼프의 전략에는 1994년 클린턴 정부가 대북 폭격계획을 검토했던 것처럼 언제든 다시 북한을 폭격할 수 있는 카드도 깔려 있을 것이다.

G2의 충돌 현장에서 약소국 한반도가 동북아의 긴장의 근원지가 되면서 세계의 화약고가 될 수 있다. 이런 상황은 우리 국민, 남북이 모든 수단과 방법을 동원해서라도 반드시 피해야 한다. 한반도는 구한말 국력이 약해 침탈당할 때 외세의 격전장이 된 아픈 역사를 되풀이하지 말아야 한다.

트럼프―아베 신밀월, 제2의 밀약?

일본 역대 총리 중 미국 대통령과 가장 긴밀한 관계를 맺은 인물은 아베 신조 총리다. 아베는 트럼프가 대통령에 당선되자마자 당시 공식 대통령인 오바마 대통령의 눈치도 보지 않고 워싱턴으로 달려갔다. 그는 혼마 골프채를 선물로 주고 정성을 다하는 모습을 시작으로 2019년 5월까지 모두 11차례, 25시간을 만났다.

아베는 일본을 방문한 트럼프와 골프를 치다 벙커에서 넘어지고 구르면서도 트럼프에게 최선을 다하는 모습을 보여주었다. 트럼프의 2019년 5월 3박 4일 국빈 방일 일정은 역사상 가장 긴밀한 미일 관계를 보여준다. 트럼프와 아베는 첫날 골프를 한 데 이어 스모 경기를 관람했다. 트럼프 대통령 명의의 우승컵도 수여했다.

트럼프 대통령은 나루히토 일왕 부부의 초대를 받아 황궁에서 성대한 식사를 했고, 일본 해상자위대의 요코스카기지를 방문해 항공모함급인 호위함 '가가'에 올라탔다. 미국 대통령이 일본 자위대 함정에 승선한 것은 이때가 처음이다. 가가함은 길이 248m, 폭

38m, 만재배수량이 2만 7,000톤인데 일본은 이 함정을 전투기 탑재가 가능한 항공모함으로 개조한다는 방침이다. 트럼프는 이 항공모함에 F-35 스텔스 전투기를 탑재시키겠다고 밝혔다. 미일 관계가 유례없이 긴밀하고 단단하게 묶여 있는 상황이다.

미국은 일제 때 강제로 동원된 징용 근로자에 대한 한국 대법원의 배상판정을 계기로 불붙은 한일 간 경제전쟁에 대해 처음에는 적극적인 중재에 나서지 않았다. 한일 간 경제전쟁이 글로벌 부품 공급체계에 혼선을 주고, 한국이 두 나라 간 군사정보를 주고받는 지소미아 폐기를 결정하자 부랴부랴 움직이는 모습이다. 트럼프 대통령은 일본의 3개의 한국 수출품목 제한조치가 내려진 지 한 달여가 지나서인 2019년 8월 10일에서야 "한국과 일본이 잘 지내길 바란다. 양국은 동맹국이어야 한다"고 말했다.

트럼프가 하루에도 수차례 트윗을 하며 현안을 이끌어온 점으로 미뤄볼 때 한일 경제전쟁을 대하는 그의 태도는 매우 소극적이다. 중재자 역할을 제대로 하겠다는 의지를 읽을 수 없다. 트럼프의 태도는 동북아에서 한·미·일 안보체계의 중요성을 인지하고 위안부 갈등 등 한일 간 긴장이 고조될 때마다 적극 중재했던 버락 오바마 대통령과 큰 대조를 이룬다.

트럼프의 태도에는 물론 2차 세계대전 이후인 1951년 체결된 식민지 전쟁 기간 중 발생한 전쟁에 대해서는 청구권을 행사하지 않는다는 '샌프란시스코조약'을 준수하는 원칙에 따른 것이기도 하다. 하지만 동북아에서 중요한 안보 축인 한미동맹, 한미일안보체계 유지 관점에서 보면 한일 갈등이 외교안보 영역을 넘어 경제 영역으로 확대되면서 초긴장 상태로 들어가게 하는 것은 지금까지 미국의 한국에 대한 정책과 상당한 차이가 있다.

트럼프의 이 같은 태도에는 몇 가지 해석이 가능하다. 첫 번째는 한일 간 역사 문제에 끼어들어봐야 중재는 안 되고 미국에도 별 이득이 안 될 것이라고 판단했을 수 있다. 한일 정상이 스스로 해결할 때까지 놔두자는 방관자적인 판단을 하고 있을 수 있다는 해석이다.

두 번째는 중국·북한·러시아와 동북아에서 대치하는 상황에서 한국으로부터 더 많은 방위비를 받아내기 위한 전략 가운데 하나로 한일 갈등을 방치하는 측면이 있다는 해석이다.

세 번째는 아베의 '한국 왕따전략'에서 나오는 의견으로, 트럼프가 한국을 외면하고 일본 편을 들고 있다는 해석이다. 한국은 중국 쪽에 줄을 섰으니 한국과는 어느 선까지만 협조하고 미일동맹 축으로 동북아 방어선을 재조정하자는 판단을 했을 것이라는 해석이다. 실제로 일본 정부는 2019년 《방위백서》의 안전보장 협력을 명시한 장에서 한국을 안보협력 순위에서 오스트레일리아, 인도, 아세안에 뒤이어 나열했다. 2018년에만 해도 한국은 오스트레일리아에 이어 두 번째였는데 이번에 이렇게 뒤로 나열한 것은 안보협력 대상국으로서 한국의 가치를 그만큼 인정하지 않겠다는 의도다.

이런 상황은 한국의 안보에 정말 심각한 위험이 될 수 있다. 김정은 국무위원장은 문재인 대통령의 수많은 대화와 설득에도 불구하고 대화 상대로 인정하지 않고 트럼프와 직접 대화하겠다는 태도를 보이고 있다. 이와 함께 남한 지역 전역을 타격할 수 있는 가공할 만한 탄도미사일 등 신무기체계를 잇달아 실험하면서 압박하고 있다. 이런 상황에서 트럼프가 한국을 대하는 태도는 주한미군을 유지하고 있고 경제·정치·사회적으로 긴밀하게 협조하고 발전해온 한미동맹의 관점에서 볼 때 한국을 철통같이 지켜줄 것이라는 한국인의 기대에 어긋나는 것이다.

트럼프와 적극 소통해 한국의 전략에 대한 공감을 얻어내고 한미동맹의 축을 회복하는 게 매우 중요하다. 이런 노력은 북한이 비핵화를 실현하지 않고 있는 상황에서 한·미·일의 공고한 방위체제를 흔들림 없이 유지할 수 있는 기본 요건이다. 트럼프에게 한일 갈등이 중국·북한·러시아로 이어지는 안보 라인에 대한 대응체계에 분열을 일으키는 것임을 충분히 주지시켜야 한다. 갈수록 첨단화하는 북한의 탄도미사일, 대구경방사포 등이 평택과 오산의 주한미군기지, 성주의 사드기지까지 타격을 줄 수 있음을 설명하고 이에 대한 방어체계 구축이 필요함을 강조해야 한다.

미일 정상이 수시로 골프를 치고 통화하고 대화하는 것에 비하면 한미 정상의 대화나 접촉은 상대적으로 적다. 오히려 한일 간 화이트리스트 배제, 지소미아 파기선언을 거치면서 한미 관계마저 갈등 상황에 빠지고 있다. 한국 정부는 지소미아 파기선언 이전에 미국에 충분히 설명했고, 미국도 우리 결정을 이해했다고 밝혔지만 미국은 공개적으로 실망감을 표시하고 조속한 해결을 촉구했다. 미국 워싱턴 외교가에서 한국 정부가 미국의 우려 사항을 정확히 모르거나 일부러 무시하려 한다는 얘기가 흘러 다니는 것은 한미 관계가 불편하다는 반증이다.

이 상황에 아쉬운 점은 한국 정부가 한일 갈등과 지소미아파기선언 과정에서 일본이 우리 요구에 응하지 않을 경우 한국도 어쩔 수 없이 지소미아 종료선언을 할 수밖에 없다는 점을 사전에 미국 측에 충분히 알렸어야 한다는 점이다. 그랬더라면 미국 입장에서 한국이 최대한 노력해왔는데 일본이 말을 안 들으니 어쩔 수 없이 지소미아를 중단하는구나 정도로 이해할 수 있을 것이다.

지소미아 문제로 한미 관계가 불편해진 가운데 한국은 지소미아 파기선언을 비판한 미국에 대해 해리스 주한미대사를 초치해 불만 표시를 자제하라고 경고했다. 또 미국에 26개 주한미군기지의 조기 반환을 촉구했다. 이런 움직임에는 물론, 무조건 한국 측에 방위비를 더 내라고 지속적으로 압박하는 미국에 대한 우리의 견제전략도 담겨 있다고 봐야 한다.

한미 간에 합리적인 대화를 통해 현안들을 해결하면서 탄탄한 동맹의 모습을 보여줘야 하는 데 현실은 그렇지 못한 상황이다. 이런 과정들이 반복되면서 트럼프가 한국과 일본을 대하는 태도는 분명한 차이를 보이고 있다. 트럼프가 일본에 기운 듯한 행보를 이어가고 있다는 데 반론의 여지가 없다. 그래서 미국과 일본이 대한민국이 모르는 사이에 우리 국민의 이해와 반대되는 결정을 하는 것은 아닌지 걱정되는 상황이다. 제2의 가쓰라-태프트밀약 같은 게 진행되고 있는 것 아니냐는 의심이 나오는 만큼 이에 대한 철저한 대비가 필요하다. 북한 핵문제 해결을 핑계로 북한에 대한 군사적 행동 등을 유도해 한반도를 전쟁의 화염 속으로 빠뜨리는 것은 아닌지 특별히 경계해야 한다.

한·미·일 공고한 방위체계 필요

한일관계 또한 김대중-오부치의 미래선언의 연장선에서 조속히 정상 관계를 회복해야 한다. 한국 정부 입장에선 한국 국민들의 안위를 지키는 게 최우선이기 때문이다. 일본이 한국에 대한 반도체 핵심부품 수출제한조치에 이어 화이트리스트 배제조치를 시행하자 한국은 지소미아 파기선언으로 맞서면서 동북아에서 한·미·일 안보체계가 흔들리는 상황까지 왔다.

미국은 그동안 고위채널을 통해 한일 간 지소미아 유지를 희망해왔지만 한일 양국의 갈등이 격화되면서 갈등을 풀 모멘텀을 찾지 못하고 있다. 물론 지소미아 파기선언 이후 실제 발효되려면 90일의 시간이 필요한 상황이고, 10월 22일 일본 나루히토 천황 즉위식, 2020년 도쿄올림픽이 예정되어 있는 만큼 마냥 한일 관계가 극단 상태로 가지 않을 것이란 기대가 있다.

이낙연 총리는 2019년 8월 말 "일본이 한국에 대한 부당한 조치를 원상회복하고 우리는 지소미아 종료를 재검토할 것"이라고 말했다. 미국도 한일 간에 지소미아 파기선언까지 나오자 잇달아 우려를 표명하면서 조속한 화해를 촉구하고 나섰다. 미국의 해리 해리스 주한대사에 이어 마크 에스퍼 국방장관, 조셉 던퍼드 합참의장은 지소미아 파기에 대해 실망감을 표현하고 조속한 해결을 촉구했다.

한일 관계의 조속한 정상화를 위해 한일 정상이 만나 허심탄회한 논의를 해야 한다. 이 과정을 통해 한일 양국은 과거 역사를 인정하되, 미래를 보고 공동 이익의 가치를 위해 나가야 한다.

한반도 군사적 충돌 막기 위한 남북 핫라인 필수

우리는 한반도에 전쟁위기가 직면했던 1994년 4월, 남북 간에 대화가 오갔던 판문점 상황을 기억한다. 북한 박영수 대표가 우리 통일부 송영대 차관에게 "서울을 불바다로 만들어버릴 수 있다"고 발언한 내용이 알려지면서 한반도에 걷잡을 수 없을 속도로 전쟁 분위기가 고조돼갔다.

당시 레이니 주한미국대사는 미국 국방부로부터 북한 영변을 폭격할 수 있음을 통보받았다. 일본에 머물던 딸에게 한국으로 들어오지 말라고 했다. 한국에서 사업을 하던 미국 기업인들과 가족들의 철수대책도 세웠다. 미국 태평양함대 중 군함 33척과 2개 항공모함이 동해안에 배치돼 카운트다운을 기다렸다. 오키나와에 주둔하던 수백 대의 전투기도 폭격 준비를 마쳤다.

클린턴 대통령은 당시 김영삼 대통령에게 제한적인 폭격인 만큼 허락해줄 것을 요구했다. 하지만 김 대통령은 "북한 국경선의 포가 남쪽을 보고 있는데 (영변을 공격하면) 서울이 불바다가 되기 때문에 반대한다"고 말했다. 이후 카터 전 대통령이 특사 자격으로 북한을 방문해 김일성 주석과 남북정상회담 합의를 이끌어내면서 전쟁 위기는 일단락됐다. 이런 전쟁 분위기는 박근혜 정부 때 북한 정권 교체 및 지도부 참수작전이 논의될 때 재현됐다. 휴전선에서 목함지뢰가 폭발할 때도 다시 위기가 고조됐다.

북한이 2017년 9월 6차 핵실험을 하면서 한반도에 다시 무력충돌 위기가 있었다. 빈센트 브룩스 전 한미연합사령관은 2019년 1월 25일 미 PBS방송에서 '한반도에서 전쟁위기는 진짜이자 사실real and true이었다'고 공개했다. 그는 대북 선제공격에 대해 "모든 방안을 계획했었다"고 밝혔다. 미국은 당시 항공모함 4척에 한반도 임무를 부여했고, 수직 이착륙 스텔스 전투기 F-35B 등을 일본에 전진 배치하고 만반의 출동 준비를 했다.

역사를 돌이켜보건대 1994년 위기와 2017년 위기가 진짜 터졌더라면 한반도에는 다시금 큰 비극이 올 수 있었다. 미군과 우리 군이 아무리 화력 면에서 강하고 북한을 압도하더라도 휴전선에 배치된 북한의 장사정포, 신형 탄도미사일, 대구경방사포 등을 모두 파괴할 수 없다. 이들 포 가운데 몇 십 개라도 작동돼 광화문 사거리, 서울 한복판에 날아든다면 수많은 사상자가 발생할 것이다. 우리 부모·형제·자식이 죽을 수 있다. 국민 재산이 날아가고 산업 시설이 파괴된다. 외국인 투자자는 떠난다. 증시가 무너지고 외환 시장도 마비된다. 한반도가 다시 전쟁의 폐허 속에 빠질 수 있다.

대통령은 모든 수단과 방법을 동원해서라도 이런 비극이 한반도에서 일어나지 않도록 해야 한다. 대통령은 국민의 생명과 재산을 지키는 게 가장 중요한 의무다. 무력충돌이 났을 때 우리 측이 확실히 승리할 수 있는 채비를 갖춰야 한다. 우발적인 무력충돌이 일어날 경우 국지전으로 확산되지 않도록 언제든 소통할 수 있는 남북 간 채널도 구축해야 한다. 미국과 북한의 충돌이라 하더라도 1차적 피해는 대한민국이 될 수 있는 만큼, 남북 핫라인 채널 구축은 꼭 필요하다.

한반도에서 군사적 충돌이나 전쟁을 근원적으로 막기 위해 최선을 다해야 한다. 그것은 우리가 북한에 대해 확실한 군사적 우위를 가져서 북한이 감히 도발할 엄두를 내지 못하게 해야 하는 것이다. 스스로 지킬 수 있는 자주국방능력을 갖추는 것은 군사력 증강

2018년 11월 강원도 철원 DMZ 내 화살머리고지에서 남북을 연결하는 도로 개설 작업 중 남북한 군인이 만나 악수하는 장면.

출처 : 국방부

에 열 올리고 있는 일본군이나 중국군 견제를 위해서도 매우 중요하다. 남북 간에 어떤 상황에서도 핫라인이 끊어지지 않도록 시스템을 구축해야 한다. 남북 간에 위기국면을 만들지 않는 것은 물론, 끊임없는 대화를 하고 이 토대 위에 평화 분위기가 이어지도록 관리하는 것 역시 중요하다. 북한이 제2의 천안함 피격이나 연평도 포격 같은 무모한 군사적 도발을 할 마음을 갖지 못하도록 압도적인 군사력 우위를 갖는 한편, 핫라인도 유지해야 한다는 얘기다.

한국, 미북 비핵화 협상 적극 지원

우리는 미북 비핵화 협상이 진전되도록 적극 도와야 한다. 트럼프는 북한이 영변 핵시설뿐 아니라 주변 핵시설, WMD, 생화학무기 제거까지 약속하기 전에는 제재를 풀어줄 생각이 없다. 김정은은 핵을 지렛대로 활용해 단계적으로 제재 완화 등 과실을 챙기겠다는 계산이 엿보인다.

이런 간극 속에서 어떻게 타협의 단초를 만들어낼 것인가? 김정은에게 핵을 포기할 경우 체제보장과 함께 북한 주민에게 '고깃국에 흰쌀밥'을 먹일 수 있다는 확신이 들게 해야 한다.

빈센트 브룩스 전 한미연합사령관이 최근 스탠퍼드대학 강연에서 제시한 해법도 검토해볼 만하다. 대북제재 강화뿐 아니라 남북경협 차원을 뛰어넘는 '국제 경제지원' 방안을 마련한다는 내용을 구체적으로 확장시키는 것도 방법이다. 북한이 완전한 비핵화를 실현

한다면 '한반도판 마셜플랜'으로 북한 경제를 충분히 살려줄 수 있다는 당근이다.

북한의 비핵화 단계에 따라 이를 검증하면서 북한에 대한 제재 조치도 점진적으로 완화하는 방안을 추진할 수 있을 것이다. 북한이 '최종적이고, 완전하고 검증 가능한 비핵화FFVD : Final, Fully Verified Denuclearization'를 한다면 자연스럽게 미북경제교류가 확대되고 정상적인 국가 관계도 수립할 수 있을 것이다. 미북 관계가 좋아지고 국교 수립까지 할 수 있는 상황이라면 북한이 일본·아세안 국가와도 정상적인 외교 관계를 수립하는 것이 자연스러운 수순이 될 것이다. 이 경우 북한은 훨씬 더 많은 국가들과 비즈니스 협력 기회를 갖고 경제를 개발하고 현대화하는 데 도움을 받을 수 있을 것이다.

구한말부터 나온 한반도 분할론

구한말 우리가 힘이 없어 일제에 나라를 빼앗겼던 대내외 상황이 지금의 한반도 정세와 비슷하다는 분석이 많다. 지금 한반도 상황을 보면 대내적으로 남과 북이 분단돼 있고, 남쪽에서는 진보 보수로 나뉘어 심각한 갈등을 보이고 있다. 대외적으로 한반도를 둘러싼 미국과 중국이 격돌하면서 한국은 고래싸움에 새우 등이 터질 지경이다.

미국과 중국은 서로의 편을 들라고 압박하고 있다. 일본은 역사교과서 왜곡은 물론 독도를 자기네 땅이라고 끊임없이 우기면서 일본 내 보수파 단결카드로 활용하고 있다. 위안부, 강제징용 근로자 문제에 대해서는 진심 어린 사과와 보상에 대한 성의를 보이지 않으면서 한일 관계를 긴장시키고 있다. 2019년 들어서는 한일 경제 충돌로까지 이어지고 있다.

러시아도 남하정책의 욕심을 감추지 않으면서 동북아에서 영향력을 확대하기 위한 행보를 이어가고 있다. 한반도가 눈 깜짝할 사이에 언제든 다시 열강의 충돌 속 희생양이 될 수 있는 상황이다. 남북한이 이 같은 열강의 대립 구도 속에서 분단된 역사를 청산하지 못하고 언제든 다시 전장이 될 수 있다는 얘기다.

조선은 임진왜란과 병자호란의 아픔을 겪었으면서도 고질적인 당파싸움을 벌이느라 국방력을 키우지 못했다. 조선은 일제의 식민 지배를 받았다. 해방 이후에는 미국과 소련의 분할 점령 합의로 강제 분단됐다. 한반도를 둘러싼 열강들은 자신이 힘이 강할 때는 혼자서 다 지배하려 했고, 약할 때는 분할해서 지배하는 전략을 폈다.

구한말 조선을 분할하려는 첫 번째 시도는 청나라와 일본이 조선에 군대를 보내 으르렁거리던 시기에 있었다. 영국의 킴벌리Kimberley는 한반도 남쪽 4도를 일본이 지배하고 북쪽 4도를 청나라가 지배하는 중재안을 내놓았다. 청나라가 먼저 거부했다. 청이 일본보다 자신이 힘이 세다고 판단했기 때문이다.

두 번째 분할 시도는 1896년 조선에 영향력을 키워가는 러시아와 일본의 로바노프-야마가다 간 협정이었다. 북위 38도선을 중심으로 러시아가 북쪽을 차지하고 일본이 남쪽을 차지하는 안이었지만 역시 강국으로 평가받던 러시아가 거부했다.

하지만 청일전쟁 승리로 탄력을 받은 일본이 군사력을 확대하면서 영향력을 급속도록 키워나가자 이번에는 러시아가 1903년 일본의 그 제안을 실행하자고 제안했다. 힘이 세진 일본은 거부했다. 힘을 축적한 일본은 1904~1905년 러시아와 전쟁을 벌여 격파했다. 조선과 만주 지배를 국제적으로 공인받고 싶어 했다. 그것이 바로 1905년 7월 미일 간에 체결된 가쓰라―태프트밀약이다.

미국은 러시아의 남하정책과 함께 일본의 필리핀 침략을 막기 위한 전략으로 일본에게 조선 지배를 인정해주는 대신, 자국의 필리핀 지배를 인정받는 협약을 이끌어냈다. 일본의 가쓰라 관방장관과 미국의 태프트 장군 간 밀약은 을사조약(1905년 11월 17일)을 거쳐서 한일합방(1910년 8월 29일)으로 가는 발판을 제공했다. 조선은 36년 동안 일제의 식민 지배를 받게 됐다.

미국 합동참모본부는 일본과의 태평양전쟁 말기에 미국·중국·러시아·영국 4개국이 한반도를 공동 점령한다는 계획을 세웠다. 이 계획은 일본의 항복으로 무산됐지만 2차 세계대전 후 처리 과정에 참가한 열강들, 특히 미국과 소련이 38선을 경계로 남과 북 분단에 합의했다.

주변 열강들의 이 같은 한반도 지배 야욕은 지금도 이어지고 있다고 봐야 한다. 남북 긴장 상황을 이용하면서 한반도에서 지속적인 영향력을 행사하고 싶어 한다는 얘기다.

미국은 G2로 급성장한 중국을 견제하기 위해 외교·군사·경제 등 다방면에서 압박하는 한편, 한국·일본과의 동맹을 축으로 중국을 견제하고 있다. 중국은 북한을 자신의 안마당으로 생각하고 친미 정권이 들어설까 늘 긴장하고 있다. 속내는 동북공정의 역사관을 활용해 북한 땅을 직접 지배하려는 욕심이 있다는 분석도 있다.

일본은 자국의 안보 위협을 핑계로 미국 편에 선 듯하면서도 중국과는 밀당하며 자국 이익을 챙기고 있다. 특히 일본 군대가 해외를 침략할 수 있는 근거를 헌법에 담으려 하고 있다.

러시아는 여전히 동북아 패권 싸움에서 빠지지 않기 위해 남하정책을 추진하고 있다. 언제든 다시 제2의 가쓰라―태프트밀약이 만들어질지 모르는 상황이다.

G2 충돌 속 철저한 실용외교, 결미국-친중국

    대한민국은 2018년 1인당 국민소득 3만 달러, 인구 5,000만 명 이상의 조건을 만족시키는 30-50클럽에 들어갔다. 30-50클럽에 가입한 국가는 일본(1992), 미국(1996), 영국(2004), 독일(2004), 프랑스(2004), 이탈리아(2005) 등 7개국이다. 국력은 이렇게 컸지만 우리나라를 둘러싼 지정학적 상황은 구한말이나 지금이나 어렵기가 마찬가지다. 외교안보 측면에서 봤을 때 강대국 사이에 끼어서 위험한 상황에 처해 있다.

    위로는 핵과 미사일로 무장한 북한이 있고, 옆으로는 북한의 핵무장에 대한 방어를 빌미로 군사력을 증강하면서 언제든 핵무장할 수 있는 일본이 있다. 중국은 조선에 영향력을 행사했던 명나라나 청나라처럼 북한은 물론 여러 측면에서 남한에 대한 영향력을 잃지 않으려 하고 있다. 러시아 또한 여전히 한반도 패권 싸움에서 빠지지 않으려는 전략을 추구하고 있다. 아직도 끝나지 않은 러시아 남진정책의 한 축이 한반도에서 펼쳐지고 있는 것이다.

한국전쟁 때 UN의 주요 국가로 참전해 대한민국과 함께 피 흘렸던 미국은 한국이 자본주의 시장경제 틀 안에서 한강의 기적을 일으키는 데 도움을 줬다. 이런 미국의 정책은 동북아에서 우리나라를 중국, 북한의 공산주의 체제에 맞서는 중요한 전략적 동반자 관계로 인정하고 육성하겠다는 목표에서 나온 것이다. 한미동맹이라는 단어가 말해주듯 미국은 정치·외교·안보 측면에서 가장 밀접한 관계를 형성해왔다.

하지만 트럼프 대통령이 당선되면서 '미국 우선주의'를 추진하고, 한국에서는 촛불혁명으로 문재인 정부가 들어서면서 새로운 균형점을 찾기 위한 진통이 이어지고 있다. 한·미가 여전히 큰 틀의 전략적 동반자 관계를 유지하고 있지만 남북 관계, 군사, 통상 등 세부 분야에서는 이견을 노출하고 있다.

물론 한반도를 둘러싼 주변 정세는 각국의 이해와 전략이 상황에 따라 달리 펼쳐지면서 복잡하고 미묘한 관계를 형성하기도 한다. 때로는 친한 관계가 됐다가 토라지기도 하고, 경우에 따라서는 초긴장 관계가 나타나기도 한다. 2019년 7월 일본의 참의원선거를 앞둔 시점에서 아베 총리가 취한 것처럼 자국 내부의 정치적 목적 때문에 과도하게 나오면서 한일 관계를 극단으로 끌어가는 경우도 발생한다. 강제징용 근로자 배상에 대한 한국 대법원의 판결과 일본 기업 자산압류 집행을 구실삼아 한국에 수출되는 PR, 에칭가스, FPI에 대한 수출 금지를 내린 조치도 아베의 정치적 목적이 크다. 여기에는 물론 일본의 턱밑까지 올라온 한국 산업에 대한 경계 의도도 깔려 있다.

남북 관계도 각자 내부 사정과 전략에 따라 갈등과 긴장, 대화와 평화 등 수없는 국면을 반목하며 지금까지 관계로 이어져왔다. 북한이 6차 핵실험과 ICBM급 미사일을 발사한 후인 2017년 12월, 미국 주변에서 북한에 대한 폭격설까지 나오면서 북핵문제를 둘러싼 국제 사회의 경각심이 높아졌다. 이 와중에 남북 정보 당국 간 핫라인이 가동됐다. 뒤늦게 밝혀진 사실이지만 서훈 국정원장과 김영철 노동당 부위원장 사이에 채널이 연결됐다. 이 채널을 통한 협의에서 2018년 2월 김영남 최고인민회의 의장과 김여정 선전선동부 부부장 등 북한대표단 일행이 평창동계올림픽 개막식에 참석했다. 이렇게 조성된 대화의 분위기는 4월 27일 문재인 대통령과 김정은 국무위원장 간 첫 정상회담 성사로 이어졌다.

한반도는 전 세계의 주목을 받았고, 미국·중국·일본·러시아 등 주변 강국은 우리에게 정보를 듣고 싶어 했다. 남한은 문 대통령과 김정은 위원장의 정상회담 직후 특사단을 이들 나라에 파견하고 구체적인 상황을 설명했다. 중국은 그전까지만 해도 남한에 사드 배치 취소를 압박하면서 우습게 본다고 느낄 정도로 한국을 무시했다.

하지만 남북정상회담 이후 태도가 바뀌었다. 남한의 얘기를 들었고, 이어 5월에 열린 한중일 정상회담에서도 문 대통령에게 깍듯이 대했다. 시진핑 국가주석은 한반도의 사드 배치에 대한 경계감을 갖고 있지만 남한의 역할을 인정할 수밖에 없었기 때문으로 해석된다. 시진핑 국가주석은 북한의 젊은 지도자 김정은 국무위원장에 대해서도 적극적으로 접근해 중국과 북한 간 한국전쟁 때 맺어진 혈맹의 틀을 다시 복원하려 애썼다. 시 주석은 김 위원장을 베이징으로 불러 격식을 갖춰 예우했고, 김 위원장의 이야기를 들었다.

김 위원장은 남북 관계를 중국과의 정상회담에 지렛대로 활용했다. 김 위원장은 6월 12일 싱가포르에서 트럼프 대통령과 역사적인 첫 미북정상회담을 했다. 중국은 초조함을 갖고 북한에 대해 더 적극적으로 접근하는 한편, 자신들이 중재해서 논의했던 틀인 6자회담을 부활시키려 노력했다. 이렇게 남북, 미북, 한중, 북중 간에 대화가 이어지자 초조해진 아베 총리는 트럼프에게 매달리는 한편, 중국과도 나쁘지 않은 관계를 유지하려고 애썼다. 아베는 기회가 있을 때마다 납북된 일본인 문제 해결을 위해 미국·한국·중국 등에게 힘써줄 것을 요구하고, 김 위원장에게는 언제 어디서든 만나겠다는 메시지를 보냈다.

문 대통령은 2018년 9월 18일부터 2박 3일 일정으로 북한을 방문해 김 위원장과 세 번째 정상회담을 했고 평양 시민 15만 명을 대상으로 연설까지 했다. 남북한에 군사적 충돌을 막고 한반도 비핵화를 실현하는 것을 골자로 한 9·19공동성명에 합의하고 발표했다.

김 위원장은 숨 가쁘게 진행돼온 남북, 미북회담의 기세를 몰아

2019년 2월 말 두 번째 미북정상회담을 위해 열차를 타고 중국을 거쳐 하노이로 들어갔다. 처음에는 잘 풀리는 듯싶었던 트럼프 대통령과의 2차 정상회담은 어떤 합의도 이끌어내지 못하고 끝이 났다. 미북 정상은 북한 비핵화 범위와 방법을 놓고 서로 큰 입장 차만 확인했다.

트럼프는 그동안 북한에 대한 정보를 토대로 영변 외에 추가 핵시설과 WMD, 생화학무기 공장 등을 폐쇄할 것을 요구했지만 김정은은 그에 대한 카드를 준비하지 않았다. 트럼프는 김정은이 비핵화를 실현할 준비가 안 됐다는 이유를 들어 회담을 결렬시켰다. 트럼프의 이 같은 결정에는 당시 미국 내에서 진행되고 있는 러시아 선거 개입 스캔들과 이에 대한 특검 수사의 압박에서 벗어나려는 목적도 작

2019년 6월 27일 일본 오사카에서 열린 G20 정상회의에서 문재인 대통령과 시진핑 국가주석이 악수하는 장면.

출처 : 매경 DB

용한 것으로 해석된다. 실제로 김정은과의 협상에 대한 미국 내 여론이 달갑지 않은 상황에서 내린 트럼프의 대북 강경책은 여야 모두에게 긍정적인 평가를 받았다. 동북아 안보질서 판이 각국의 이해에 따라 요동치고 있는 한 사례다.

이후 남·북·미 정상이 만나던 2019년 6월 말 이전까지 미북 관계가 얼어붙으면서 남북 관계도 악화됐다. 북한과 일본과의 관계도 진전이 없었다. 이 와중에 미국과 중국은 화웨이 제재 문제로 상황이 악화됐고, 패권 싸움의 긴장도도 올라갔다. 이 영향으로 중국이 한국을 대하는 태도는 다시 사드 갈등 수준으로 회귀하는 움직임까지 보이고 있다. 중국은 우리 정부와 기업들에게 자신의 편을 들어달라고 요구했다. 구체적으로 삼성전자, SK하이닉스 등 한국 기업들에게 화웨이 편에 서줄 것을 요구했다.

삼성전자나 SK하이닉스는 2018년 여름부터 중국 당국에 의해 불공정하다는 이유로 고강도 조사를 받아왔는데, 여기에는 우리 반도체 기술의 중국 이전 등의 요구가 암묵적으로 깔려 있다. 중국 정부는 2019년 여름 삼성전자, SK하이닉스에 대한 조사를 끝내고 미중 패권전쟁, 한중/한미 관계를 봐가며 제재 수위와 시점을 보고 있는 것으로 전해진다.

미국 역시 한국 기업들에게 화웨이와 거래를 하지 말 것을 요구하고 있다. 중국 화웨이의 5G 장비를 채택할 경우 백도어 시스템을 통해 한국의 중요한 고객 정보뿐 아니라 군사 기밀까지 중국 공산당 기업인 화웨이에게 넘어간다는 이유에서다.

한국 입장에서는 미·중의 요구 중 어느 장단에 춤춰야 할지 어려운 상황에 처했다. 중국 요구를 들어주자니 미국에게 큰 보복을 당할 것 같고, 반대로 미국 측 얘기를 따르다가는 중국 기업과의 거래가 위험에 빠지는 것은 물론 대중 수출에서 막대한 타격을 입을 것을 걱정하고 있다. 한국 정부는 '기업의 일은 기업이 알아서 할 것'이라며 어정쩡한 전략으로 대응하고 있다. 이런 대미, 대중전략은 어떤 모멘텀을 계기로 미·중 간에 타협이 되면 큰 문제가 없겠지만 미·중의 싸움이 격화되거나 장기화할 경우 한국 기업들의 피해는 커질 수밖에 없다.

이런 상황에서 한국은 어떤 자세를 취해야 할까. 구한말 군사력을 갖추지 못하고 경제력도 빈약한 상황에서 나라를 빼앗긴 아픔을 되풀이해서는 안 된다는 목표는 명확하다. 군사력을 키우지 못한 채 위정척사운동을 축으로 하는 쇄국정책으로 자존심만 내세우다가 중국·러시아·일본·미국 등 강대국들에게 이리저리 흔들리고 일본의 식민 지배를 받게 됐던 아픔을 잊어서는 안 된다는 얘기다.

구한말 조선은 '연작처당'의 상황이었다. 불이 나 집이 타버리게 됐는데도 처마에 앉아 아무것도 모르고 한가로이 지저귀는 제비, 참새와 같은 위험의 처지에 빠진 게 조선이란 지적이다. 김홍집은 일본 수신사로 파견됐다가 돌아온 1880년 9월 어느 날 고종에게 이런 내용이 담긴 《조선책략》을 전달했다. 이 책은 일본 주재 중국 외교관인 황쭌셴이 정리한 대화록이다. 이 책에서 '조선은 중국과 친하고, 일본과 맺고, 미국과 연계(親中·結日·聯美)해 부국강병을 도모해야 한다'고 조언했다. 고종은 중신들에게 회람시킬 정도로 이 책에 각별한 관심을 보였다. 하지만 당시 조선의 지식인과 위정자는 강하게 반발했다. 이만손을 비롯한 영남 지식인 1만 명은 책의 내용을 비판하는 상소인 '영남만인소'를 올려 위정척사운동을 주도했다. 쇄국정책으로 일관하다 개화도 못하고, 경제력도 키우지 못해 망국의 설움을 당하게 됐다.

《코리아 생존 전략》의 저자 배기찬 박사는 "조선 위정자들이 급변하는 국제 정세에 눈을 뜨지 못하고 우왕좌왕하다가 일본에 나라를 빼앗겼다"고 평가했다. 일제 식민 지배 통치를 받게 된 것은 세계정세의 흐름을 읽지 못하고 부국강병의 기회를 놓친 결과라는 얘기다.

지금 우리는 세계 패권국 경쟁을 벌이는 G2와 러시아·일본 사이에 끼어 있다. 치밀하게 준비하지 않는다면 다시 구한말의 '연작처당' 상황에 빠져 패망으로 갈 수 있는 위험한 상황이다.

한국이 이런 상황에서 택할 수 있는 전략은 먼저 우리의 경제력과 자주국방 능력을 정확히 파악하는 것이다. 그 토대 위에서 국익을 지키기 위한 실용외교를 치밀하게 펴는 것이다. 실력도 갖추지 못한 채 자존심만 내세우다 다시 국가적인 불행을 당해서는 안 된다는 얘기다. 대한민국 입장에서는 북한은 물론 미국·중국·일본·러시아 등 주변 강대국과 UN, IMF, WB 등 국제 사회와의 협력 관계를 종합적으로 감안해 방정식으로 풀 듯 각국과 최상의 전략적 관계를 맺는 게 현명하다.

한미 혈맹적 동맹 관계 유지 발전

이런 관점에서 가장 먼저 '결 미국' 전략을 펴는 게 우리 국방력을 보완하고 침략받을 위험을 최소화하는 방법이 될 것이다. 미국은 한국전쟁 때 UN의 주력군으로 참전해 3만 6,940명(국방부 자료)이 전사했고, 부상자 9만 2,134명, 실종자 3,737명, 포로 4,439명이 발생했다. 우리와 피를 나눈 혈맹 관계를 맺은 것이다. 한국은 이후 미국의 군사적 보호 및 경제적 지원이라는 우산 아래 한강의 경제 기적을 일궜다.

미국은 GDP 20조 달러로 세계 1위 경제 규모에다 막강한 전투함대와 핵무기 등을 보유한 명실상부한 세계 최대 군사대국이다. 여전히 중국·러시아·일본과 북한에 둘러싸인 한국 입장에서 이런 미국과 혈맹적 동맹 관계를 계속 유지하면서 '결 미국' 전략을 펴는 게 필수 생존 전략이다.

문재인 대통령도 2018년 여름 한국에서 임무를 마치고 떠나는 빈센트 브룩스 주한미사령관 등을 격려하는 차담회에서 "한미 관계는 같은 배를 타고 가는 운명체"라는 의미의 '동주공제同舟共濟' 표현을 써가며 동맹을 강조했다. 문 대통령은 "한미동맹은 전쟁의 포화 속에서 피로 맺어졌지만 거기서 멈추지 않고 한반도의 평화를 만들어내는 동맹, 한국과 미국의 안보와 번영을 이끌어내는 동맹, 더 나아가서는 동북아 전체의 평화와 안정을 이끌어내는 위대한 동맹으로 발전하고 있다"고 밝혔다.

한미동맹이 문 대통령의 발언처럼 불협화음 없이 양국의 공동 안보와 번영을 이끌면 좋겠지만 이면을 보면 약소국인 한국이 이행해야 할 의무도 많다. 의무가 많다 보면 불협화음이 생길 수 있고, 조심해야 할 포인트도 드러날 수 있다.

미국이 한국에 대해 서운하거나 분노하게 되면 우리나라는 군사·외교·안보적인 측면에서 치명적인 상황에 놓일 수 있다. 북한의 군대와 재래식 무기가 효능 면에서 우리보다 떨어질지 모르지만 수량 면에서 우리보다 월등히 많다. 우리가 갖고 있지 못하는 핵시설과 핵폭탄, 신형 탄도미사일 같은 새로운 무기체계도 갖추고 있다.

미국의 핵잠수함과 무기체계의 보호를 받지 못한다면 우리는 언제든 북한의 공격 대상이 될 수 있는 게 현실이다. 동북아에서 미국·중국·러시아·일본·북한 등 주변국 간 충돌이 일어날 경우 희생양이 될 수도 있다. 자주국방 능력이 없으니 목소리 한번 제대로 내보지 못하고 눈치만 보는 비참한 상황에 직면할 수 있는 게 우리가 맞이한 현실이다.

경제적 측면에서도 우리는 미국에 의존할 수밖에 없다. 우리나라 전체 무역에서 대미무역 비중은 중국보다 낮지만 2위 무역 상대국이다. 미국이 우리 주력 수출품인 자동차, 전자제품, 화학제품 등에 보호관세를 높이거나 수출입 제한을 할 경우 우리나라는 치명적인 타격을 받을 수밖에 없다. 금융에서 한국에 들어와 있는 글로벌 자금의 대부분이 미국에 뿌리를 두고 있다. 이 자금이 한국 시장, 구체적으로 한국 기업에 대한 투자를 회수해갈 경우 한국은 언제든 외환위기에 직면할 수 있다. 미국 금융자본은 세계 금융 시장을 오가면서 어느 국가든 흔들 수 있는 막강한 파워가 있다는 점을 간과해서는 안 된다. 우리나라는 1990년대 말 외환위기를 겪으면서 자본 시장을 세계에서 가장 잘 오픈해놓았다. 외국 자본 입장에서 수시로 넣었다 뺐다 할 수 있는 자동입출금기 같은 곳이 한국 시장이라는 얘기다. 이런 요인 때문에 우리 기업이나 시장은 언제든 초단타로 움직이는 글로벌 투기 자본들의 희생양이 될 수 있음을 염두에 두고 항상 신중하게 움직여야 한다.

한미 간의 이 같은 구조 속에서 트럼프 대통령은 주한미군 2만 8,000여 명에 대한 감축 및 철수 카드를 기회 있을 때마다 내밀고 있다. 우리 측에 방위비 분담액을 더 올려달라는 요구를 하기 위해서다. 트럼프 대통령은 2019년 8월 9일 뉴욕주 햄프스턴에서 열린 모금행사에 참석해 어렸을 때 아버지와 임대료를 받았던 일화를 소개하며 "브룩클린 임대아파트에서 월세 114달러 13센트를 받는 것

김정은 국무위원장과 블라디미르 푸틴 대통령이 2019년 4월 25일 블라디보스토크에서 열린 북러정상회담에서 악수하는 장면.

출처 : 매경 DB

김정은 국무위원장과 시진핑 국가주석이 2019년 6월 21일 평양에서 열린 북중정상회담에서 악수하는 장면.

출처 : 매경 DB

보다 한국에서 10억 달러 받는 것이 더 쉬웠다"고 자랑했다.

트럼프는 한국의 방위, 한미동맹 문제에 대해 동북아의 지정학적 중요성을 무시한 채 돈으로 계산하는 장사꾼 스타일의 외교안보 행보를 보이고 있다. 문 대통령의 억양과 제스처까지 흉내 내며 조롱했다는 소식은 한국 국민들을 씁쓸하게 한다. 트럼프 대통령은 한미연합훈련마저 비용으로 계산하고 청구서를 내밀면서 압박하고 있다. 약소국인 한국이 가장 소중하게 여겨온 한미동맹마저 돈으로 계산하고 압박하는 상황은 다시 한번 우리 스스로 지킬 힘을 길러야 한다는 것을 절박하게 느끼게 한다.

한국은 우리 힘이 약한 현실을 인정하고 국민의 생명과 재산을 보호하는 데 최선의 선택을 해야 한다. 해외에서 활동하는 우리 기업이 불이익을 당하지 않도록 적극 변호하고 보호해야 한다. 우리 대기업, 중소기업 등의 수출도 지원해야 하고 해외의 자원이나 전략물자 수입 루트도 잘 관리해야 한다. 미중 패권 싸움, 각 국가 간 미묘한 대립 상황을 잘 보면서 우리 국익을 극대화하는 실용주의 전략을 추구해야 한다.

지금 상황에서 어디까지나 패권 국가는 미국이다. 미국은 국방력, 외교력, 경제력 등 모든 방면에서 힘이 막강하다. 이를 바탕으로 UN을 주도하는 것을 비롯해 IMF, WB 등을 총괄한다. 유럽, 중동, 아시아, 중남미, 아프리카 등 세계 주요 지역의 질서 유지에도 큰 역할을 하고 있다. 이런 관점에서 우리 국력이 G2와 견줄 정도로 성장하기 전까지는 '결 미국' 전략을 선택할 수밖에 없다.

친중국 전략, 한국 시장 및 기업 보호하고 북한 제어

중국과는 '친親중국' 전략을 펴는 게 현명하다. 중국은 한국 내 사드 배치를 이유로 무역, 투자, 관광 등 각 부문에서 우리나라를 괴롭혔던 것처럼 언제든 제2의 사드사태를 만들어 우리를 힘들게 할 수 있다. 우리가 미국 쪽에 기운 듯싶으면 유커들의 방한을 제한하고, 한국 제품에 막대한 관세를 매길 수 있다. 중국에 진출했던 롯데백화점, 롯데마트에 대한 제재에서 보듯이 언제든 교묘한 제재로 우리 기업들의 공장이나 매장을 폐쇄시킬 수 있다. 중국의 요청에 의해 진출한 삼성전자, SK하이닉스 같은 반도체 회사도 독과점 폐해를 일으켰다는 미명 아래 엄청난 과징금을 요구받을 수 있다.

중국은 미국을 견제하는 지렛대로 북한을 활용하고 있기도 하다. 중국은 한국전쟁 때 북한군과 함께 피 흘린 중조(중국과 북한) 혈맹 국가라는 점을 강조한다. 실제로 한국전쟁 때 중공군 15만 4,428명이 사망했는데 마오쩌둥 주석의 장남인 마오안잉도 전사했다.

중국은 북한이 남북 대화, 미북 대화를 통해 한미 진영으로 돌아서는 것을 가장 두려워한다. 북한이 한미 쪽으로 돌아설 경우 자신이 직면해야 할 국경 라인이 바로 압록강과 두만강 영역이 될 것이다. 중국은 이런 이유로 북한 정권이 김일성, 김정일, 김정은으로 내려오는 3대 세습체제에도 불구하고 이를 인정하고 활용하는 것으로 해석된다. 다시 말해 중국은 북한이 동북아의 최전선에서 미국과 계속 각을 세우며 미중 전선의 범퍼 역할을 해주길 바라는 것이다.

실제로 중국은 북한이 6차례의 핵실험과 수많은 미사일 발사로 국제 사회의 제재를 받는 와중에도 북한에 대한 기름 파이프라인이나 생필품 보따리상들의 왕래를 끊지 않았다. 김정은 국무위원장이 중국을 4차례나 방문해 시진핑 국가주석과 정상회담을 했는데 1번 방문할 때마다 이에 상응하는 도움을 받은 것으로 전해진다. 시진핑 국가주석은 김정은의 4차례 방중에 대한 답방 형식으로 2019년 6월 20~21일 1박 2일 동안 평양을 방문했다. 중국 최고 지도자가 북한을 방문한 것은 14년 만에 처음이다. 김 위원장은 부인 리설주를 동반하고 평양 순안공항에서 직접 시진핑 주석을 영접했고, 함께 무개차를 타고 평양 시내 퍼레이드를 벌였다.

중국은 북중 관계를 공고히 해 미국·일본을 축으로 한 대중국 대립 구도에 맞서는 전략을 펴고 있는 것으로 봐야 한다. 시진핑 주석은 북한 방문에 맞춰 〈노동신문〉 기고를 통해 "(북중 간) 우정은 세월이 흐를수록 더욱 군건하며 천만금을 주고도 바꿀 수 없는 것"이라고 강조했다. 북중 관계가 혈맹 관계임을 강조한 것이다.

시진핑 주석은 김 위원장이 마련한 만찬에서도 "지난 70년 북중 관계를 돌이켜보면 양측의 구세대 지도자들이 북중 전통 우의를 만들어 우리에게 소중한 부를 남겼다"면서 "상전벽해에도 북중 우의는 오랜 세월 더욱 군건해졌다"고 평가했다. 그는 "김 위원장과 성과 있는 회담을 통해 북중 관계의 밝은 미래를 함께 그리며 중요한 공감대를 형성했다"면서 "우리는 북중 양측이 전통 우의를 계승하고 시대의 새로운 장을 계속 써야 한다는 데 의견을 같이했다"고 말했다.

이에 김 위원장은 "지난 1년 동안 4차례 만남을 통해 시진핑 국가주석과 사회주의 제도를 견지하는 것이 북중 친선의 핵심임을 확인했다"면서 "나와 시 주석은 북중 우의의 새로운 발전을 이뤘고 양측은 협력 강화와 깊은 의견 교환을 통해 중요한 공동 인식을 달성했다"고 밝혔다.

김 위원장은 이어 "북한은 예전처럼 중국과 나란히 서서 북중 친선 협력의 새로운 장을 쓸 것"이라고 말했다. 김 위원장과 시 주석은 둘째 날에는 한국전쟁 때 사망한 중공군의 혼을 위로하기 위해 세운 조중우의탑을 함께 참배하며 북중혈맹을 다시 한 번 강조했다.

북한은 시진핑 국가주석이 떠난 지 하루 만에 조선중앙TV에 1시간짜리 특별 프로그램을 편성해 북중정상회담의 성과를 선전했다. 북한의 조선중앙통신은 "조중(북중)은 앞으로도 국제 정세가 어떻게 변하든 두 당, 두 나라의 친선 관계를 훌륭히 계승하고 빛낼 의지를 피력했다"고 보도했다.

북한 방문을 마치고 돌아간 중국 지도부는 한국이나 미국이 북한에 진출하기 전에 중국이 북한 시장을 선점하는 것이 좋겠다는 방침을 정했다. 이에 대한 구체적인 방안으로 북한과 중국 국경 지역인 동북3성에 이어 베이징시도 평양에 경제사무소를 설치하기로 하는 한편, 북한을 관광하는 여행자들에게 여행자보험을 적용해줬다. 이 보험 혜택을 받고 중국인 관광객 40여 명이 2019년 7월 15일 북한에 들어갔는데 이 중에는 항공·해운·항만·물류·호텔체인 등의 관계자들이 포함된 것으로 전해졌다. 북한의 관광 인프라 구축에 필요한 기업인들이자 구체적인 경제협력을 할 수 있는 실무자들이다.

이 같은 중국의 태도는 미국과 안보·무역·통상 등 전 분야에서 갈등을 빚고 있는 상황에서 북한에 대한 영향력을 확대해 미국과 맞설 수 있는 전위부대로 키우려는 전략이 숨겨져 있다고 보는 해석이 많다.

중국은 북한 내 정변이 일어나 친한국, 친미국 성향의 정권 교체가 일어날 성싶으면 북중 국경에 배치 중인 인민해방군과 주평양중국대사관 내에 파견돼 있는 인민해방군들과 연합해 이를 방해할 수 있는 개연성이 충분하다. 동북공정의 역사관을 갖고 있는 중국 입장에서는 언제든 그럴 의지를 갖고 있고, 이에 대한 준비도 돼 있다고 보는 것이 현명한 판단일 것이다.

이런 관점에서 한국은 중국과의 관계를 한국의 안전과 평화, 경제번영을 위해 잘 관리해야 한다. 안보는 미국에 의존하면서 경제는 중국에 달려 있는 안미경중安美經中의 현실에서 섣부른 행보 하나가 우리 안보와 경제에 큰 위험이 될 수 있다. 중국이 요구한 3불정책, 구체적으로 사드 추가 배치 불가, 대중국 미사일방어전략 불참, 한미일동맹 불참도 미중 패권 싸움 상황을 봐가며 유연한 대응으로 미중의 불필요한 공격을 피해야 한다.

이를 위해서는 공식적으로 친중국 전략을 펴며 언제든 대화할 수 있는 파트너십 관계를 강화하고, 남북 관계도 평화의 큰 틀에서 공동 번영의 길로 유도해야 한다. 중국이 북한 경제에 대한 통제권을 바탕으로 북한에 막대한 영향력을 행사할 경우 남북 관계도 위협받을 수밖에 없다. 중국을 감정적으로 건드리거나 화나게 할 수 있는 점에 대해서는 항상 신중한 전략을 취해야 한다. 남북이 서로의 이익을 위해 하나의 마음으로 의기투합하고 밀접한 관계를 이루기 전까지는 중국과의 협력 속 긴장 관계는 계속 유지될 수밖에 없다는 이야기다.

03

한일 과거사 반성 위에
공동발전 모색

우리에게 일본은 어떤 나라인가. 우리와 가까이 있으면서도 끊임없이 부딪히며 살아온 국가다. 일본은 임진왜란으로 조선반도를 짓밟았고, 구한말 식민지 쟁탈전에 뛰어들어 조선을 36년 동안 지배했던 제국주의 국가였다. 한국전쟁을 통해 2차 세계대전의 폐허에서 경제부흥의 호기를 잡기도 했던 나라다. 우리 백제 문화를 자국의 한 문화로 받아들였고, 서로 많은 교역을 하면서 때로는 발전도 함께해온 나라다.

우리 한민족이 축구나 야구, 운동 경기가 벌어질 때는 반드시 이겨야 하는 나라가 바로 일본이다. 국제무대에서 세계 3위 경제대국 일본을 가장 우습게 보는 나라가 한국이라는 시각도 있다.

왜 그럴까. 바로 일본의 조선 침략과 약탈의 역사가 뿌리 깊었고, 그만큼 우리 민족에게 깊은 상처를 줬다. 위안부, 징용근로자, 수많은 독립운동가 탄압 사례들은 한민족을 더욱 분노케 한다. 일본은 우리가 역사적 사실로 점유해온 독도에 대해 자기네 땅이라고 우기면서 국제 분쟁 이슈로 만들고 있다. 일본이 한민족에게 자행한 행위에 대해 끊임없이 반성해도 시원찮을 판에 이런 식의 뻔뻔한 대응으로 나오면서 한국 국민을 더욱 분노케 하고 있다.

이런 토대 위에 뿌리 깊게 자리 잡은 반일 감정은 양국이 경제전쟁을 벌이는 지금의 한일 관계에도 작용한다. 한일 양국이 1965년 6월 22일 4조로 구성된 '한일청구권협정'을 체결했음에도 불구하고 양국이 늘 갈등 관계 속에 있는 것은 식민 지배 때 받은 상처 탓이다.

한국은 일본과 청구권협정 이후 받은 무상 3억 달러, 유상 차관 2억 달러 자금으로 포스코의 전신인 포항제철을 세우고, 경부고속도로를 건설하는 등 경제개발의 토대를 만들어갔다. 한일협정은 1951년 2차 세계대전 후 동북아시아에 대한 미국의 전략 중 하나로 시작됐다. 미국은 러시아와 중국이 공산주의 진영의 색깔을 드러내면서 동서냉전의 축을 형성하자 일본과 한국을 자신의 진영으로 합류시키기 위한 전략을 추진했다. 일본은 한국전쟁 중 많은 물자를 지원하는 병참기지로서 역할을 하면서 경제발전을 했다. 미국은 이런 한일 국교 정상화를 통해 동북아에서 한·미·일을 중심으로 한 자유 진영의 안보 축을 만들어갔다.

하지만 한일의 국교 정상화 회담은 쉽지 않았다. 1951년 1차 한일 국교 정상화 회담을 시작한 지 14년 만인 1965년에야 정상적인 외교 관계를 맺었다. 이승만 정부가 협상에 임하는 태도를 취했지만 국민들의 반일 감정이 워낙 뿌리 깊게 박혀 있는지라 이를 추진할 동력을 만들지 못했다.

5·16군사쿠데타로 정권을 잡은 박정희 정부는 경제개발을 위해 자금이 필요했다. 박정희 정부는 경제개발을 위해 여러 나라의 문을 두드렸지만 돈을 빌리기가 쉽지 않았다. 국민의 생활수준을 개선하고 경제를 발전시키지 않으면 안 된다는 절박감에 일본과의 청구권 협상에 적극 나섰다. 당시 박정희 정부의 2인자였던 김종필 중앙정보부장이 1961년 10월 특사로 일본을 갔고, 일본 이케다 하야토 수상은 스기 미치스케 특사를 보냈다. 이런 특사 교환을 통해 박정희 국가재건최고회의 의장이 일본의 스기 미치스케 대표를 만났고, 1962년 김종필과 오히라 마사요시 외무상 간의 협상을 통해 교착상태에 빠진 쟁점을 풀었다. 1965년 6월 청구권협정 발효로 일본에서 자금이 들어오게 됐다.

일단 무상공여로 3억 달러를 10년에 나눠 제공하되 그 기간은 단축할 수 있도록 했다. 대외협력기금 차관으로 2억 달러를 빌려주고 민간 차관으로 1억 달러를 제공키로 했다. 당초 우리 정부는 일본 정부에 징용 피해자가 103만 명에 이를 것인 만큼 12억 2,000만 달러를 배상해달라고 요구했지만 보상 수준은 대폭 낮아졌다. 일본 정부가 한반도에 거주하던 일본인 재산권 보호를 요구하면서 우리 정부가 수위를 낮춰 타협을 한 것이다.

강제징용 피해자 이춘식 씨가 2018년 10월 30일 서울 서초구 대법원에서 승소판결을 받은 뒤 기자회견하는 장면.

출처 : 매경 DB

이런 합의를 놓고 양국은 한일 관계가 고비를 맞을 때마다 부딪쳤다. 일본의 과거 식민 지배에 대한 사과와 반성, 보상 및 배상, 구체적으로 위안부, 강제징용 근로자에 대한 보상 및 배상 문제는 여전히 한일 간 핵심 쟁점이 되고 있다. 이는 기본적으로 일본 식민 지배의 침탈과 가혹함이 한민족의 마음속에서 쉽게 사라지지 않는 역사적 사건이다. 이런 본질적인 문제에다 한일협정을 맺을 때 이 보상과 배상 문제에 대한 정확한 합의를 하지 않은 것이 분쟁의 씨앗을 뿌렸다.

일본은 협정 2조 '청구권에 관한 문제가 샌프란시스코 평화조약 규정을 포함해 완전히, 그리고 최종적으로 해결된다는 것을 확인한다'를 들며 당연히 청구권협정 대상에 포함된다고 주장한다. 반면 한국은 한일 관계를 규정한 것일 뿐 식민 지배 시대에 반인도적 불법 행위에 대한 배상은 청구권협정으로 해결되지 않으며, 개인의 청구권은 살아 있다는 입장이다. 이 같은 입장 차이로 인해 한일 양국에서는 각각의 정치적 목적에 따라 수시로 쟁점으로 재부각되면서 갈등을 증폭시켰다.

김영삼 대통령은 일본의 역사교과서 왜곡과 독도를 자기네 땅이라고 우기던 일본에 대해 "버르장머리를 고쳐놓겠다"고 말했다. 이 발언은 한일 관계 악화의 불씨가 됐고, IMF 외환위기 당시 일본이 고의적으로 지원을 하지 않는 계기가 됐다. 우리 경제부총리는 달러 자금이 부족했던 IMF 환란 당시 일본으로 달려가 간절하게 자금 지원을 요청했지만 일언지하에 거절당했다.

김대중 대통령은 오부치 게이조 총리와 한일이 미래를 보고 나가자는 내용의 '21세기 새로운 한일파트너십 공동선언문'을 이끌어냈다. 오부치는 "식민지 지배로 인해 한국 국민에게 많은 손해와 고통을 안겨줬다는 역사적 사실을 겸허히 받아들이며 통절한 반성과 마음으로부터 사죄한다"고 밝혔다. 김 대통령은 양국이 미래 지향적인 관계를 발전시키자고 강조했고 집권이 끝날 때까지 일본과의 실용적인 관점에서 이 공동선언을 지켜나갔다.

노무현의 참여정부는 독도 및 역사교과서 왜곡으로 긴장 관계에 있었지만 한일의 정치·외교·안보적인 이슈를 경제 영역으로까지 끌고 가지 않았다. 노무현 대통령은 2005년 2월 일본 시마네현이 '다케시마(독도)의 날' 행사를 하는 데 대해 직접 담화문을 내고 "일본

2019년 6월 오사카에서 열린 G20 정상회의 환영식에서 문재인 대통령이 아베 신조 총리와 악수한 뒤 행사장으로 향하고 있는 장면.

출처 : 매경 DB

이 독도에 대한 권리를 주장하는 것은 한국의 완전한 해방과 독립을 부정하는 행위"라며 "과거 일본이 저지른 침략전쟁과 학살, 강제징용, 심지어 위안부까지 동원했던 범죄의 역사에 대한 정당성을 주장하는 행위"라고 규탄했다.

노 대통령은 1년여 후인 2006년 4월 일본 탐사선이 동해의 우리 측 배타적경제수역EEZ을 수시로 침범해 들어오자 군함을 출동시키면서 긴장이 고조되기도 했다. 하지만 양국 외교차관의 회담을 통해 충돌을 막았고 양국의 서로의 필요에 의해 경제교류를 확대해나갔다. 이런 합의에는 당시 미국 부시 대통령의 한·미·일 안보체계의 중요성을 강조한 정책도 중요하게 작용했다.

이명박 정부 역시 그 기조가 이어졌지만 후반기 들어 독도 방문으로 한일 관계가 악화됐다. 박근혜 정부는 일본의 역사교과서 왜곡 등에 따른 정치적 명분이 이어지며 일본과의 좋은 관계를 형성하지 못했다. 하지만 위안부 문제에 대한 집중 논의와 미국의 보이지 않는 중재 노력으로 2015년 12월 일본 정부 출연금 10억 엔(114억 원)을 들여 재단을 만들고 피해자와 유족을 지원하는 데 합의했다.

한일 관계가 개선되지 못한 데는 일본 정부의 이기적인 태도와 한반도 상황을 이용하는 일본 정치인들의 치고 빠지는 전략이 크게 작용했다. 아베 정부는 북한 상황을 이용해 긴장을 고조시키고 이를 통해 정치적 기반을 공고히 하는 데 활용했다. 혐한 분위기를 만들어 외국을 침범할 수 있는 근거를 평화헌법에 반영하려는 전략을 지속적으로 활용하고 있다.

문재인 정부 들어서 위안부, 강제징용 근로자 배상 문제가 다시 쟁점이 되면서 한일 관계가 극도로 악화하고 있다. 문 정부는 박근혜 정부 때 설립한 위안부재단과 관련, '피해자 문제는 근본적으로 해결될 수 없다'는 원칙 아래 재단을 해산했다.

2018년 10월 말 한국 대법원에서 내린 강제징용 근로자에 대한 배상 판결이 입법·사법·행정 삼권분립의 원칙 아래 내려진 만큼 해당 신일철주금(구 신일본제철) 등 일본 기업들을 대상으로 한 자산 압류가 불가피하다는 입장을 밝혔다. 대법원이 징용 피해자 이춘식 씨 등 4명이 신일철주금을 대상으로 서울중앙지방법원에 낸 손해배상 청구에 대해 '불법행위에 대한 위자료 청구는 1965년 한일청구권협정 적용 대상에 포함되지 않는다'는 판결에 대한 문 정부의 집행이행

명령이다. 이 청구 소송에 대한 1심(2008)과 2심(2009)에서는 각각 원고패소와 항소기각 판결이 내려졌었다.

하지만 대법원은 2012년 이에 대해 파기환송을 했고, 이의 판결을 맡은 서울고등법원은 2013년 신일철주금에 1인당 1억 원씩 배상하도록 판결했다. 이에 신일철주금이 불복, 대법원에 재상고했다가 2018년 10월 최종판결이 내려진 것이다.

아베 총리는 한국에 경제적 보복을 포함한 모든 조치로 맞대응하겠다면서 한일 간 갈등이 경제전쟁으로 번졌다. 우리 정부는 해결책으로 2019년 6월 한국 기업과 일본 기업의 자발적 출연금으로 기금을 조성해 이 자금으로 징용 피해자들에게 위자료를 지급하자는 제안을 했다. 일본은 바로 거절하고 경제보복조치 검토에 들어갔다. 이와 함께 미국을 대상으로 한국에 대한 제재 필요성을 지속적으로 설명했다. 아베는 2019년 6월 28~29일 G20 국가들이 모이는 오사카에서 모든 정상과 확대 또는 단독, 간이 정상회담을 하면서도 문 대통령과는 대화를 하지 않았다.

정상들이 다 모일 때 G20 주최국 정상으로서 문 대통령과 8초 동안 악수했을 뿐이다. 이틀 후인 7월 2일 우리나라 반도체, 디스플레이 등에 쓰이는 에칭가스, PR, FPI 등 3개 소재에 대한 수출 규제를 단행했다. 사실상의 금수조치다. 이어 한국을 수출 우대국인 화이트리스트에서 빼는 것을 의결하고 관보에 게재했다.

일본의 이런 조치에는 투키디데스 함정 이론이 설명하듯 일본을 맹추격해온 한국을 방치하지 않겠다는 전략도 깔려 있다는 분석이 많다. 우리나라 GDP는 2018년 기준 1조 6,194억 달러로 일본 4조 9,709억 달러의 3분의 1 수준이지만 1인당 GDP는 3만 600달러로 일본 4만 1,340달러의 74%에 이른다. 양국의 물가 수준을 감안한 실질 구매력 기준으로 따져보면 한국이 일본의 90% 수준을 넘어선다. 한국이 많이 크고 강해져서 일본이 우리를 전략적으로 때리는 측면도 있는 만큼 치밀한 전략과 구체적인 액션플랜을 갖고 아베의 전략에 대응해야 한다.

아베는 한국을 화이트리스트에서 빼면서 "국가와 국가 간 신뢰 관계로 행해온 조치를 수정한 것"이라며 "일본 조치는 WTO 규칙에도 정합한다"고 밝혔다. 일본은 한국이 북한에 전략물자들을 반출하고 있다며 UN 제재 위반을 거론했다. 이어 징용자 배상 문제와 관련해 제3국으로 구성된 중재위원회에 맡기자고 역제안하고 7월 18일을 데드라인으로 정했다. 일본은 이 전략을 통해 반한 분위기를 고조시키며 보수층을 결집해 7월 참의원선거에서 승리했다.

한일 간 정치 외교적인 긴장 관계가 경제 영역까지 미치면서 한일 관계를 더욱 어렵게 하고 있다. 한국의 김현종 국가안보실 차장과 양정철 민주연구원장 등 고위 관계자들이 잇달아 미국을 방문해 한일 간 갈등의 중재를 요청했지만 미국은 적극적인 중재에 나서지 않았다. 이런 상황에서 문 대통령은 2019년 7월 15일 수석보좌관회의 자리를 빌려 "일본의 수출 제한 조치는 반세기 동안 축적해온 한·일 경제협력의 틀을 깨는 것"이라며 "우리 경제가 한 단계 높은 성장을 도모하는 시기에 우리 경제의 성장을 가로막는 것이나 다름없고 결코 성공하지 못할 것"이라고 작심하고 비판했다. 문 대통령은 "결국 일본 경제에 더 큰 피해가 갈 것임을 경고해둔다"고 말하고 "일본에 결코 지지 않을 것"이라고 강조했다. 이 조치 이후 한국도 일본을 화이트리스트에서 배제한다고 밝혔다.

한일 경제전쟁이 본격적으로 확산되면서 양국 재계를 중심으로 한일 모두가 루저가 될 것이라는 우려의 목소리가 높아졌다. 한국 기업들이 추진하는 일본산 소재 부품을 하루아침에 국산화하기 쉽지 않은 상황에서 감정적인 대처만으로는 한일 경제전쟁에서 승리하기 어렵다는 지적이 쏟아졌다.

일본에서도 한국의 D램 등 핵심 부품들을 수입하지 못하면 일본 산업 자체가 타격을 입을 뿐 아니라 연간 약 750만 명의 한국 관광객 발길이 줄면서 지역경제가 타격을 입고 있다는 아우성이 쏟아졌다. 미국을 비롯한 전 세계에서도 글로벌 공급망이 흔들려 세계 경제에 타격을 줄 것이라는 걱정이 나왔다. 한일 정상은 이를 계기로 대화의 모멘텀을 찾아가는 움직임을 보이고 있다.

문 대통령은 2019년 8·15광복절 경축사에서 "지금이라도 일본이 대화와 협력의 길로 나온다면 우리는 기꺼이 손을 잡을 것"이라며 "공정하게 교역하고, 협력하는 동아시아를 함께 만들어갈 것"이라고 강조했다.

한일 간 갈등 심화와 경제전쟁 확전은 한일 모두에 손해다. 양국에서 상대방 국가 제품들에 대한 불매운동이 확산될 조짐이 나타나면서 벌써부터 피해를 입는 기업들이 속출하고 있다. 양국 정부는 이 같은 손해가 나지 않도록, 나더라도 최소화할 수 있는 전략을 펴야 한다. 정치 외교적인 트랙과 경제적인 트랙을 분리해 '쿨'한 대일 관계를 형성하고, 이를 토대로 공동 번영하는 미래 지향적인 관계를 유지해야 한다.

먼저 경제적인 면에서 보면 한일 양국 국민들은 청구권협정 이후 서로 자유롭게 오가고, 무역하고 투자하면서 큰 시너지를 만들어냈다. 한국에는 일본 기업 390여 개가 진출해 있고, 8만 2,000여 개의 일자리를 만들어내고 있다. 무역 의존도가 높은 한국은 일본에게서 2018년 기준 546억 달러를 수입(한국 수입액 기준 3위 국가)했고 305억 달러(한국 수출액 기준 5위)를 수출했다. 이 중에서 우리 기업이 해외에 수출할 때 중간재 부품으로 수입하는 금액만 해도 71억 달러에 달할 정도로 일본에 대한 의존도가 높다.

한일 간에 미중처럼 무역전쟁이 벌어져서 관세 난타전을 벌일 경우 반도체, 전자제품 등 우리 주력 수출 품목이 큰 타격을 입을 수 있다. 삼성전자와 SK하이닉스가 반도체를 생산할 때 사용하는 에칭가스에 대한 일본의 수출 제한으로 부품 조달에 큰 애로를 겪고 있다. 이와 밀접하게 연관된 전 세계 IT산업에서도 메모리값이 급등하는 등 우려스러운 상황이 발생하고 있다.

일본의 한국 직접투자 누계액은 440억 달러에 달한다. 일본 자본이 갖고 있는 우리나라 상장 주식액은 13조 6,000억 원에 달한다. 한일 갈등 상황이 어느 선을 넘어 악화될 경우 바로 빠져나갈 가능성이 높은 자금들이다. 2018년 한국을 찾은 일본인 수가 300만 명에 이르고, 일본으로 간 한국인은 754만 명으로 약 1,000만 명 이상이 한국과 일본을 오가고 있다. 한일 양국이 정치적인 긴장 관계에 있더라도 경제 및 사회교류 차원에서 긴밀한 관계를 형성하고 있는 이웃이라는 얘기다. 한일 정부가 치킨게임을 하듯 서로 난타전을 벌일 경우 둘 다 타격을 입게 된다. 한일 양국은 서로 무시하고 외면하면 큰 손해가 날 수 있는 만큼 무역·투자·관광 등 각 부문에서 협력 관계를 계속 유지하고 발전시켜야 한다.

외교적 관점에서도 한일은 북한의 비핵화를 관철하기 위해 충분히 협의하고 공동의 목소리를 내야 한다. 북한이 핵을 보유하고 첨단 미사일들을 다수 확보하고 있는 상황에서 한일은 동북아 평화를 위해 협조할 것은 서로 긴밀하게 협조해야 한다. 북한의 핵과 미사일 위협이 상존하는 이상, 한일 간에 군사정보를 서로 교환하는 지소미아를 유지하면서 한·미·일 안보체제의 축이 흔들리지 않도록 해야 한다. 한반도에서 긴장이 고조되고 동북아 질서가 불안하면 한일 국민의 안전에 문제가 생기고 경제도 타격받을 수 있다.

한일은 김대중-오부치선언에서 명시한 대로 서로 협력해 동북아에 평화와 안정을 유지하면서 번영을 함께 이끌어야 한다. 우리나라 입장에서는 본격적인 남북경제협력 과정에서 일본 자본을 적극 끌어들여 북한 인프라 구축 등 경제개발에 따른 부담을 줄일 필요가 있다. 남북의 평화로운 통일 과정에서 주변국인 일본의 이해를 구하고 지원받는 것도 중요한 일이다.

한일 양국은 때로 중국의 일방주의 태도를 견제하기 위해 같이 움직일 필요가 있다. 중국이 한국 기업을 비롯한 외국 기업들에 대해 일방적인 기술 탈취나 제재 등의 방법으로 해외 투자자들을 괴롭힐 때 한·일이 중심축이 돼 중국에 대해 개선을 요구하는 목소리를 낼 수 있을 것이다. 철저한 자국 이익에 따라 움직이는 외교 무대에서는 영원한 적도, 영원한 동지도 없다. 한·일 관계 역시 우리가 식민 지배의 역사적인 아픔과 상처가 있긴 하지만 미래를 내다보고 공동번영의 관점을 지켜가는 외교적 행보를 해야 한다.

일본도 1965년 한일청구권협정을 체결했다 하더라도 과거 저질렀던 과오에 대한 진심 어린 반성과 사죄의 마음을 갖고 한국을 대해야 한다. 독일이 2차 세계대전을 일으킨 나치 전범들에 대해 죄를 묻고, 중요한 행사 때마다 끊임없이 사죄하면서 유럽의 핵심국으로서 역할을 하는 모습은 참 인상적이다. 일본도 배워야 한다.

한일청구권협정 전문

대한민국과 일본국 간의 재산 및 청구권에 관한 문제의 경제협력에 관한 협정

1965년 6월 22일 동경에서 서명
1965년 12월 18일 발효

대한민국과 일본국은, 양국 및 양국 국민의 재산과 양국 및 양국 국민 간의 청구권에 관한 문제를 해결할 것을 희망하고, 양국 간의 경제협력을 증진할 것을 희망하여, 다음과 같이 합의하였다.

제 1 조

1. 일본국은 대한민국에 대하여

(a) 현재에 있어서 1천8십억 일본 원(108,000,000,000원)으로 환산되는 3억 아메리카합중국 불($300,000,000)과 동등한 일본 원의 가치를 가지는 일본국의 생산물 및 일본인의 용역을 본 협정의 효력발생일로부터 10년 기간에 걸쳐 무상으로 제공한다. 매년의 생산물 및 용역의 제공은 현재에 있어서 1백8억 일본 원(10,800,000,000원)으로 환산되는 3천만 아메리카합중국 불($30,000,000)과 동등한 일본 원의 액수를 한도로 하고 매년의 제공이 본 액수에 미달됐을 때에는 그 잔액은 차년 이후의 제공액에 가산된다. 단, 매년의 제공 한도액은 양 체약국 정부의 합의에 의하여 증액될 수 있다.

(b) 현재에 있어서 7백20억 일본 원(72,000,000,000원)으로 환산되는 2억 아메리카합중국 불($200,000,000)과 동등한 일본원의 액수에 달하기까지의 장기 저리의 차관으로서, 대한민국 정부가 요청하고 또한 3의 규정에 근거하여 체결될 약정에 의하여 결정되는 사업의 실시에 필요한 일본국의 생산물 및 일본인의 용역을 대한민국이 조달하는 데 있어 충당될 차관을 본 협정의 효력 발생일로부터 10년 기간에 걸쳐 행한다. 본 차관은 일본국의 해외경제협력기금에 의하여 행하여지는 것으로 하고, 일본국 정부는 동 기금이 본 차관을 매년

균등하게 이행할 수 있는데 필요한 자금을 확보할 수 있도록 필요한 조치를 취한다. 전기 제공 및 차관은 대한민국의 경제발전에 유익한 것이 아니면 아니된다.

2. 양 체약국 정부는 본조의 규정의 실시에 관한 사항에 대하여 권고를 행할 권한을 가지는 양 정부 간의 협의기관으로서 양 정부의 대표자로 구성될 합동위원회를 설치한다.

3. 양 체약국 정부는 본조의 규정의 실시를 위하여 필요한 약정을 체결한다.

제 2 조

1. 양 체약국은 양 체약국 및 그 국민(법인을 포함함)의 재산, 권리 및 이익과 양 체약국 및 그 국민 간의 청구권에 관한 문제가 1951년 9월 8일에 샌프런시스코우시에서 서명된 일본국과의 평화조약 제4조 (a)에 규정된 것을 포함하여 완전히 그리고 최종적으로 해결된 것이 된다는 것을 확인한다.

2. 본조의 규정은 다음의 것(본 협정의 서명일까지 각기 체약국이 취한 특별조치의 대상이 된 것을 제외한다)에 영향을 미치는 것이 아니다.

(a) 일방체약국의 국민으로서 1947년 8월 15일부터 본 협정의 서명일까지 사이에 타방체약국에 거주한 일이 있는 사람의 재산, 권리 및 이익

(b) 일방체약국 및 그 국민의 재산, 권리 및 이익으로서 1945년 8월 15일 이후에 있어서의 통상의 접촉의 과정에 있어 취득되었고 또는 타방체약국의 관할하에 들어오게 된 것

3. 2의 규정에 따르는 것을 조건으로 하여 일방체약국 및 그 국민의 재산, 권리 및 이익으로서 본 협정의 서명일에 타방체약국의 관할하에 있는 것에 대한 조치와 일방체약국 및 그 국민의 타방체약국 및 그 국민에 대한 모든 청구권으로서 동일자 이전에 발생한 사유에 기인하는 것에 관하여는 어떠한 주장도 할 수 없는 것으로 한다.

제 3 조

1. 본 협정의 해석 및 실시에 관한 양 체약국 간의 분쟁은 우선 외교상의 경로

를 통하여 해결한다.

2. 1의 규정에 의하여 해결할 수 없었던 분쟁은 어느 일방체약국의 정부가 타방체약국의 정부로부터 분쟁의 중재를 요청하는 공한을 접수한 날로부터 30일의 기간 내에 각 체약국 정부가 임명하는 1인의 중재위원과 이와 같이 선정된 2인의 중재위원이 당해 기간 후의 30일의 기간 내에 합의하는 제3의 중재위원 또는 당해 기간 내에 이들 2인의 중재위원이 합의하는 제3국의 정부가 지명하는 제3의 중재위원과의 3인의 중재위원으로 구성되는 중재위원회에 결정을 위하여 회부한다. 단, 제3의 중재위원은 양 체약국 중의 어느 편의 국민이어서는 아니 된다.

3. 어느 일방체약국의 정부가 당해 기간 내에 중재위원을 임명하지 아니하였을 때, 또는 제3의 중재위원 또는 제3국에 대하여 당해 기간 내에 합의하지 못하였을 때에는 중재위원회는 양 체약국 정부가 각각 30일의 기간 내에 선정하는 국가의 정부가 지명하는 각 1인의 중재위원과 이들 정부가 협의에 의하여 결정하는 제3국의 정부가 지명하는 제3의 중재위원으로 구성한다.

4. 양 체약국 정부는 본조의 규정에 의거한 중재위원회의 결정에 복한다.

제 4 조
본 협정은 비준되어야 한다. 비준서는 가능한 한 조속히 서울에서 교환한다. 본 협정은 비준서가 교환된 날로부터 효력을 발생한다.
이상의 증거로서, 하기 대표는 각자의 정부로부터 정당한 위임을 받아 본 협정에 서명하였다.

1965년 6월 22일 토오쿄오에서 동등히 정본인 한국어 및 일본어로 본서 2통을 작성하였다.

대한민국을 위하여(서명) 이동원 김동조
일본국을 위하여(서명) 시이나 에쓰사부로오 다까스기 싱이찌

04

아세안과 긴밀한 연합,
미들파워 축으로

미국과 중국의 패권전쟁은 결코 쉽게 끝날 싸움이 아니다. 처음은 무역에 대한 관세보복으로 시작됐지만 그 이면에는 기술 패권 싸움이 치열하게 벌어지고 있다. 미국은 패권을 지키려 하고, 중국은 '대국굴기'의 전략에서 경제·군사 등 모든 방면에서 미국의 공격에 방어하면서 때로는 거칠게 공격하고 있다.

미국의 경제 규모 70%에 육박하는 중국은 빠른 속도로 미국을 추격하고 있다. 패권전쟁이 불가피한 투키디데스 함정에 빠져든 상황이다. 하버드대학 케네디스쿨의 그레이엄 앨리슨 교수는 펠로폰네소스 전쟁사를 분석한 《예정된 전쟁》에서 세계 패권국을 놓고 2등 국가의 힘이 커지면 1등 국가와 전쟁을 하게 된다고 분석했다. 실제로 투키디데스 함정에 빠진 사례가 16건 있었는데 이 중 12건의 전쟁이 있었다고 제시했다. 그중 최근의 대표 사건이 2개다. 첫 번째 전쟁은 1916년 해상권을 쥔 영국에 대해 독일이 유틀란트해전을 일으킨 것, 두 번째는 1941년 일본이 20세기 최강 패권국이 된 미국에 대한 진주만 폭격으로 시작한 태평양전쟁이다. 이런 싸움은 21세기에는 기술 패권, 경제전쟁의 형태를 띠면서 언제든 물리적인 충돌로 발전할 가능성이 있다.

한국이 이런 미중 패권 경쟁 속에서 어떻게 살아남을 수 있을까. 결론부터 얘기하면 아세안 10개국과 연합체를 이루고 미국과 중국 진영에 끼지 않는 중간 그룹의 국가들, 즉 오스트레일리아, 뉴질랜드, 인도 등과 정치·경제적 연대를 구축하는 것이다. 이른바 신미들파워New middle power 연합을 구성해 각자도생의 시대를 넘어서야 한다.

장대환 매경미디어그룹 회장은 2019년 4월 23일 한미기업인친선포럼에 참석해 "한국은 국제 사회에서 점점 외톨이가 돼가고 있어 잘난 척하지 말고 아세안에 플러스 원 회원국으로 가입해야 한다"고 말했다. 장 회장은 2010년 세계지식포럼에서 한국이 글로벌 무대에서 살아남는 전략 가운데 하나로 아시아 지역을 하나의 시장으로 묶어 자유롭게 왕래하고 교역하고 투자하는 원 아시아One Aisa 전략을 제안했다.

프랑스의 티에리 드 몽브리알 국제관계연구소IFRI 소장도 2018년 세계지식포럼에 참석해 "한국 같은 미들파워끼리 뭉쳐 미국과 중국에 대항하라"고 제안했다. 미국과 중국 의존도가 높은 경제외교 지형도를 아세안, 인도를 비롯한 중견국들과 연합해 새로운 파워를 만들라는 주문이다. 실제로 한국이 아세안에 가입하고 오스트레일리아, 뉴질랜드, 인도 등과 연합한다면 '신미들파워'를 형성할 수 있다. 이 파워 그룹 내에서 비전을 공유하고 친밀도를 더 강하게 한다면 미중 싸움 와중에서도 생존 기반을 확보하고 활로를 열어갈 수 있다.

아세안 국가들은 2015년 말 아세안경제공동체AEC : Asean Economy Community를 출범시켰고, 역내 경제통합의 성과를 내기 위해 노력하고 있다. 이런 노력은 국제무대에서 아세안 10개국의 위상을 높이고 있다. 아세안은 평균 연령 29.1세인 6억 4,000만 명에 이르는 거대한 시장을 갖고 있는데 2030년에는 7억 1,700만 명까지 늘어날 전망이다. 아세안 GDP 규모는 2조 7,000억 달러로 2018년 현재 세계 7위이지만 2030년에는 세계 4위가 될 것으로 추정된다. 현재 아세안 중 연간 마음대로 쓸 수 있는 가처분소득이 5,000달러 이상인 중산층 인구가 4억 명에 이를 정도로 구매력이 높은 시장이다. 아세안 경제는 2010~2020년 연 5.6% 성장을 하면서 이 기간 중 세계 평균성장률 4.0%보다 훨씬 높을 것으로 전망된다.

아세안 10개국 중 싱가포르, 말레이시아, 인도네시아, 태국, 베트남, 필리핀 등 6개국은 고속성장을 하면서 아세안의 핵심축이 되고 있다고 오스트레일리아의 외교싱크탱크 로위연구소가 분석했다. 아세안 국가는 한국에게도 매우 중요한 파트너가 됐다. 아세안은 2018년을 기준으로 중국에 이어 한국의 2위 교역 대상국(1,491억 달러)이 됐고, 투자 대상국 규모 면에서도 437억 달러를 기록해 3위 국가가 됐다. 이런 측면에서 문재인 정부가 아세안 10개국과 경제협력을 강화하고 외교 관계를 미국, 중국, 일본, 러시아 등 주변 4강 수준으로 격상시키는 '신남방정책'을 추진하는 것은 의미가 있다.

신남방정책을 구체적으로 실행하는 후속 액션플랜이 추진돼야 한다. 그 액션플랜 중 하나는 한국이 AEC의 일원으로 공식 가입하는 것이다. 아세안은 1967년 인도네시아, 말레이시아, 필리핀, 싱가포르, 태국 등 5개국으로 출발했다. 17년 동안 큰 변화가 없다가 브루나이가 1984년에 가입했고 베트남(1995), 라오스·미얀마(1997), 캄보디아(1999)가 가입하면서 10개국 체제가 됐다. 이 10개국 간에 경제개발 격차가 컸지만 전원합의원칙을 지키며 꾸준히 역내 경제통합을 추진해 2010년 아세안자유무역지대AFTA가 탄생했다.

2015년 12월 아시아판 유럽연합을 지향하는 AEC를 출범시켰다. 아세안은 '단일 시장·단일 생산기지'를 목표로 민감 품목을 제외하고 역내 상품 교역의 평균 관세율을 0%에 가까운 수준으로 낮췄다. AEC는 2025년까지 투자 서비스와 사람 이동이 자유로운 단일 경제권을 실현한다는 청사진을 마련해놓았다. 아세안은 자신들이 벤치마킹하고 싶은 나라로 단기간에 압축 성장을 한 한국의 발전 모델을 꼽고 있다.

한국이 고속성장하는 아세안이라는 배에 올라탄다면 경제적으로 큰 이익이 될 수 있다. 아세안에는 젊은 근로자들이 많고, 생산성은 한국에 비해 낮지만 이를 보완할 정도의 낮은 임금은 한국 기업에게 큰 메리트다. 아세안 국가들은 일자리 최우선 정책을 펴며 한국 기업들의 투자 유치를 위해 적극 협력하고 있다. 한국 기업들이 최저임금의 급격한 인상에다 주 52시간제 강행 여파로 한국을 떠나 베트남, 인도네시아, 말레이시아, 태국 등으로 나가는 데는 이 같은 아세안 국가들의 정책적인 변화도 작용하고 있다.

아세안에는 고속철도 연결, 에너지, 수자원 개발, 스마트시티 건설 등 각종 인프라 프로젝트가 활발히 진행되고 있다. 중국과 일본도 아세안에서 이 같은 인프라 프로젝트 수주를 위해 경쟁을 하고 있는 만큼 한국 기업들이 정부, 연기금, 금융기관 등과 팀을 이뤄 전략적인 접근을 해야 할 것이다.

한국의 아세안 합류는 북한 핵문제 해결 과정에서도 외교적인 지원을 기대할 수 있다. 말레이시아, 인도네시아, 라오스, 캄보디아 등 아세안 국가는 북한과 우호적인 관계를 맺고 있기 때문이다. 이런 의미에서 한국과 아세안이 대화 관계 30주년을 맞이해 2019년 11월 25~26일 부산에서 여는 한·아세안 특별정상회의와 27일에 여는 제1차 한·메콩 정상회의를 한–아세안 협력의 중요한 모멘텀으로 활용해야 한다.

아세안 기업 중에는 북한에 관심 있는 기업들이 꽤 있다. 한국 기업들이 이 기업들과 손잡고 북한에 공동 진출하는 것도 북한 투자비용을 줄이고 투자 위험도 줄일 수 있을 것이다. 한국과 아세안의 이같은 협력이 하나씩 구체적으로 실현된다면 G2 격돌 시대에 한국은 미들파워의 주도 국가로 부상하면서 국제정치적인 위상도 강화할 수 있을 것이다.

05
자주국방 강화,
북 비핵화 안 될 때 핵무장 논의

　우리 역사를 보면 국력이 약할 때, 스스로를 지킬 힘이 부족할 때 주변국들로부터 늘 침략을 당했다. 우리가 군사력을 제대로 갖췄다면 중국이나 일본이 감히 침략을 했겠는가. 임진왜란, 병자호란, 구한말, 한국전쟁으로 이어진 전쟁의 역사를 보면 모두 우리 국력이 약하고 제대로 된 군사력을 갖추지 못했을 때였다.

　국력은 크게 인구, 자원, 경제력, 군사력, 사회적 자본 등을 종합해서 평가하지만 당장 손쉬운 비교는 경제력 규모로 비교할 수 있다. 우리 경제력은 GDP 규모로 볼 때 세계 10위 국가다. 한국의 삼성전자를 비롯해 글로벌 기업들도 우리 국력을 구성하는 중요한 요소다. 인구도 5,000만이 넘는 국가다. 첨단장비를 갖춘 군사력 평가에서도 세계 10위권 안에 들어간다. 2018년 기준 육군 46만 4,000명, 해병대 2만 9,000명을 포함한 해군 7만여 명, 공군 6만 5,000명 등 총 59만 9,000명이다. 육군(110만 명), 해군(6만 명), 공군(11만 명), 전략군(1만 명)으로 구성된 북한군 128만 명과 비교했을 때 수적인 면에서는 적지만 막강한 파괴력을 가진 첨단무기 등의 성능까지 종합해보면 북한의 군사력을 압도한다.

그럼에도 불구하고 요즘 정세를 구한말 '자주적 중립외교'를 폈던 고종 황제 시대에 비교하곤 한다. 우리가 경계하고 맞서야 할 국가가 치명적 파괴력의 핵을 보유한 북한 외에도 미국과 패권 다툼을 하는 중국, 세계 수준의 군사력을 갖고 있으면서 언제든 다시 침략전쟁을 시작할 수 있도록 헌법을 바꾸려는 일본을 경계해야 하기 때문이다. 1차 세계대전 이래 끊임없이 남하정책을 펴온 러시아도 우리나라가 군사적 측면에서 늘 경계해야 할 초강대국이다. 남북한이 평화적으로 통일한 후에도 중국·일본·러시아는 여전히 경계해야 할 대상이다.

고종은 청일전쟁에서 일본이 승리한 3년 후인 대한제국 시절(1897년 10월 12일~1910년 8월 29일) 중립외교를 폈지만 일본의 식민지배를 받게 됐다. 경제력이 형편없었고, 제대로 된 군사력을 갖추지 못한 탓이다. 고종은 사농공상 중심의 봉건 제도 틀을 고수한 채 밀려드는 동서양의 개방 요구에 빗장을 잠그는 쇄국정책을 유지했다. 조정 대신은 친일파, 친러파 등으로 분열됐다. 스스로를 지킬 힘도 없이 자존심만 내세우고 분열된 채 일본·미국·영국·러시아·독일·

남북한 군사력 현황

구분			한국	북한
병력 (평시)	육군		46.4만여 명	110만여 명
	해군		7.0만여 명 (해병대 2.9만여 명 포함)	6만여 명
	공군		6.5만여 명	11만여 명
	전략군		–	1만여 명
	계		59.9만여 명	128만여 명
주요 전력	육군	부대	군단(급) 13(해병대 포함)	17
			사단 40(해병대 포함)	81
			여단(독립여단) 31(해병대 포함)	131
		장비	전차 2,300여 대(해병대 포함)	4,300여 대
			장갑차 2,800여 대(해병대 포함)	2,500여 대
			야포 5,800문(해병대 포함)	8,600여 문
			다련장/방사포 200여 문	5,500여 문
			지대지 유도무기 발사대 60여 기	발사대 100여 기(전략군)
	해군	수상 함정	전투함정 100여 척	430여 척
			상륙함정 10여 척	250여 척
			기뢰전함정(소해정) 10여 척	20여 척
			지원함정 20여 척	40여 척
		잠수함정	10여 척	70여 척
	공군	전투임무기	410여 대	810여 대
		정찰·감시통제기	70여 대(해군 항공기 포함)	30여 대
		공중기동기(AN-2 포함)	50여 대	340여 대
		훈련기	180여 대	170여 대
	헬기육해공군		680여 대	290여 대
예비병력			약 310만 명 (사관후보생, 전시근로 소집, 전환/대체복무 인원 등 포함)	약 762만 명 (교도대, 노농적위군, 붉은청년근위대 포함)

*남북 군사력 비교를 위해 육군 부대·장비 항목에 해병대 부대·장비도 포함해 산출
*북한군 야포문 수는 보병 연대급 화포인 76.2mm를 제외하고 산출
*남북 군사력 현황은 양적 비교만 제시. 군사력을 실질적으로 비교하려면 양적 비교뿐 아니라 장비 성능, 노후도, 훈련
수준, 합동전력 운용 개념 등을 종합 고려한 정성적 평가를 해야 함
*육군 여단 비교의 경우 《국방백서》(2016)에서는 남북 기동여단만 비교했으나 《국방백서》(2018)에서는 군단급 이상
제대에 편성된 독립여단인 포병, 공병, 항공여단 등을 포함해 비교

출처 : 《국방백서》

프랑스 등 강대국의 제국주의 패권 싸움에 휘말려 일본의 식민 지배를 받게 된 것이다.

이후 한민족은 나라를 찾기 위해 피눈물 나는 노력을 해야 했다. 많은 독립운동가가 학교에서, 들녘에서, 산에서, 먼 이국땅에서 독립을 위해 헌신했고 일본의 간담을 서늘케 한 성과도 냈다. 하지만 독자적인 힘으로 일제를 제압할 수준까지 이르지 못했다. 미군을 비롯한 연합군과 합세해서야 독립할 수 있었다.

구한말 나라를 빼앗겼던 사례는 한 나라가 국제 사회에서 독립국가로 당당하게 서려면 어떤 적과도 대적하고 스스로를 지킬 수 있는 자주국방 능력을 길러야 함을 시사한다. 군사력 측면에서 아무리 재래식 무기를 많이 보유하고 있더라도 전략적 핵무기 하나를 당하기 어렵다. 핵폭탄 하나에 모든 것이 쑥대밭이 될 수 있으니까 말이다. 어떤 비핵국가도 핵보유국을 대상으로 쉽게 도발하기 어려운 '핵억지력'이 작동되고 있는 것이 냉엄한 현실이다.

우리나라와 일본이 북한 핵문제에 늘 긴장하고 해결을 위해 발버둥치는 것도 핵무기의 파괴력 때문이다. 이런 이유로 〈매일경제〉와 한국리서치가 2019년 6월 실시한 공동 여론조사에 나온 대로 국민의 55%는 한반도에 핵이 있어서는 안 된다는 입장이며 북한이 핵무기를 포기하지 않을 경우 우리도 핵을 보유해야 한다고 생각하는 의견이 54%에 이르고 있다.

자주국방 능력을 갖추려면 재래식 무기 능력뿐 아니라 북한을 비롯한 주변국의 핵보유 상황과 움직임 등을 감안해 판단을 해야 한다. 북한이 끝까지 핵을 포기하지 않고 압박할 경우 우리 국민을 지켜야 하는 자위권 차원에서 핵무장을 신중하게 검토할 수밖에 없다. 핵무장은 우리가 미국의 전술핵을 들여오는 등 미국의 핵우산 아래서 보호받는 방법도 있고, 직접 우리가 핵무기체계를 개발하고 보유하는 것도 포함될 것이다.

물론 이 같은 핵무장 추진에 대해 미국·중국 등 슈퍼파워 국가들이 용인하지 않을 경우 현실적으로 실현되기 어렵다. 미국·중국 등 국제 사회가 한국의 핵무장에 반대할 경우 우리나라는 무역제재를 비롯해 치명적인 압박을 받을 수밖에 없다. 그만큼 한국의 핵무장은 신중하게 추진해야 할 프로젝트라는 얘기다.

동북아를 포함한 아시아 전체의 안보 구도에서 보면 우리는 자주국방 능력을 어떤 식으로든 강화해야 한다. 이는 시대적 소명이다. 중국은 항공모함을 잇달아서 만들고 있고, 언제든 북한 땅으로 진격할 수 있는 태세를 갖추고 있다. 만주를 거쳐 북한 땅까지 지배할 수 있는 동북공정의 목표는 여전히 중국의 중요한 전략으로 살아 있다. 이런 전략은 한반도에서 패권을 잃지 않으려는 미국과 여차하면 충돌할 수 있다. 한국은 미중 패권 싸움에 끼어 서로의 편으로 들어오라는 압박을 받고 있다. 자칫 판단을 잘못하면 '고래싸움 속 새우 등' 상황에 직면할 수 있는 게 우리의 현실이다.

일본도 군사 대국화를 끊임없이 추진해오고 있다. 위안부, 징용병 판결 등 외교안보적인 갈등 요인을 경제 영역으로까지 확산시켜 한국을 압박해오고 있는 것은 일본 제국주의의 망령이 언제든 살아날

2019년 3월 우리 공군에 처음 인도된 스텔스 전투기 F–35A가 미국 애리조나주 루크기지를 출발하는 모습.

출처 : 방위사업청

수 있음을 보여준다. 말 그대로 일본은 언제든 한국의 안보와 생존에 위협이 될 수 있는 바, 이에 맞서 싸울 수 있는 자주국방 능력을 갖춰야 하는 게 대한민국의 숙명이다.

그런 면에서 국방부가 2019년 8월 발표한 '국방 2020~2024년 계획'은 핵무기체계와 견줄 정도는 아니지만 한계 내에서 우리나라 방어체계를 한 단계 강화한 것으로 평가할 수 있다. 이 계획은 290조 원이 투입될 예정인데 F–35B전투기를 최대 16대까지 탑재할 수 있는 경항공모함을 채비할 계획이다. 3만 톤급 규모로 일본의 경항공모함인 이즈모급 호위함(2만 7,000톤)보다 크다. 중국이 랴오닝, 산둥호를 만들어 배치한 상황에서 한국 해군의 경쟁력을 키우기 위한 꼭 필요한 조치다.

스텔스 탐지용 장거리 레이더를 갖추는 한편 해군 6항공전단은 항공사령부로, 공군정찰비행전대는 정찰비행단으로, 해병대 항공대대는 항공단으로 확대 개편한다. 북한 핵과 미사일 시설들을 전략적으로 타격하기 위해 지상, 함정, 잠수함, 전투기에서 발사하는 정밀유도탄을 확충하고 정전탄과 전자기펄스EMP탄 등 비살상무기도 개발된다.

국방부는 정찰위성 5기를 2023년까지 전력화하고, 한국형 미사일방어 시스템의 핵심인 장거리 지대공미사일 L-SAM도 2023년까지 개발할 계획이다. 이 계획이 실행되면 북한뿐 아니라 일본·중국 등을 겨냥한 공격력을 어느 정도 확보하게 된다. 하지만 일본·중국도 계속 군비를 증가하고 있어 안심할 상황은 아니다. 이들이 군비를 확장하고 계속 신무기체계를 도입하면 우리의 군사력은 상대적으로 약해질 수밖에 없다.

문재인 대통령은 2차 북한과 미국의 하노이회담이 결렬된 이후 미국을 방문했다가 자주국방의 필요성을 뼈저리게 느끼고 돌아왔다. 문 대통령은 김정은 국무위원장과 트럼프 대통령 간 대화의 끈을 이어주기 위해 갔지만 2분밖에 단독회담을 하지 못하고 돌아왔다. 2019년 4월 청와대에서 각군 대장·중장 진급자 등에게 진급 및 보직 신고를 받는 자리에서 절치부심切齒腐心이란 표현을 8번이나 쓰면서 강한 군대를 기르자고 강조했다. 절치부심은 이를 갈고, 마음이 썩을 정도로 화가 난 상태를 말한다.

문 대통령은 "우리 역사를 되돌아보면 절치부심의 정신 자세가 부족한 부분이 많았다는 생각을 늘 한다"며 "그런 일을 겪었으면 그야말로 절치부심해야 하지 않나. 그러지 못했고 우리는 나라를 잃었다"고 말했다. 문 대통령은 2019년 8·15경축사에서도 '아무도 흔들 수 없는 나라'가 되자고 강조했다. 우리는 세계 6대 제조업 강국이자 6대 수출대국이 됐다. 하지만 여전히 미국·중국·일본·북한에 휘둘리는 상황이다.

한반도를 둘러싼 격동의 동북아에서 한국이 살아남을 길은 자주국방 능력을 갖추고 경제력을 키우는 것이다. 동북아의 평화와 번영을 선도하는 것도 이런 자주국방과 경제력에서 나온다. 평화는 힘이 있을 때 지켜지기 때문이다.

06

남북 인프라 및 경협 확대,
국내외 자본 활용한 북한 경제개발

통일 단계에 들어가기 전에 북한 경제 수준을 남한 수준으로 최대한 끌어올려야 한다. 경제 시스템도 자유시장경제 방식으로 근본적으로 변환시켜야 경제운용의 비효율을 줄이고 통일비용을 아낄 수 있다.

남한 경제의 40분의 1 수준인 북한 경제를 남한 수준까지 발전시키려면 막대한 자금이 들어가야 한다. 북한이 장마당 등 시장경제적 요소를 도입했다고는 하지만 경제개발에 필요한 인프라가 부족하고 주요 산업발전 수준도 크게 낙후돼 있다. 70여 년 이상 유지한 사회주의 체제로부터 오는 비효율성의 한계가 그대로 남아 있어 자본주의 시장경제로의 체제 전환에 따른 비용이 만만치 않을 것이다.

산업은행이 2005년에 추계한 북한 경제재건에 필요한 자금규모는 10년 동안 60조 원 이상이다. 금융위원회 신제윤 전 위원장은 2014년 북한 1인당 GDP를 1만 달러 수준으로 끌어올리는 데 들어가는 자금은 20년 동안 5,000억 달러에 이를 것으로 추산했다. 문재인 정부가 그린 '한반도 신경제 구상'을 실현하기 위해 필요한 자금은 이보다 2배 이상 많은 122조 원 정도다.

동독과 서독 통일 당시 양국 격차는 지금의 남북한보다 훨씬 작았다. 동독 경제는 지금의 북한보다 훨씬 잘 살았고, 서독과의 격차도 크지 않았다. 하지만 통독 과정의 진통 속에서 양 지역 국민이 모두 힘들었다. 동독 지역 내 기업이 잇달아 도산했고 일자리가 사라졌다. 동독인들은 풍요로운 서독 지역으로 계속 이주했고 서독 지역은 주택 부족, 빈민 이슈 등의 문제가 생겨났다. 서독인들의 불만도 높아졌고 양 진영 주민들의 갈등도 커졌다.

이런 동서독 통일 과정의 어려움에 비춰볼 때 북한 경제개발 및 통일 과정은 남북경제력 격차를 줄이지 않는 이상 훨씬 더 어려울 것이다. 북한 경제개발에 막대한 자금이 드는 것은 물론 남북한 주민 간 위화감과 이에 따른 갈등이 매우 클 것이다. 이런 과정은 남북한 간 본격적인 경제협력 단계에서 많은 경제 및 사회적 이슈들을 제기하면서 또 다른 사회적 갈등비용을 유발할 수 있다.

이 같은 엄청난 부담을 우리 정부 재정만으로 감당하기에는 역부족이다. 국제 사회의 자금과 함께 국내외 민간자본이 대거 투입돼야 한다. 이를 위해서는 북한 경제개발의 큰 청사진을 잘 그리고, 국제 사회 및 민간과 유기적인 협력 관계를 구축해야 한다. 북한이 IMF, WB를 비롯한 국제기구에 가입해서 국제 지원을 받을 수 있도록 해야 한다는 얘기다. 이 과정을 통해 북한 인프라 건설과 경제개발을 질서 있게 해야 한다.

우선 북한 인프라 건설을 위한 별도의 기금, 예를 들어 북한인프라개발기금을 만들고 여기에 정부의 남북협력기금을 비롯해 국제금융기구의 공적개발원조ODA를 포함시키는 방안을 생각해볼 수 있다. 각 프로젝트의 경우 남한 정부나 공적기구 주도하에 기업들이 합류해서 상업적 이익을 내고 지속 가능하게 만들어야 한다.

IMF, WB, ADB, AIIB 등 국제기구의 자금뿐 아니라 글로벌 금융시장의 풍부한 인프라 투자자금들도 들어오도록 해야 한다. 이 단계에 들어가면 북한이 미국, 일본, 유럽 등 서방 국가들과 국교를 정상화하도록 지원해야 한다. 북한은 이를 통해 국제 질서에 성공적으로 편입되고 경제개발에 탄력을 받을 수 있다. 물론 이런 작업은 북한이 비핵화에 나서고, 미국을 비롯한 국제 사회가 북한 지원에 합의한 후에야 가능할 것이다.

남북 산업 간 유기적인 연계 고리를 만들어 상호 시너지를 만드는 것도 중요하다. 북한 내 전력, 통신, 도로, 철도, 항공, 공항 등 인프라를 효율성 중심으로 질서 있게 구축하는 한편 이 토대 위에 북한 기업이 경쟁력 있게 잘할 수 있는 소프트웨어, 섬유, 신발, 농수산물 등의 산업을 일으켜야 한다. 이 과정에서 남한 기업들의 적극적인 투자가 필요하다. 글로벌 시장에서 경쟁력을 인정받은 남한 기업이

북한 개성시 봉동리 개성공단 SK어패럴에서 근로자들이 제품을 생산하고 있는 모습.

북한에 자본과 기술을 선제적으로 투자해 북한 경제의 성장동력을 만들어내야 한다. 중국이나 미국·일본 등 서방 기업들이 북한의 노른자위 산업과 요충지를 공략하기 전에 우리 기업이 북한에 성장의 토대를 구축해야 한다는 얘기다.

북한 근로자들이 시장경제 시스템에 익숙하게 적응해서 일하도록 지속적인 시장경제 교육을 해야 한다. 이런 과정을 통해 남북한 경제가 서로 필요한 존재가 될 것이고, 경제공동체의 청사진도 한 장면씩 완성돼갈 것이다.

물론 경제공동체 단계로 들어가기 전 선결 과제는 북한이 비핵화를 이행하는 것이다. 북한이 국제 사회가 요구하는 비핵화를 실현하지 않을 경우 대북제재가 풀리기 어렵기 때문이다. 대북제재가 풀리고 나서야 우리 기업을 비롯해 미국·일본·유럽 등 해외 기업들이 북한과 거래를 할 수 있고, 직접 투자 등 경제협력을 강화할 수 있다. 이 상황이 되면 북한 경제개발도 차츰 궤도에 오르면서 성장에 탄력을 받을 수 있을 것이다.

여기서 중요한 것은 남북한이 머리를 맞대고 남북경협 및 북한 경제개발의 청사진을 확정하고 이에 맞춰 질서 있게 남북 공동번영의 사업들을 추진하는 것이다. 가장 먼저 진행할 프로젝트로는 금강산관광 재개를 시작으로 북한의 주요 관광지를 개발하고 개방하는 것이다. 남한 국민이 자연스럽게 이 지역을 오가면 북한 주민의 일자리도 생겨날 것이다. 먹는 것, 자는 것, 즐기는 것 등 다양한 서비스업 일자리가 나오면서 북한관광지를 중심으로 활력이 생길 것이다. 북한에는 묘향산, 원산갈마, 백두산 등 당국의 의지에 따라 얼마든지 좋은 관광 프로그램들을 개발할 수 있다.

실향민을 위한 고향 방문 프로젝트는 70여 년 동안 분단의 벽에서 나타나는 남북한 주민 간의 격차를 좁히고 신뢰를 쌓는 데 도움을 줄 것이다. 남북한 주민이 많이 만날수록 서로 다름에 대해 알면서 이해하는 폭이 넓어질 것이라는 얘기다.

이런 남북한관광 및 고향 방문을 통한 인적교류와 함께 북한 경제개발에 실질적인 토대가 될 개성공단 가동 등 산업공단 또는 경제특구 개발과 도로·철도·항만·항공·통신·전력·상하수도 등 인프라 건설사업을 질서 있게 단계적으로 확대하는 것이 중요하다. 남북한이 합의해서 가동하다 중단된 개성공단은 남북경제협력이 성공할 수 있는 가능성을 보여줬다. 남한의 자본과 기술이 북한의 값싸고 품질 좋은 노동력과 결합해 섬유·신발·보석·전자부품 등을 생산하면서 남북 윈-윈 모델을 제시한 바 있다.

문재인 대통령과 트럼프 대통령이 2019년 6월 30일 판문점 DMZ 오울렛 초소를 방문해 개성공단 가동에 대해 얘기를 나눴다. 문 대통령은 이 공단이 가동되기 전에는 북한의 포, 탱크 등 군부대가 있었던 개성이지만 지금은 남북한 합작공단이 들어서 있는 점을 제시하며 남북 화해와 협력의 상징 장소가 될 수 있음을 강조했다.

북한에는 개성공단 외에도 평양남포공단, 신의주공단, 나진선봉 지역을 중심으로 한 나선공단 등 각 지역마다 개발하고 현대화할 공단들이 많다. 이런 공단을 500여 개에 이른 장마당 경제의 대형화 및 현대화와 연결시킨다면 북한 경제를 활성화하는 데 큰 도움을 줄 것이다. 북한의 공단과 장마당 간 연계 활성화가 성공하려면 인프라를 잘 구축하는 게 중요하다. 북한 내 도로·철도·통신·전력 등 주요 인프라는 매우 열악하다. 이런 인프라가 구축되지 않으면 사람들의 이동이 자유롭지 못하고 기본 거래조차 일어나지 못한다. 이럴 경우 새로운 부가가치 창출도 어렵다.

한국의 경제성장 과정에서 경부고속도로를 비롯한 도로와 철도, 전력 시설 등이 핵심 에너지가 됐던 것처럼 북한 경제에도 현대식 인프라 구축은 가장 중요한 프로젝트다. 여기서 중요하게 염두에 둬야 할 포인트는 프로젝트별로 북한 당국과 충분히 협의하되 남한의 영향력을 잃지 않도록 관리하는 것이다. 북한 경제 전체의 시장경제화를 전폭 지원하는 전략들이 필요하다. 북한의 사회주의 경제, 배급체제가 무너진 상태에서 장마당을 중심으로 시장경제적 요소들이 확산되고 있다. 하지만 여전히 북한 체제를 유지하는 전체 틀은 사회주의 체제다. 따라서 북한 체제가 시장과 산업에 가격 통제를 최소화하는 방향으로 움직이도록 지속적으로 조언할 필요가 있다. 각 시장의 수요와 공급을 존중하고, 기업이나 개인들이 자유롭게 거래할 수 있는 여지를 계속 넓혀나가야 할 것이다. 이 과정에서 해외 자본들이 마음대로 투자하고 회수할 수 있도록 법적, 제도적 투자자 보호 조치들이 마련돼야 함은 물론이다.

이런 장치들이 마련되면 남한의 기업들은 얼마든지 북한 경제개발에 합류할 수 있다. 건설사, 통신사, 발전사 등 인프라 투자 기업들은 좋은 기회를 잡게 된다. 북한 출신 기업가들도 고향에 기여한다는 의미에서 다른 기업들보다 애정을 가지고 북한 경제개발에 참여할 수 있는 후보군들이다. 세계 각지에서 활동하는 한상들도 북한 경제개발에 얼마든지 참여할 능력이 있는 기업들이다. 해외 자본들이 북한 경제개발과 경제교류 참여가 늘어날수록 남한의 부담은 그만큼 줄어든다.

이런 작업이 차질 없게 진행될 경우 북한에 적정한 수준의 일자리도 만들어질 것이다. 북한 주민들이 일을 하게 되면 생활수준이 올라갈 것이고, 새로운 시장도 만들어낼 것이다. 북한 주민의 생활수준이 남한 국민의 소득에 따라오는 비율만큼 통일비용이 줄어들 것이다.

07
통일 대비한
튼튼한 재정구축

남북한이 어떤 통일 방식을 선택하든 비용이 발생한다. 이른바 통일비용이다. 통일비용이 우리 국민, 경제가 부담할 수 없을 정도로 과도하면 재앙이 될 것이고 남북한 주민 모두에게 큰 고통을 줄 것이다. 반면 이런 비용을 능가하는 편익이 발생하면 통일은 축복이 될 수 있다.

신창민 교수는 《통일은 대박이다》(2007)를 통해 '통일 대박'이란 표현을 처음 썼다. 그는 통일에 대한 편익 분석을 통해 통일이 가져다주는 이익이 그 과정에서 발생하는 비용을 커버하고도 남을 것이라고 주장했다. 이 주장에 박근혜 정부는 물론이고 문재인 정부도 동조하고 있다.

2014년 통일연구원은 통일이 2030년에 이뤄진다고 가정했을 때 2050년까지 3,600조 원이 들어가는 반면 통일로부터 얻는 이득은 경제 분야 6,300조 원, 정치·외교·안보 분야 300조 원 등 총 6,800조 원이 나온다고 추산했다. 3,200조 원의 순 혜택이 나온다는 계산이다.

문 대통령은 2019년 8·15경축사에서 남과 북이 각자의 체제를 유지한 상태에서 역량을 합친다면 8,000만 명의 단일 시장을 만들면서 세계 6위권 경제 대국으로 발전할 것이라고 전망했다. 문 대통령 개인의 비전이지만 구체적인 통일 시점으로 광복 100주년을 맞는 2045년을 제시하고, 2050년에 1인당 국민소득 7~8만 달러 시대가 가능할 것이라고 내다봤다.

'통일 대박'은 북한 경제개발 특수가 건설·전력·철강·자동차·유통·관광 등 각 산업에서 막대한 시장을 만들어내면 가능하다. 남한 기업의 자본력과 기술력이 북한의 저임금 근로자들과 잘 융화되면 북한 내에서 많은 일자리를 만들어낼 수 있다. 남북 간 적극적인 경제협력 사업을 통해 북한 내 산업 시설 및 인프라 부문을 빠른 속도로 현대화하면 북한 경제에 활력을 넣을 수 있다.

국내 기업들이 북한 시장을 경유해 중국과 러시아 시장으로 진출하고, 다시 유럽까지 연결되는 육로 네트워크를 확보한다면 한반도 경제 활성화에 큰 모멘텀이 될 것이다. 문 대통령이 8·15경축사에서 얘기한 해양과 대륙을 잇는 교량 국가로서 발전할 것이라는 비전이 실현될 수 있다는 얘기다.

이런 대박론과 반대의 위치에 있는 게 '쪽박론'이다. 북한이 국제 사회가 요구하는 비핵화에 응하지 않고 시간을 끌면서 체제 유지에만 집중한다면 한반도에 긴장이 다시 고조될 수 있다. 북한이 핵보유와 함께 미국까지 닿을 수 있는 ICBM급 미사일 기술을 가지고 협박할 경우 군사적 충돌 가능성이 더욱 커진다. 이 경우 미국을 중심으로 한 국제 사회의 대북제재 강도는 더욱 세지고 북한 경제는 더욱 피폐해질 것이다. 북한 내 인프라 구축 작업은 당연히 더딜 것이다. 이에 따른 남북 간 경제력 격차는 갈수록 벌어질 것이다. 이런 상황에서 북한의 식량 문제 등으로 불안이 일어나고 체제가 붕괴될 위험마저 생길 수 있다.

이 같은 통일비용 이슈는 북한 김일성 주석이 사망한 1994년 이후 북한 체제의 조기 붕괴와 통일 실현에 대한 가능성이 논의되면서 지속적으로 제기돼왔다. 문제는 통일 시점이다. 많은 북한 주민은 남한의 잘 사는 모습을 여러 채널을 통해 잘 알고 있다. 남한으로 넘어온 탈북민 약 3만 명 가운데 열심히 일해 번 돈을 중국을 통해 북한 가족에게 보내주는 것도 북한 주민의 의식을 깨우게 하는 요인이 되고 있다.

이런 어수선한 상황에서 북한 경제 시스템이 마비된 채 급작스럽게 통일의 길로 들어선다면 막대한 후유증과 함께 엄청난 통일비용이 발생할 것이다. 북한의 변변한 생산시설이나 공장 등이 거의 없는 상황에서 북한 주민의 생계 문제를 해결하고 일자리를 줘야 한다. 탈북민이 남한 땅으로 대거 이동하지 않도록 하려면 북한 경제를 적기에 재건하는 것이 중요하다. 그러려면 남한 국민만의 세금으로 감당하기 어려운 비용이 발생할 것이다. 통일비용을 조달하기 위한 국제사회의 지원, 국내외 기업들의 참여 호소와 함께 통일세를 징수하자는 논의도 시작될 것이다. 이 경우 북한에 무조건 퍼주기 논란을 비롯해 남북 갈등은 물론 남남 갈등이 생기고 통일의 부정적 측면이 부각되면서 상당한 진통을 겪을 수 있다.

실제로 〈매일경제〉와 한국리서치 공동 여론조사에 따르면 통일에 필요한 세금을 걷기 위한 법 제정에 대해 국민 66.5%(보수 76.9%, 진보 51.6%, 중도 71.4%)는 반대 의견을 냈다. 통일세 신설에 대한 반발이 만만치 않을 것이라는 얘기다. 통일 과정에 대한 회의론이 등장하고 남북 주민, 남남 주민 간 분열도 심해지고 반대 운동이 확산될 수 있다. 통일 대박론보다 쪽박론에 빠지면서 한반도 경제 전체를 큰 혼란의 도가니로 몰아넣을 가능성도 배제할 수 없다. 남한 사회가 이런 혼란 상황을 감당하지 못하면 대한민국의 신용 등급이 내려가고 국제 투자자들의 자금이 한국을 떠날 수 있다. 통일 과정이 울퉁불퉁하고 질서 있게 진전되지 못할 경우 한반도 경제가 큰 후유증을 겪으면서 휘청할 수 있다는 얘기다.

그래서 통일을 한다면 급작스런 통일 방식보다는 점진적 방식을 택해야 한다는 주장이 설득력을 얻고 있다. 남한의 경제 규모나 체력으로는 통일을 감당할 수 없을 정도로 막대한 비용이 들 것인 만큼 통일에 대비해 국가재정을 튼튼하게 유지하면서 신중하게 접근해야 한다는 것이다. 실제로 〈매일경제〉와 한국리서치 공동 여론조사에 따르면 응답자의 60.4%(보수 51.1%, 진보 74.9%, 중도 55.3%)는 통일을 원하지만, 북한 경제의 개방과 체제 전환 후 점진적으로 통일을 해야 한다는 의견이 54.2%(보수 45.6%, 진보 63.4%, 중도 52.5%)에 이른다.

점진적인 통일을 하려면 먼저 북한 체제에 시장 기능이 워킹하도록 전환시키는 작업과 함께 북한의 경제 수준을 남한의 일정 수준까지, 즉 30%, 50%, 70% 수준까지 끌어올려야 한다. 이런 작업을 진행하면서 통일에 대비해 국가 재정을 튼튼하게 유지하면서 남한 주민의 이해를 구하는 작업도 추진돼야 할 것이다.

남북은 서로 필요한 것을 주고받으면서 신뢰를 쌓고 이를 토대로 다시 다양한 영역으로 교류를 확대해야 한다. 남북은 가장 손쉬운 협력 현안, 굶주리고 병에 시달리고 있는 북한의 소외 계층에 대한 식량이나 의약품 등 인도적 지원부터 시작하는 것이다.

이와 함께 국제 사회가 우려하는 북한 핵시설 및 미사일 문제를 해결하는 데 국제 사회와 총력을 기울여야 한다. 북한이 비핵화를 실현하면 더 개방되고, 합리적인 시장경제 요소를 잇달아 받아들이도록 유도해야 한다. 이게 실현되면 사회, 문화, 관광 및 자유왕래, 경제교류 및 협력 사업까지 활발하게 벌일 수 있을 것이다. 남북교류 활성화는 남북한이 자연스럽게 분단의 아픔을 극복하고 통일국가로 나가는 밑거름이 될 것이다.

하지만 우리의 기대나 소망처럼 통일이 질서 있게 오지 않을 수 있다. 남북이 통일로 가는 길은 북한 내부 사정과 남북한을 둘러싼 미국·중국·러시아·일본 등 각국 및 국제 사회의 움직임에 영향을 받을 수밖에 없다. 통일은 이 변수가 상호 간에 복잡하게 작용하면서 급작스럽게 올 수도 있고 점진적으로 진행될 수도 있다.

그동안 북핵 문제 해결을 위한 남북 간 대화 및 미북 간 대화와 협상으로 미뤄보건대 북한의 협상 전략이나 태도를 바꾸는 것은 우리에게 결코 쉬운 일이 아니다. 김정은 국무위원장이 체제 유지를 최우선 목표로 내세운 상황에서 미국과 북한이 비핵화 합의점을 찾기가 쉽지 않아 보인다. 김정은 위원장은 그동안 미북 간 협상에서 앞으로 1보 나가는 듯했다가 뒤로 2보, 3보 후퇴하는 경향을 보여줬다. 앞으로도 남북, 미북 등이 북한 비핵화를 이슈로 협상을 하고 다양한 해결 노력을 기울이겠지만 상당한 진통과 시간이 걸릴 수 있다.

따라서 우리가 원하는 질서 있는 방식으로 오지 않을 가능성에 대해 충분히 준비해야 한다. 북한 경제를 어느 정도 수준에 올려놓은 후 통일하는 방안과 급작스런 통일 시나리오도 준비해야 한다는 것이다. 각 시나리오에 들어가는 통일비용을 산정하고 자금 마련 방안도 충분히 준비해야 한다. 상당 기간 서로의 체제를 인정하고 사회, 문화 및 경제교류를 확대하면서 평화체제를 유지해야 한다. 남북 경제협력이 본격적으로 진행되다 보면 어느 순간 남북경제공동체의 틀도 만들어질 수 있을 것이다.

남북이 서로 필요하다면 1국 2체제를 인정하면서 미국 같은 연방제 성격의 국가연합식 통일도 고려할 수 있다. 남북이 연방제 성격의 1국 2체제 국가연합을 구성한다면 서로가 지속적인 영향을 주고받으며 새로운 업그레이드된 단계를 모색할 수 있을 것이다.

KOREA
WON

6장

최적의 남북화폐통합전략,
코리아 원

남북경제협력 확대될 때
화폐교환 논의 본격화

다른 체제, 다른 국가 간 경제공동체의 완성은 화폐통합이다. 두 국가가 있다고 가정할 때 나라가 다르더라도 단일화폐를 쓰고, 양국의 위임을 받은 단일 중앙은행이 화폐 관리를 할 때 화폐통합이 완성되는 것이다. 남북한의 경우 북한 원화와 남한 원화 중 하나의 화폐를 선택해 사용하고 이를 단일 중앙은행이 관리하는 것이 화폐통합이다.

지금의 남북 경제규모와 발전 상황 등을 감안하건대 남북경제공동체 단계로 들어가면서 단일화폐를 선택할 경우 남한 원화가 단일화폐가 될 수밖에 없을 것이다. 남한의 원화가 북한 원화를 흡수 통합하는 형식으로 단일통화가 됐을 때 자유시장경제의 경쟁체제에 따라 남북경제가 운용된다.

북한 원화는 구매력을 잃었다. 북한에는 공식 환율이 있고, 장마당에서 활용되는 비공식 환율, 다시 말해 시장 환율이 있는데 차이가 크다. 북한의 장마당이 활성화되면서 각 지역에서 고시되는 시장 환율도 조금씩 차이가 난다. 2019년 여름 현재 북한 조선무역은행이 고시하는 북한 원화의 달러당 가치는 100~110원 사이다. 하지만 데일리NK가 보름 단위로 집계하는 각 지역 시장 환율은 달러당 8,000원에 육박한다. 무려 80배 가까운 가치 차이가 존재하는 것이다. 이는 북한 주민들이 북한 원화 사용을 기피하기 때문이다. 공정 환율만큼 북한 돈으로 물건을 사거나 서비스를 이용하는 것은 불가능하다는 얘기다.

공식 환율과 시장 환율 간 차이가 이렇게 벌어진 것은 2009년 김정은 위원장이 등장하면서 실시한 화폐개혁의 후유증 때문이다. 당시 북한은 그때까지 쓰던 화폐 100원을 새 화폐 1원으로 1인당 10만 원 한도를 정해 교환하도록 했다. 북한 공무원이나 근로자들이 기관이나 기업에서 받는 월급은 일대일로 바꿔줬다. 이 조치는 장마당이나 국경 무역 등을 통해 벌어서 갖고 있던 북한 구권에 대한 가치를 휴지로 만드는 꼴이 됐다. 북한 금융기관에 저축한 돈의 가치 폭락도 마찬가지였다.

이에 장마당 세력의 큰 반발이 이어졌다. 장마당에는 물건이 나오지 않고 장사가 되지 않으면서 마비됐다. 중앙 배급 체제가 제대로 작동되지 않는 상황에서 주민들의 생필품 거래 장소였던 장마당마저 마비되자 북한 체제에 대한 불만이 고조됐다. 북한은 이런 분위기를 무마하기 위해 박남기 계획경제부장을 간첩으로 몰아 평양 시내 한가운데서 공개 처형했다.

이런 과정을 겪으면서 북한 주민은 북한 화폐를 가치 저장이나 교환 수단으로서 인정을 하지 않게 됐다. 결과적으로 달러나 유로화, 위안화를 많이 쓰고 있다. 장마당에서 큰돈을 번 돈주들은 물론 일반 상인까지 돈만 생기면 달러나 위안화로 보관하게 됐다. 북한 금융기관에 돈을 저금하는 것은 바보짓이라고 생각한다. 외화로 저축했는데 돈을 내줄 때는 공정 환율 기준으로 북한 원화로 바꿔줄 경우 자신의 재산이 80분의 1로 줄 것임을 뻔히 안다.

개성공단이 가동될 때나 금강산관광이 이뤄질 때는 우리 남한 원화의 구매력이 있어 북한 주민들은 우리 돈을 보유하기도 했다. 남한 돈을 갖고 있다가 달러나 위안화로 바꿔 북한 땅에서 쓸 수 있었다. 개성공단 상점에서 남한 원화로 빵 등 생필품도 넉넉하게 살 수 있는 점도 매력이었다. 이런 식으로 우리 돈이 북한 주민에게 활용되고, 북한 땅에서 달러나 위안화로 바꿀 수 있을 경우 그 활용 범위는 더욱 넓어진다. 이런 곳에서 교환 비율 결정은 공정 환율이 아닌 시장 환율에 의한 것이다. 달러와 북한 원화, 중국 위안화와 북한 원화 간 교환 비율을 원-달러, 원-위안화 환율과 비교해보면 남북화폐 간 교환 비율을 가늠해볼 수 있다.

남북한 간에 아직은 직접 거래가 거의 없는데다 북한 돈이 교환 가치 및 가치 저장 수단으로서 기능을 못해 남북한 원화 간 거래는 이뤄지지 않고 있다. 북한을 공무 및 관광 차 방문하는 분들도 대부분 달러나 위안화를 쓰고 있는 것이다.

하지만 경제교류 및 협력 사업이 늘다 보면, 남한 기업들이 북한 지역에서 직접 물건을 팔고 돈을 벌다 보면 북한 돈의 활용도도 올라갈 것이다. 개성공단 재가동이나 금강산관광 같은 북한관광지에 대한 자유로운 여행도 북한 지역 내 남한 돈의 활용도를 높일 것이다. 북한 원화 가치는 북한이 경제개발에 성공하고 경제력이 탄탄해지면 북한 돈 역시 구매력을 갖게 된다. 북한 돈이 거래 수단으로서 기능도 하고 가치 저장 기능까지 가질 수 있다는 얘기다. 사회주의 국가라 하더라도 실물이 튼튼하게 뒷받침되고 경제가 잘 받쳐지면 화폐에 그 가치가 반영되기 때문이다.

북한 지역 내 남한 돈의 활용도 증가는 자연스럽게 북한 원화와 교환되는 빈도수와 양을 늘릴 것이다. 이런 식으로 남북화폐의 가치가 평가되고, 거래 데이터가 누적되면 남북화폐통합 시 남북한 화폐 교환 비율을 결정하는 데 중요한 평가 지표로 활용할 수 있을 것이다. 아직은 요원해 보이지만 남북경제교류가 활발해지고 다양한 경제협력 사업이 성공하면 이런 화폐통합 논의가 본격적으로 일어날 수 있다. 이런 경로는 동서독 화폐통합이나 유럽의 단일통화 도입 등의 사례에서 유추해볼 수 있다.

화폐통합을 논의할 때 급진적인 방식과 점진적인 방식을 비교 분석해볼 수 있다. 급진적인 방식의 대표 모델은 1990년 7월 1일 이뤄진 동서독 화폐통합이다. 동서독의 경우 1989년 11월 베를린 장벽이

약 40km에 달했던 베를린 장벽은 대다수 허물어지고 현재는 오스트반호프역 부근 정도에만 남아 있다. 이곳은 작가들이 평화를 상징하는 그림을 그려 이스트사이드갤러리로 불리고 있다.

출처 : 매경 DB

무너지면서 전격적으로 통합 논의를 진행하고 화폐통합을 급진적으로 진행해나갔다.

점진적인 방식의 대표 모델은 EU 스타일의 단일화폐인 유로화로 통일하는 과정이다. 유럽은 2차 세계대전 이후 유럽석탄철강공동체 ECSC를 시작으로 50여 년의 논의와 협상 끝에 마침내 유로라는 단일통화를 도입했다.

이들 2개의 화폐통합 방식은 남북한에 적용할 수 있는 화폐통합의 경로를 시사해준다. 이 화폐통합 방식에서 드러난 문제점들은 남북한이 화폐통합을 할 때 꼭 감안해야 할 포인트를 던져준다.

02

동서독 화폐통합에서 얻는 남북통합 교훈

동서독 화폐통합은 경제 논리를 넘어 민족주의적인 당위론에 입각해 이뤄졌다는 평가가 많다. 하지만 동서독의 화폐통합은 정치적 통합을 앞당기는 촉매제가 됐다는 데 이견이 없다. 1989년 11월 9일 베를린 장벽이 붕괴될 때만 해도 통합 방법과 속도를 놓고 많은 논쟁이 있었다. 정치적인 통합까지 이루려면 20년까지 걸릴 것이라는 전망이 지배적이었다. 그러나 1990년 7월 1일 자로 동서독 경제사회 화폐통합을 이룬 이후 동서독 통일은 급물살을 타게 됐으며 3개월 만인 10월 3일 완전통일에 이르게 됐다.

베를린 장벽 붕괴 이후 동독에서 서독으로 넘어가는 이주민들의 물결은 끊임없이 이어졌고 날이 갈수록 늘어갔다. 동독 내에서도 경제개혁을 요구하는 반대 시위도 격화됐다. 이에 따라 동서독 양 진영 모두에서 이를 막기 위한 방안으로 급진적 통일 접근법이 힘을 얻어갔다. 실제로 베를린 장벽이 붕괴된 이후부터 매달 10만 명의 동독인들이 서독으로 넘어갔다. 동서독 정치인들은 동독 체제의 붕괴 가능성을 인지하기 시작했고 이에 따라 이민 방지책으로 급진적인 화폐통합 방안을 적극 검토하게 된 것이다.

동서독 통화 간 구체적 교환 비율을 놓고 많은 논쟁이 벌어지기 시작했다. 동독인들은 자신의 마르크화가 서독 마르크화와 동등하게 일대일로 교환돼야 한다고 주장했다. 서독인들은 이런 주장이 터무니없다고 주장하고 양국의 경제력 차이를 감안해서 교환 비율을 결정해야 한다는 입장을 견지했다. 이에 따라 서독 정부는 적정 화폐교환 비율에 대한 용역을 서독중앙은행인 분데스방크와 독일경제연구소DIW 등에 의뢰했다.

시장에서는 동독인들에 대한 어느 정도 예우가 불가피할 것으로 인식되면서 동독 통화 가치가 올라갔다. 동독 마르크화는 1988년 12월 비공식 외환 시장에서 서독 마르크당 7.75에 거래됐던 게 1990년 1월에는 7.0에 거래됐다. 이어 2월에 양독 총리회담 이후 화폐통합 안이 발표되면서 서독 마르크당 5.75로 내려왔고 이후에도 계속 동독 마르크 강세에 대한 기대 심리가 작용했다. 화폐통합이 단행되기 하루 전날인 1990년 6월 말에는 2.75까지 내려왔다.

분데스방크는 1990년 4월 2일 동독인들의 은행 계좌에 있는 마르크화에 대해 1인당 2,000마르크까지는 서독 1마르크당 동독 1마르크로 바꿔주고 나머지 자산과 부채는 동독 2마르크로 교환해주자는 교환비율 방안을 발표했다. 이 교환비율은 환율 결정 때 이용하는 이론 중 '통화론적 접근법'을 사용한 것으로 동서독 간 경제 규모와 통화 공급을 감안해서 산출된 것이다.

이에 대해 당시의 서독 수상이던 헬무트 콜 총리는 동독인들의 서독 이주를 막고 동서독민들 간 화합을 위해서는 일대일로 결정해야 한다고 밀어붙였다. 서독 정부의 방안은 분데스방크가 안을 내놓은 지 21일 만인 1990년 4월 23일 발표됐다. 모든 동독인이 가지고 있는 통화와 예금에 대해 1인당 4,000마르크까지 일대일로 바꿔주고 이를 넘는 부문은 서독 1마르크 대 동독 2마르크로 교환하는 내용을 담았다. 동독인의 각종 보조금 삭감 보상을 폐지하는 대신 임금과 연금은 일대일로 바꿔주기로 했다. 동서독 정부는 이 교환 비율 안을 1990년 5월 2일 최종 합의했다.

동독인의 서독 이주를 막는 데 큰 비중을 두었다는 평가를 받는 이 계획은 동독 지역에 계속 머무는 주민과 기업에 대해 그들이 갖고 있는 채무는 서독 마르크당 동독 2마르크로 바꿔주고 개인에 대해서 나이별로 한도를 차별화해 일대일로 교환 비율을 결정했다. 어린이(14세 이하)는 1인당 2,000마르크, 성인(14~18세)은 4,000마르크, 노인(59세 이상)은 6,000마르크까지 일대일로 교환해주기로 했다. 동독 근로자들이 받는 임금, 월급, 주급, 임대료 및 다른 관리비도 일대일로 교환해주기로 했다. 임금과 월급 수준은 1990년 5월 1일 기준으로 계산해주기로 했다.

동독 연금 수령자들은 동독에 있는 기업의 수익과 비례해서 연금이 돌아가도록 했다. 동서독 화폐교환 비율 적용도 시차에 따라 차별화했다. 1989년 12월 31일 이전에 동독 통화로 예금을 한 돈은 서독 마르크당 2동독 마르크, 1990년 1월과 6월 30일 사이에 저축된 돈은 서독 마르크당 3동독 마르크로 바꿔주기로 했다. 동독을 여행하는 사람들에게 사용하는 교환 비율은 5월 2일을 기점으로 서독 마르크당 동독 2마르크로 교환해주기로 했다. 1990년 5월 31일 기준으로 작성된 자산과 부채의 평균 교환 비율은 서독 마르크당 동독 1.81마르크로 계산됐다.

이런 동서독 화폐교환 비율 결정 및 방식에 대해 평가는 대체로 비판적이었으며 동서독 통일 후유증이 만만치 않을 것이라고 진단했다. 슈레메트와 츠위너Scheremet and Zwiener 박사는 논문 〈독일 통일에 대한 경적 영향 분석〉(1996)에서 동서독 통화 간 일대일 교환 비율은 동독 기업의 경쟁력을 300% 이상 과대평가했다고 주장했다. 이들은 동서독 경제 여건을 감안한 내부적 교환 비율의 경우 서독 마르크당 동독 마르크 교환 비율은 4.4라는 연구 결과를 발표했다.

쉰 겔린데Sinn Gerlinde 박사는 논문 〈독일의 경제적 통일〉(MIT, 1992)에서 임금, 연금 등 유량 변수에 대한 일대일 화폐교환 비율 결정 때문에 동독 근로자들의 초기 임금이 올라갔고 이로 인해 동독 기업들의 경쟁력이 급속히 악화되면서 연쇄 도산과 대량 실업 문제를 불러일으켰다고 주장했다. 이로 인해 동독 지역의 GDP를 30%까지 감소시키고 실업률을 30% 수준으로 올렸다고 덧붙였다.

국내에서도 이에 대한 분석이 이어졌다. 황의각, 장원태 박사는 《남북한 경제 화폐통합론》(1997)을 통해 동서독 화폐교환 비율은 경제적 계산보다는 정치적인 판단에 기초해 결정됐다고 주장했다. 한국은행 박석삼 위원은 2001년 일대일 교환 비율이 동독 지역 근로자의 시작 임금을 대폭 높였고 이는 동독 기업들의 생산비 부담을 늘려 결과적으로 연쇄 부도의 고리를 만들었다고 주장했다.

동서독 화폐교환 비율 결정이 실물 부문의 조정 과정을 거쳐 완성된다는 점을 간과해 동독 경제 상황을 대공황 시절의 어려웠던 상황보다 더 나쁘게 했다는 평가도 나왔다. 동독 마르크화의 평가절상으로 갑자기 소득이 올라간 동독 소비자들은 동독 제품을 외면하고 서방 기업 제품들을 많이 사면서 동서독 제품의 품질 차이를 반영하지 못했다는 평가를 낳았다.

금융감독원은 2005년 동서독 화폐교환 비율과 함께 동독 지역 내 임금을 4~5년 내 서독 수준으로 맞추기로 한 노사 합의, 동독 시절 몰수된 재산에 대한 반환우선주의, 생산성 이상의 임금 인상, 구소련과 동구유럽 등 동독 기업의 수출 지역 몰락, 모든 주의 재정균형제도 도입 등으로 인해 동독 경제가 서독 경제의 발목을 잡는 결과를 만들었다고 평가했다.

구동독의 마지막 총리를 지냈던 드 메지에르 전 총리는 2006년 동서독 통일을 이룩한 것은 잘 했지만 통일이 가져올 어려움을 과소평가했다고 인정했다. 그는 경제적 문제와 구동독 주민들이 배워야 하는 사회적 적응 과정을 과소평가했다며 그 결과 통일 전에는 '1민

동서독 경제통합에서 얻어야 할 남북경제통합정책 교훈

구분	동서독 결과	남북한 목표
통합 형태 목표	평화적 흡수 통합	충격 최소화한 평화적 경제통합
통합 속도	급속 통합	북한 개혁개방 후 점진적 통합
이주 원칙	동독인에 대한 소득 보상으로 서독 이주 방지	북한 내 일자리 창출을 통한 이주 제한
임금과 고용 정책	고임금 정책, 대량 실업	생산성에 기초한 임금 결정
사회통합 시스템	직접 통합	단기적 2개 시스템 존재, 휴전선 통제, 장기적 통합
통합 비용 조달	증세, 연방 예산	정부자금, 민간투자, 국제 금융자본 유치
통화통합 방식	직접통합, 동독 화폐 과대평가, 교환	시장 환율 수준으로 평가 후 교환, 시장경제개혁 후 점진적 통합
재산권 반환 문제	원소유자에게 반환	북한 지역 거주민에 한해 재산권 인정

족-2국가'로 고통을 받았는데 지금은 '1국가-2민족'으로 고생하고 있다고 주장했다.

많은 전문가는 동서독이 화폐통합을 바탕으로 한 통일에 대해 정치적·역사적·문화적·외교안보적 측면에서는 큰 성공이었지만 경제적으로는 10년 가까이 상당한 고통을 겪었다고 평가했다. 실제로 정치적·사회적 관점과 중장기적 관점에서 동서독 통화통합은 강력한 통일독일을 만드는 데 기여했다는 평가를 받는다.

동서독 통일 20주년을 맞는 2010년 독일 정부는 통일로 인해 동독 경제가 재건되고 독일의 국제적 위상이 올라갔다고 역사적 의미를 부여했다. 경제적 측면에서도 독일은 동독 마르크화의 과대평가에 대한 후유증으로 10여 년을 고생했지만 그 후로 유럽의 성장 기관차로서 역할을 하게 됐다는 평가를 받고 있다.

헬무트 콜 총리는 동서독 통일의 힘을 바탕으로 유럽통합을 주도적으로 이끌었다. 유럽은 1993년 1월 노동과 자본 등의 영역까지 단일 시장으로 만들었고 11월에는 EU를 출범시켰다. 이어 2002년에는 화폐통합이 완성돼 유로 단일화폐가 통용됐다. 이 과정을 주도했던 이가 콜 총리였고, 뒤이은 후계자 앙겔라 메르켈 총리가 막강한 경제력을 바탕으로 EU를 이끌었다.

03

EU식 점진적
화폐통합 방법과 시사점

점진적인 화폐통합의 사례는 EU의 화폐통합이다. 유럽화폐통합의 이론적 기반인 로버트 먼델의 최적통화지역이론The Theory of Optimum Currency Area에 근거를 두고 있다. 유럽은 유럽통화제도EMS : European Monetary System, 유럽공동통화ECU : European Currency Unit를 만들면서 마침내 단일화폐인 유로를 만들고 이를 단일 중앙은행인 유럽중앙은행 ECB : European Central Bank이 통제하면서 화폐통합을 매듭지었다.

EU는 1969년 12월 헤이그 정상회담에서 유럽 화폐동맹을 만들기로 합의하고 경제화폐동맹 창설을 위한 특별위원회를 구성했다. 이 위원회는 1970년 EC집행위원회와 이사회에 '베르너Werner 보고서'를 제출했다. 이 보고서에는 화폐동맹을 구성하기 위한 여건이 형성되고 나서 환율을 고정시키자는 독일연방은행 등의 '경제주의적 접근법'과 화폐동맹 일정을 제시하고 이에 따라 각국이 협조하게 되면 화폐동맹을 이룰 수 있다는 프랑스 중심의 '통화주의적 접근법'을 절충했다.

베르너 보고서는 유럽 경제의 침체로 햇빛을 보지 못했다. 하지만 유럽 화폐통합을 위한 구체적인 대안을 제시한 최초의 보고서였으며 나중에는 1989년 들로르 보고서에서 다시 채택되며 유럽 화폐통합의 초석을 제공하게 됐다.

EU 9개국 정상들은 1978년 EMS를 1979년부터 작동하기로 합의했다. EMS는 ECU의 창출과 기능, 환율조정기구ERM : Exchange Rate Mechanism, 신용공여장치Credit Facilities라는 3가지 핵심 요소로 구성돼 있다. EMS는 1990년대 초반 유럽이 외환위기를 겪는 과정에서 한계를 드러냈다. 이 위기는 유럽경제에서 안정성을 유지하려면 화폐통합이 불가피하다는 시사점을 던져줬다.

EU 국가 간 화폐통합이 지지부진하자 화폐통합 여건이 성숙되는 대로 점진적으로 화폐통합을 하자는 경제적인 접근법이 퇴보하고 화폐통합 일정을 정해놓고 강하게 밀어붙여야 한다는 통화론적 접근법이 힘을 얻었다. EC집행위원장이던 들로르는 1989년 3단계 화폐통합 방안을 내놓으면서 1990년 7월부터 화폐통합을 위한 1단계 작업에 들어가자고 제안했다. 1991년 12월 네덜란드 마스트리히트에서 열린 EU정상회의에서 'EU에 관한 조약Treaty on European Union'으로 나타났고 이듬해 9월 회원국 정상이 참석한 가운데 정식 조인됐다.

'마스트리트조약'으로 불리는 이 조약은 화폐통합을 3단계에 걸쳐 추진하며 화폐동맹에 가입할 수 있는 국가는 3단계에서 '수렴 조건'을 갖춰야 한다는 내용을 담고 있다. 수렴 조건은 물가 상승률 제한, 이자율 안정, 환율 안정, 재정 건전성 등을 구체적으로 제시하고 있다. 이후 EU에 가입하고자 하는 나라들은 이 조건을 가능한 지키도록 요구받았다.

유럽이사회는 1998년 ECB를 만들어 유럽통화기구^{EMI}의 업무와 각 회원국의 통화 주권을 인수해 단일 통화정책을 수립하고 집행하는 업무를 시작하기로 합의했다. 이와 함께 2002년 1월 1일 이전 가능한 빠른 시기에 단일화폐 유로지폐와 주화를 유통시키고 그 후 6개월 이내에 각 회원국 내에서 옛날 통화를 회수해 2002년 6월 말 이전에 화폐통합을 완료한다는 것이다. EU이사회는 3단계 재정 규율을 보장하기 위해 '안정 및 성장에 관한 협약Stability and Growth Pact'의 원칙을 세우고 각국이 과도한 재정적자를 내지 못하도록 규율했다.

재정적자 비율이 3년 이내에 3% 이내로 축소될 때는 예치한 벌과금을 돌려주지만 이를 줄이는 조치를 취하지 않을 경우 ECB에 영구 귀속시키기로 했다. 유럽은 이 같은 화폐동맹을 추진하는 한편, 유럽 단일 시장 창출과 이에 따른 성장 기회를 제시하며 가입 회원국을 확대해왔다. 처음에는 프랑스·독일·이탈리아·네덜란드·벨기에·룩셈부르크 등 6개국이 시작한 이후 6차에 걸쳐 회원국을 늘려 2006년 8월 현재 25개국으로 확대됐다.

EU는 1993년 6월 코펜하겐에서 유럽정상회의를 열고 EU 가입의

유럽 화폐동맹에 가입하기 위한 수렴 조건

부문	수렴 기준
소비자 물가 상승률	• EMU 회원국 중 가장 낮은 3개국의 물가 수준 평균치에 1.5%p를 가산한 수준 이내
금리 기준	• 1년 평균 장기금리(장기국채 또는 장기채권 기준)가 소비자 물가 상승률이 가장 낮은 3개국의 장기금리 수준에 2%p를 가산한 수준 이내
재정 기준	• 일반정부(중앙지방정부+사회보장기금)의 재정적자가 경상 GDP 대비 3% 이내 • 일반정부의 누적 채무가 경상 GDP 대비 60% 이내
환율 기준	• ERM의 환율 변동 폭 유지하되 최근 2년 동안 회원국 통화 간 설정된 기준 환율 고수

구체적인 기준인 코펜하겐 기준을 만드는 한편 오랜 동안 사회주의 경제체제를 유지했던 동구유럽과 중부유럽 국가들에 대해 시장경제체제로 전환하고 조건을 갖춰가는 대로 유럽 공동 시장에 합류하도록 했다.

코펜하겐 기준은 정치적 요건, 경제적 요건, EU 규정 준수 요건 등으로 나눠져 있다. 정치적 요건은 민주주의 체제를 유지하고 법에 의해 통치되며 인권을 존중하며 소수 민족을 보호하는 정치체제와 기구가 완비돼 있어야 한다는 것이다.

경제적 요건은 시장경제체제를 도입하고 EU 내 경쟁 압력과 시장 조정 능력을 수용할 수 있는 능력을 갖춰야 한다는 것이다. 이는 단일화폐 도입과 ECB에 의해 관리되는 화폐동맹 가입 조건에 비해 기초적인 수준의 가입 조건인 셈이다.

EU 회원국들은 회원국 정치협력, 화폐동맹 등 EU 관련 규약 및 공동체 법규를 준수하는 의무를 져야 한다. 이런 가입 요건은

2000년 5월부터 발효되기 시작한 암스테르담조약에 명문화됐으며 EU 가입 희망 회원국들은 그 절차를 밟아서 가입하게 돼 있다. 그 가입 절차에 따르면 EU 가입을 원하는 유럽 국가는 EU각료이사회에 가입 신청서를 제출한다. 각료이사회는 이 신청서에 대해 집행위원회의 자문을 받는 한편, 유럽의회 의원의 과반수 동의를 얻어 가입 여부를 만장일치로 결정한다.

신규 회원국으로 확정되면 일정한 과도 기간, 즉 통상 5년 정도의 준비 과정을 거쳐 정회원으로 받아들이고 있다. 이 가입 절차는 겉으로 단순해 보이지만 EU 가입 신청국 간 협상을 거쳐 합의에 이르는 과정은 매우 복잡하고 엄격하다. 다만 특이한 점은 기존 회원국과 신규 회원 가입 희망국 간 경제적 격차는 큰 문제가 안 된다.

EU는 신규 회원국이 당장 경제발전에 뒤쳐져 있다 하더라도 경제통합이 추진되면서 그 간격이 차츰 줄어들 것으로 보는 한편, 다양한 프로그램을 마련 및 지원해주고 있다. 실제로 EU는 구 사회주의권에 있었던 동유럽 국가들이 EU에 가입할 수 있도록 재정적으로 지원하는 한편, 구조조정 작업에서 컨설팅의 도움을 줘왔다. 먼델이 제시한 최적통화지역이론의 전제 조건들이 사후적으로 충족될 수 있음을 보여주는 사례다.

이처럼 EU가 2차 세계대전 후 화폐통합을 이루기까지는 50여 년이 넘게 걸렸다. 먼저 실물 부문에서 충분한 교류와 협력이 있었다. 이것이 토대가 돼 공동통화 도입 논의가 시작됐고 EMS를 만들었다.

04

동서독 및 유럽 화폐통합 과정,
남북화폐통합에 시사

동서독의 급작스런 화폐통합 과정과 EU의 점진적인 화폐통합 과정은 남북한에도 시사하는 바가 크다. 북한이 사회주의 체제를 오랫동안 유지해온 만큼 남북화폐통합을 위해서는 사전 조정이 필요하다. 북한의 계획경제체제로는 화폐통합이 의미가 없을뿐더러 불가능하다. 따라서 북한 체제에 대한 시장경제로의 전환 작업이 진행돼야한다. 북한 당국은 시장에서 수요와 공급에 의해 가격이 결정되는 시장경제 요소를 받아들이는 한편, 당국이 모든 것을 다하는 계획경제의 운용 틀을 과감히 포기해야 한다.

금융 부문에서는 은행 등 금융기관들이 상업적인 베이스에서 활동하도록 보장하는 한편, 자유로운 금융 시장체제를 구축해가야 한다. 외환 시장에서도 정부의 일방 통제보다는 현재 민간 부문에서 생활필수품을 사고파는 암시장에서 거래되는 외화 등이 오픈돼 거래되도록 해야 한다. 북한 원화의 공식 환율과 시장 환율 간 가치 차이가 큰 만큼 줄여야 한다. 이런 차이는 북한의 외환 시장을 자유롭게 움직이도록 허용한다면 자연스럽게 해소돼갈 것이다.

금강산관광이나 개성공단에서 달러가 거래되고 이를 통해 북한 원화와 달러, 북한 원화와 남한 원화 간 교환이 허용되도록 하면서 남북화폐 간 거래 시장을 열어가는 것도 남북화폐 교환비율을 미리 가늠한다는 측면에서 좋은 전략이 될 수 있을 것이다.

EU의 탄생과 확대 발전 과정에서 볼 때 가입과 회원국 유지에 대한 엄격한 수렴 조건이 있었던 것이 크게 기여했던 점을 감안, 남북 간에는 이와 유사한 상황을 만들어 적용시킬 필요가 있다. 그 기본 조건은 물론 시장경제로 체제를 전환하는 작업을 전제로 한 것일 수밖에 없다. 북한 경제의 인플레이션 이자율, 재정적자 환율 등 수렴 조건의 윤곽을 지금 논의하는 게 시기상조일 수 있지만 이론적으로 EU의 수렴 조건과 어느 정도의 유사성을 가질 수밖에 없을 것이다.

남북화폐통합을 추진하는 과정에서 북한 지역의 물가 이자율, 재정적자 환율 등이 심하게 불안정하다면 화폐통합 과정을 진척시키기 어려울 것이기 때문이다. 물론 이 같은 거시경제적 수렴 조건들이 통합 과정을 속박해서는 안 된다는 주장도 설득력을 얻고 있다. 물가 이자율, 재정적자 환율의 수렴 조건은 남북화폐통합 과정에서 외생적 조건으로 작용하기보다 통합 과정에서 만족될 가능성이 큰 내

생적 조건들이 될 수 있다는 것이다.

EU 회원국이 확대되는 과정에서 재정적자에 대한 GDP 3% 이내 규정이 강조된 것은 화폐통합을 진행하는 과정에서 일국의 재정적자 확대가 해당국의 부채를 증가시키고 이것이 다시 이자 부담을 가중시키는 악순환을 막아야 했기 때문이다.

하지만 남북한의 경우에는 화폐통합이 경제통합의 큰 틀에서 진행되고 재정통합은 이런 경제통합의 큰 틀에서 화폐통합과 함께 진행될 가능성이 높은 만큼 재정적자 부문을 화폐통합의 강한 제약 조건으로 받아들일 필요는 없을 것이다. 물론 거시경제적 수렴 조건과 같은 맥락에서 매우 단순화된 경제적 수렴 조건을 만들어 이를 화폐통합의 전제 조건으로 만들자는 의견도 있다.

북한 지역에서 시장경제 시스템이 어느 정도 가동된다면 남북한은 유럽 화폐동맹을 실질적으로 달성하게 했던 3단계 화폐통합전략과 유사한 전략을 세울 만하다. 일단 남북 간 화폐가 서로 교환될 수 있는 시장을 만들고 거래를 더욱 활성화하는 것이다. 다음으로 환율을 안정적으로 관리할 환율조정기구 같은 것을 만들 필요가 있다.

이 환율조정기구는 남북한 환율 조정 업무뿐 아니라 북한의 외환 시장, 금융 시장을 남한 시장과 동질화하는 작업도 진행시키는 기능을 맡도록 해야 한다. 남북중앙은행이나 경제부처 간 협력에서도 이런 문제를 다룰 수 있지만 체제 전환 기간 중에는 실무적으로 시장에서 이런 일을 맡아줄 전문 조직이 필요하기 때문이다. 남북 통화 간 외환 거래 시장이 열리면 어느 화폐가 남북공동화폐가 돼야

평양 시민들이 밝은 표정으로 거리를 지나고 있는 모습.

할지, 아니면 새로운 공동화폐를 만들어야 할지 가닥이 잡힐 수 있다. 남북한의 경제 여건상 당연히 남한 원화 중심으로 단일화폐가 만들어져야 한다는 결론이 나올 가능성이 높지만 북한의 체제개혁이나 정권 유지 차원에서 제3국의 화폐, 유로화나 달러화 등 국제 화폐가 거론될 수 있을 것이다.

EU식의 점진적인 화폐통합 접근법을 남북한에 적용할 경우 다음의 단계를 생각해볼 수 있다. 첫 번째 단계에서는 남북 간에 각자의 화폐를 인정하면서 통용되도록 하되 공동화폐를 만들거나 달러화, 유로화 등을 이용해 남북한 양쪽에서 결제 수단 등으로 활용한다. 두 번째 단계에서는 공동화폐와 남북한 원화가 각 지역에서 민간 부문의 일반 거래까지 결제할 수 있도록 허용하면서 경쟁을 하는 것이다. 어느 화폐가 지급 결제 수단, 가치 저장 등의 화폐 기능을 할 수 있는지에 따라 남북한에 단일화폐의 윤곽이 결정될 것이다. 이런 단계를 거치면서 시장에서 화폐로서 강력한 기능을 갖춘 통화가 부상하면 이 통화를 중심으로 남북화폐통합을 진행시켜 경제적 효율성을 높일 수 있을 것이다.

05
최적의
남북화폐통합 경로

　남북화폐통합은 북한 경제의 시장경제 전환 속도 및 성공 상황과 남한의 경제 상황 등을 종합적으로 고려해서 추진하는 것이 바람직할 것이다. 남북한 간 최적의 화폐통합 경로는 북한 경제가 시장경제로 성공적으로 전환한 토대 위에, 남북한의 금융 시스템 및 금융 서비스를 맞추고 화폐통합을 이루는 것이다. 이런 방식은 EU 스타일의 점진적인 화폐통합 접근법에 가깝다.

　하지만 현실은 이렇게 맞춰서 오지 않을 수 있다. 북한 상황이 갑작스럽게 나빠지면서 북한 체제 자체가 버티기 어려운 상황에 직면할 때는 동서독식 급진적인 화폐통합 방식도 준비할 수밖에 없을 것이다. 따라서 최적의 화폐통합 방식으로 종합적인 화폐통합 접근법을 준비해야 한다고 제안한다. 종합 접근법은 급진적인 화폐통합의 상황이 오더라도 바로 화폐통합을 하지 않고 미래의 통합된 남북한 경제 청사진을 생각하고 철저한 관리를 통해 단계적으로 통합의 단계를 밟아가기 위해 노력한다. 이런 전략에도 불구하고 어쩔 수 없이 즉각적인 화폐교환과 통합을 해야 한다면 경제적인 관점에서 신속하고 효율적으로 화폐통합을 단행해야 한다는 것이다.

남북 간 화폐통합의 성공 관건은 북한 체제를 얼마나 빠른 시간 내 시장경제체제로 성공적으로 전환시키고 자유로운 가격 체계를 구축하는가에 달려 있다. 남북한 결제 시스템을 비롯해 남북한 주민 간에 발생할 수 있는 혼돈 상태에 대해서도 충분히 준비를 해두어야 한다.

하지만 이런 과정은 단기간 내 급작스럽게 이뤄지기 때문에 인플레이션, 기업 도산, 대량 실업자들의 발생, 남한으로의 대량 이주민 발생, 북한 돈 사용 기피 등 혼란은 어느 정도 수준에서 불가피하게 나타날 수밖에 없을 것이다. 따라서 화폐통합 국면에 들어가기 전 북한의 사회주의 경제 시스템의 근간부터 뜯어 고치는 일대 개혁 작업이 빠른 속도로 진행될 필요가 있다. 결코 쉬운 일이 아니지만 조속한 시일 내 이를 성공시키지 않는 한 남북한 경제에 재앙이 될 수도 있다. 이 때문에 북한 상황이 급속도로 악화, 버티기 어렵게 되는 단계에 들어서기 전 북한의 위험이 남한 경제로 전이되는 것을 철저히 차단하는 장치도 마련해둬야 한다.

이런 관점에서 북한 경제가 스스로 동력을 만들고 움직일 때까지 북한 주민들이 남한으로 이주하지 못하도록 할 필요가 있다. 이 과정에서 당연히 인권 침해라는 문제가 제기될 가능성이 높지만 북한 경제가 재활의 힘을 얻고 스스로 움직일 수 있는 동력을 확보할 때까지는 불가피하게 북한 주민의 남한 이주를 막아야 한다. 마침 남북한 간에는 휴전선이라는 MDL^{Military Demarcation Line}이 있는 만큼 이를 전략적으로 잘 활용하는 방안도 강구해볼 수 있을 것이다.

북한 경제를 시장경제화하고 개발하는 과정에서 남한 자본뿐 아니라 IMF, IBRD, UNDP, ADB, AIIB 등 국제기구는 물론 미국·일본 등 국제 사회의 경제적 지원이 이뤄지도록 국제적 정치력을 발휘하는 것도 매우 중요한 과제다. 그러려면 북한이 핵을 포기하는 게 가장 중요하다. 북한이 이를 토대로 미국과 수교하고, 국제 사회의 지원을 받으며 개혁 개방의 길로 나선다면 빠른 속도로 경제발전을 할 수 있을 것이다. 북한이 세계 자유시장 경제체제의 일원이 된다면 남한과의 경제협력은 물론 미국·일본·유럽 국가들과도 교류를 확대하면서 한반도 평화를 정착시키고 남북 공동 번영의 역사를 써나갈 수 있을 것이다.

이 과정에서 대한민국은 북한 경제 재건에 필수적인 에너지·철도·도로·항만·공항 등 사회 간접 시설에 대해 국내외 자본들이 체계적으로 투자할 수 있도록 지원해야 할 것이다. 이를 통해 남한의 통일비용 부담을 줄일 수 있을 것이다.

김정은 위원장이 제대로 북한 경제를 발전시키고 인민들의 먹을거리 등 삶의 질을 풍요롭게 하려면 평양에 '트럼프타워'를 위치하는 전략도 세울 수 있을 것이다. 김정은은 2018년 대북특사로 갔던 우리나라의 정의용 안보실장, 서훈 국정원장에게 트럼프 대통령이 평양 대동강가에 트럼프타워를 짓고 맥도널드 햄버거를 판다면 기꺼이 허락하겠다는 입장을 밝힌 바 있다. 트럼프타워가 평양에 세워진다면 이는 세계 많은 기업에게 북한 투자의 큰 기폭제가 될 수 있다. 그것은 곧 북한이 국제적·상업적 계약이 가능한 국가로 변했음을 알려주는 것이기 때문이다.

세계 금융 자본이 북한 내 초기 투자에 적극 나설 수 있는 방안으로 북한 경제의 목표 성장률에 연동된 채권이나 옵션 상품을 적극 활용할 만하다. 이 상품은 노벨 경제학상을 받은 로버트 실러 교수가 1993년에 제안한 상품과 비슷하게 만들어 국제 금융 시장에서 통용될 수 있는 보상채권 등의 성격을 갖게 한다. 북한 GDP의 목표 성장률을 정해놓고 국내외 투자가로부터 자금을 모집해 목표 성장률 이상을 달성하면 그 추가 성장률만큼의 수익을 투자가들에게 추가 수익으로 얻게 해준다.

물론 보증은 남한이나 국제기구 등이 서도록 정치적 리더십을 발휘해야 할 것이다. 북한의 경우 만약 본격적인 시장경제체제로 전환하고 경제개발에 나선다면 '한강의 기적'이라는 경제개발 성공의 경험을 가진 남한이라는 든든한 지원 세력과 미국·일본·중국 등의 지원까지 기대할 수 있어 일정 수준 이상의 목표 수익률을 올릴 가능성이 높다.

따라서 이런 투자 옵션 상품을 내놓는다면 국제 금융 시장에서

소화되면서 통일비용 조달에 도움을 줄 수 있을 것이다. 이렇게 조달된 국내외 자본으로 북한의 중장기 경제발전에 필요한 도로·항만·철도·전력 등 기본 인프라 구축에 적극 나서야 한다. 동서독 통일 당시 동독 지역에서 활동했던 신탁관리청 같은 업무를 자산관리공사나 산업은행 등에게 맡겨 북한 국·공영 기업의 민영화와 함께 각종 사회 인프라 구축 사업 등 개발계획을 과감하게 백업해주면서 북한 경제의 성장 틀을 짜야 한다. 이런 작업을 얼마나 빠른 시간 내에 하느냐에 따라 북한 체제 붕괴에 따른 충격은 그만큼 적을 것이다. 통일비용은 이 같은 일련의 북한 경제의 시장경제화 및 외자 조달 등의 성공 여하에 따라 크게 달라질 것이다.

북한 경제를 남한 경제와 유기적으로 결합시켜 효율성을 극대화하는 방안을 생각해볼 수 있을 것이다. 북한의 산업 생산 능력은 남한에 비교가 안 될 정도로 열악하고 가동되지 않는 설비가 많다. 북한의 미사일 등 국방 기술력은 어느 정도 수준에 올라 있을지 몰라도 주요 산업별 기술 수준은 뒤처져 있다.

하지만 북한의 개성공단 운영 사례에서 보듯 임금은 싸고 생산성은 높다. 개성공단이 폐쇄되기 전까지 이곳에 들어간 대부분의 남한 기업이 흑자를 내고 성장했던 것을 감안한다면 우리 기업의 발전에 기회가 될 수 있다. 우리 기업들이 중국·베트남·인도 등 동남아 지역에서 공장을 세우고 물건을 만들어 해외로 수출하는 상황을 감안하면 북한도 한국 기업들의 해외 수출 전진기지가 충분히 될 수 있다는 얘기다. 남북한 산업 간에 보완성이 있는 봉제, 의복, 모피 제품,

장신구, 잡화 등 경공업 부문에서 협력을 강화하는 한편 구조용 금속 제품, 가공공작기계, 선박 및 보트 건조업 등과 남북 기업 간 협력을 확대할 수 있다.

이런 관점에서 남북한 산업의 보완성에 근거한 유기적 결합을 통해 남북한 경제통합의 시너지를 올릴 수 있을 것이다. 그 방안으로 우선 북한의 값싸고 풍부한 노동력을 활용할 만한 남한 기업의 북한 진출을 적극 장려해야 한다.

두 번째로 북한의 산업이 최대한 유지될 수 있도록 협력과 지원을 해야 한다. 개성공단을 성공적인 남북경협 사업 및 북한 개방의 모델로 정착·발전시켜가는 한편, 2007년 10월 평양에서 열린 2차 남북정상회담에서 합의한 대로 평양, 남포, 해주를 비롯해 신의주 등 북한의 주요 거점을 경제특구로 개방하게 해 남북경제협력의 성공기지로 만들어갈 필요가 있다. 북한 사회는 이를 통해 시장경제체제의 장점을 간접 경험하면서 북한 경제의 구조조정에 필요한 자금을 충원받는가 하면 일자리 창출을 통해 북한 내 실업자들을 최소화시키고 남한으로의 이주 동기를 줄여갈 수 있을 것이다.

이런 작업과 함께 남북한 산업 간 전후방 연관 효과를 극대화하는 방안으로 북한 산업 구조를 재편한다면 남북 간 경제통합이 재앙이 아닌 글로벌 경쟁 시대에 기업 경쟁력을 강화하면서 새로운 수익 창출의 원동력을 제공받을 수 있는 기회로 활용할 수 있을 것이다.

북한 내 시장경제체제 정비, 인력의 생산성 향상 및 시장경제 마인드 제고, 자유로운 기업 활동 보장 등을 위해 끊임없는 노력도 필요하다. 동서독 화폐통합 사례에서 보듯 북한 주민들의 생산성 이상으로 임금 등 보상 체계가 결정되지 않도록 하는 화폐교환 비율이 합리적으로 산출돼야 할 것이다.

마지막으로 염두에 둬야 할 과제는 화폐통합 과정 초기 북한 경제에 남한 자본을 비롯한 국내외 투기 자본에 의해 부동산 투기가 극성을 부릴 수 있는 만큼 이를 제도적으로 막는 대책을 마련해야 한다는 점이다.

KOREA
won

부록

6·25 특집 통일 기획조사

2019년 6월

응답자 분포표

(단위 : %)

Base=전체		사례 수(명)	%
전체		(1,203)	100.0
성별	남자	(593)	49.3
	여자	(610)	50.7
연령	19–24	(90)	7.5
	25–34	(187)	15.5
	35–44	(256)	21.3
	45–54	(249)	20.7
	55–64	(308)	25.6
	65+	(113)	9.4
지역	서울/인천/경기/강원	(634)	52.7
	대전/충청/세종	(133)	11.1
	광주/전라/제주	(131)	10.9
	대구/경북	(120)	10.0
	부산/울산/경남	(185)	15.4
직업	농/임/어업	(15)	1.2
	자영업	(114)	9.5
	판매/영업/서비스직	(127)	10.6
	생산/기능/노무직	(139)	11.6
	사무/관리/전문직	(293)	24.4
	주부	(232)	19.3
	학생	(67)	5.6
	무직/퇴직/기타	(216)	18.0
학력	고졸 이하	(513)	42.6
	대재 이상	(690)	57.4
월평균 가구소득	300만 원 미만	(415)	34.5
	300–400만 원 미만	(224)	18.6
	400–500만 원 미만	(197)	16.4
	500–600만 원 미만	(135)	11.2
	600만 원 이상	(232)	19.3
보수–진보	보수	(307)	25.5
	진보	(382)	31.8
	중도	(514)	42.7

남북통일에 대해 어떻게 생각하시나요?

(단위 : %)

Base=전체		사례 수 (명)	통일을 원한다	통일을 원하지 않는다	모르겠다	계
전체		(1,203)	60.4	27.3	12.3	100.0
성별	남자	(593)	70.5	21.2	8.3	100.0
	여자	(610)	50.7	33.1	16.2	100.0
연령	19-24	(90)	46.7	40.0	13.3	100.0
	25-34	(187)	44.9	37.4	17.6	100.0
	35-44	(256)	57.8	27.3	14.8	100.0
	45-54	(249)	72.7	16.9	10.4	100.0
	55-64	(308)	66.2	25.6	8.1	100.0
	65+	(113)	60.2	27.4	12.4	100.0
지역	서울/인천/경기/강원	(634)	59.1	28.7	12.1	100.0
	대전/충청/세종	(133)	57.1	29.3	13.5	100.0
	광주/전라/제주	(131)	77.1	12.2	10.7	100.0
	대구/경북	(120)	57.5	31.7	10.8	100.0
	부산/울산/경남	(185)	57.3	28.6	14.1	100.0
지역	농/임/어업	(15)	73.3	13.3	13.3	100.0
	자영업	(114)	68.4	26.3	5.3	100.0
	판매/영업/서비스직	(127)	52.8	31.5	15.7	100.0
	생산/기능/노무직	(139)	72.7	18.7	8.6	100.0
	사무/관리/전문직	(293)	68.9	19.8	11.3	100.0
	주부	(232)	52.2	34.1	13.8	100.0
	학생	(67)	40.3	46.3	13.4	100.0
	무직/퇴직/기타	(216)	55.6	28.7	15.7	100.0
학력	고졸 이하	(513)	58.9	27.7	13.5	100.0
	대재 이상	(690)	61.6	27.0	11.4	100.0
월평균 가구소득	300만 원 미만	(415)	57.8	27.0	15.2	100.0
	300-400만 원 미만	(224)	58.9	26.8	14.3	100.0
	400-500만 원 미만	(197)	66.5	25.9	7.6	100.0
	500-600만 원 미만	(135)	61.5	25.2	13.3	100.0
	600만 원 이상	(232)	60.8	30.6	8.6	100.0
보수-진보	보수	(307)	51.1	40.1	8.8	100.0
	진보	(382)	74.9	17.8	7.3	100.0
	중도	(514)	55.3	26.7	18.1	100.0

통일이 된다면 어떤 방식으로 돼야 한다고 보시는지요?

(단위 : %)

Base=전체		사례 수(명)	북한의 점진적 개방과 체제 전환 후의 한반도 통합 민주 정부	남한과 북한, 각각 연방 정부 제도	북한 체재 붕괴 후 흡수 통일	모르겠다	계
전체		(1,203)	54.2	21.5	21.3	3.0	100.0
성별	남자	(593)	59.2	18.7	20.4	1.7	100.0
	여자	(610)	49.3	24.3	22.1	4.3	100.0
연령	19-24	(90)	41.1	17.8	31.1	10.0	100.0
	25-34	(187)	49.2	16.0	31.6	3.2	100.0
	35-44	(256)	56.6	23.4	16.8	3.1	100.0
	45-54	(249)	63.1	20.5	14.5	2.0	100.0
	55-64	(308)	52.9	24.4	20.8	1.9	100.0
	65+	(113)	51.3	23.9	23.0	1.8	100.0
지역	서울/인천/경기/강원	(634)	54.9	21.3	21.0	2.8	100.0
	대전/충청/세종	(133)	56.4	17.3	22.6	3.8	100.0
	광주/전라/제주	(131)	53.4	31.3	13.7	1.5	100.0
	대구/경북	(120)	55.0	20.8	20.0	4.2	100.0
	부산/울산/경남	(185)	50.3	18.9	27.6	3.2	100.0
직업	농/임/어업	(15)	46.7	26.7	26.7	0.0	100.0
	자영업	(114)	52.6	22.8	24.6	0.0	100.0
	판매/영업/서비스직	(127)	49.6	23.6	26.0	0.8	100.0
	생산/기능/노무직	(139)	61.2	21.6	17.3	0.0	100.0
	사무/관리/전문직	(293)	62.1	17.7	17.4	2.7	100.0
	주부	(232)	48.3	27.6	19.4	4.7	100.0
	학생	(67)	41.8	16.4	32.8	9.0	100.0
	무직/퇴직/기타	(216)	53.2	19.4	22.7	4.6	100.0
학력	고졸 이하	(513)	52.6	21.2	22.0	4.1	100.0
	대재 이상	(690)	55.4	21.7	20.7	2.2	100.0
월평균 가구 소득	300만 원 미만	(415)	50.4	20.2	23.9	5.5	100.0
	300-400만 원 미만	(224)	55.8	22.3	21.0	0.9	100.0
	400-500만 원 미만	(197)	59.9	18.8	18.8	2.5	100.0
	500-600만 원 미만	(135)	54.1	23.0	20.7	2.2	100.0
	600만 원 이상	(232)	54.7	24.6	19.4	1.3	100.0
보수-진보	보수	(307)	45.6	17.9	34.2	2.3	100.0
	진보	(382)	63.4	23.8	12.0	0.8	100.0
	중도	(514)	52.5	22.0	20.4	5.1	100.0

한반도 비핵화의 필요성에 관해 어떻게 보시나요?

(단위 : %)

Base=전체		사례 수 (명)	한반도는 반드시 비핵화가 돼야 한다	비핵화가 반드시 필요한 것은 아니다	모르겠다	계
전체		(1,203)	54.9	37.5	7.6	100.0
성별	남자	(593)	53.8	42.2	4.0	100.0
	여자	(610)	56.1	33.0	11.0	100.0
연령	19-24	(90)	63.3	31.1	5.6	100.0
	25-34	(187)	51.9	36.9	11.2	100.0
	35-44	(256)	45.7	46.1	8.2	100.0
	45-54	(249)	51.0	42.2	6.8	100.0
	55-64	(308)	59.4	33.4	7.1	100.0
	65+	(113)	70.8	24.8	4.4	100.0
지역	서울/인천/경기/강원	(634)	53.8	38.3	7.9	100.0
	대전/충청/세종	(133)	54.9	36.1	9.0	100.0
	광주/전라/제주	(131)	53.4	38.9	7.6	100.0
	대구/경북	(120)	59.2	38.3	2.5	100.0
	부산/울산/경남	(185)	57.3	34.1	8.6	100.0
직업	농/임/어업	(15)	53.3	40.0	6.7	100.0
	자영업	(114)	57.9	37.7	4.4	100.0
	판매/영업/서비스직	(127)	51.2	39.4	9.4	100.0
	생산/기능/노무직	(139)	47.5	48.2	4.3	100.0
	사무/관리/전문직	(293)	52.2	41.0	6.8	100.0
	주부	(232)	59.9	29.7	10.3	100.0
	학생	(67)	71.6	25.4	3.0	100.0
	무직/퇴직/기타	(216)	53.7	36.6	9.7	100.0
학력	고졸 이하	(513)	53.0	37.4	9.6	100.0
	대재 이상	(690)	56.4	37.5	6.1	100.0
월평균 가구 소득	300만 원 미만	(415)	55.2	37.3	7.5	100.0
	300-400만 원 미만	(224)	53.1	35.7	11.2	100.0
	400-500만 원 미만	(197)	57.4	36.5	6.1	100.0
	500-600만 원 미만	(135)	52.6	37.8	9.6	100.0
	600만 원 이상	(232)	55.6	40.1	4.3	100.0
보수-진보	보수	(307)	66.1	28.7	5.2	100.0
	진보	(382)	54.5	41.6	3.9	100.0
	중도	(514)	48.6	39.7	11.7	100.0

북한은 핵을 폐기할 것으로 보시는지요?

(단위 : %)

Base=전체		사례 수(명)	포기할 것이다	포기하지 않을 것이다	모르겠다	계
전체		(1,203)	13.4	76.7	9.9	100.0
성별	남자	(593)	17.4	73.7	8.9	100.0
	여자	(610)	9.5	79.7	10.8	100.0
연령	19-24	(90)	8.9	76.7	14.4	100.0
	25-34	(187)	9.6	75.9	14.4	100.0
	35-44	(256)	16.4	73.0	10.5	100.0
	45-54	(249)	17.7	76.3	6.0	100.0
	55-64	(308)	12.0	77.6	10.4	100.0
	65+	(113)	10.6	85.0	4.4	100.0
지역	서울/인천/경기/강원	(634)	13.7	76.5	9.8	100.0
	대전/충청/세종	(133)	12.8	75.2	12.0	100.0
	광주/전라/제주	(131)	22.9	64.9	12.2	100.0
	대구/경북	(120)	10.0	86.7	3.3	100.0
	부산/울산/경남	(185)	8.1	80.5	11.4	100.0
직업	농/임/어업	(15)	6.7	86.7	6.7	100.0
	자영업	(114)	14.9	81.6	3.5	100.0
	판매/영업/서비스직	(127)	13.4	78.0	8.7	100.0
	생산/기능/노무직	(139)	15.8	71.2	12.9	100.0
	사무/관리/전문직	(293)	19.8	69.3	10.9	100.0
	주부	(232)	8.2	84.5	7.3	100.0
	학생	(67)	7.5	83.6	9.0	100.0
	무직/퇴직/기타	(216)	10.2	75.9	13.9	100.0
학력	고졸 이하	(513)	12.7	77.6	9.7	100.0
	대재 이상	(690)	13.9	76.1	10.0	100.0
월평균 가구 소득	300만 원 미만	(415)	9.4	78.3	12.3	100.0
	300-400만 원 미만	(224)	10.7	78.6	10.7	100.0
	400-500만 원 미만	(197)	22.3	70.6	7.1	100.0
	500-600만 원 미만	(135)	17.8	75.6	6.7	100.0
	600만 원 이상	(232)	12.9	78.0	9.1	100.0
보수-진보	보수	(307)	8.1	87.6	4.2	100.0
	진보	(382)	23.3	63.9	12.8	100.0
	중도	(514)	9.1	79.8	11.1	100.0

북한이 핵을 포기하지 않으면 남한은 어떻게 하는 것이 바람직한가요?

(단위 : %)

Base=전체		사례 수 (명)	남한도 핵을 가져야 한다	남한이 핵을 가져서는 안 된다	모르겠다	계
전체		(1,203)	54.1	30.6	15.3	100.0
성별	남자	(593)	59.4	31.4	9.3	100.0
	여자	(610)	49.0	29.8	21.1	100.0
연령	19–24	(90)	45.6	36.7	17.8	100.0
	25–34	(187)	44.9	35.3	19.8	100.0
	35–44	(256)	44.9	35.2	19.9	100.0
	45–54	(249)	54.6	32.9	12.4	100.0
	55–64	(308)	65.3	22.7	12.0	100.0
	65+	(113)	65.5	23.9	10.6	100.0
지역	서울/인천/경기/강원	(634)	55.4	28.5	16.1	100.0
	대전/충청/세종	(133)	52.6	31.6	15.8	100.0
	광주/전라/제주	(131)	46.6	38.9	14.5	100.0
	대구/경북	(120)	55.8	30.8	13.3	100.0
	부산/울산/경남	(185)	55.1	30.8	14.1	100.0
직업	농/임/어업	(15)	60.0	33.3	6.7	100.0
	자영업	(114)	57.9	30.7	11.4	100.0
	판매/영업/서비스직	(127)	58.3	28.3	13.4	100.0
	생산/기능/노무직	(139)	59.0	28.1	12.9	100.0
	사무/관리/전문직	(293)	52.6	34.1	13.3	100.0
	주부	(232)	53.9	25.4	20.7	100.0
	학생	(67)	40.3	44.8	14.9	100.0
	무직/퇴직/기타	(216)	52.8	29.6	17.6	100.0
학력	고졸 이하	(513)	58.1	26.9	15.0	100.0
	대재 이상	(690)	51.2	33.3	15.5	100.0
월평균 가구 소득	300만 원 미만	(415)	54.7	26.5	18.8	100.0
	300–400만 원 미만	(224)	56.3	28.6	15.2	100.0
	400–500만 원 미만	(197)	49.2	39.1	11.7	100.0
	500–600만 원 미만	(135)	55.6	30.4	14.1	100.0
	600만 원 이상	(232)	54.3	32.8	12.9	100.0
보수– 진보	보수	(307)	60.9	26.1	13.0	100.0
	진보	(382)	48.2	41.4	10.5	100.0
	중도	(514)	54.5	25.3	20.2	100.0

남한과 북한의 경제협력을 위한 전제 조건은 무엇이어야 한다고 보세요?

(단위 : %)

Base=전체		사례 수 (명)	북한의 비핵화 단계에 따라 경협 범위를 단계적으로 확대한다	천안함 피습, 연평도 포격에 북한의 사과만 있으면 경제협력을 확대한다	북한이 완전한 비핵화를 이뤄야 경제협력 시작한다	아무 조건 없이 경제협력을 시작해야 한다	계
전체		(1,203)	49.1	7.6	31.8	11.4	100.0
성별	남자	(593)	45.4	8.1	32.7	13.8	100.0
	여자	(610)	52.8	7.2	31.0	9.0	100.0
연령	19-24	(90)	41.1	12.2	43.3	3.3	100.0
	25-34	(187)	44.4	13.9	34.8	7.0	100.0
	35-44	(256)	57.4	8.2	22.3	12.1	100.0
	45-54	(249)	54.6	4.4	25.3	15.7	100.0
	55-64	(308)	45.8	5.8	34.4	14.0	100.0
	65+	(113)	41.6	4.4	46.9	7.1	100.0
지역	서울/인천/ 경기/강원	(634)	49.2	7.6	31.1	12.1	100.0
	대전/충청/세종	(133)	45.9	9.8	35.3	9.0	100.0
	광주/전라/제주	(131)	58.8	3.1	24.4	13.7	100.0
	대구/경북	(120)	45.0	10.0	35.0	10.0	100.0
	부산/울산/경남	(185)	47.0	8.1	35.1	9.7	100.0
직업	농/임/어업	(15)	33.3	20.0	20.0	26.7	100.0
	자영업	(114)	50.0	5.3	29.8	14.9	100.0
	판매/영업/서비스직	(127)	51.2	6.3	37.0	5.5	100.0
	생산/기능/노무직	(139)	43.2	12.2	27.3	17.3	100.0
	사무/관리/ 전문직	(293)	55.6	7.5	26.3	10.6	100.0
	주부	(232)	53.4	4.7	34.1	7.8	100.0
	학생	(67)	32.8	13.4	52.2	1.5	100.0
	무직/퇴직/기타	(216)	44.0	7.4	32.4	16.2	100.0
학력	고졸 이하	(513)	47.6	7.8	33.1	11.5	100.0
	대재 이상	(690)	50.3	7.5	30.9	11.3	100.0
월평균 가구 소득	300만 원 미만	(415)	44.3	9.4	35.2	11.1	100.0
	300~400만 원 미만	(224)	46.4	6.3	34.4	12.9	100.0
	400~500만 원 미만	(197)	54.3	6.6	28.4	10.7	100.0
	500~600만 원 미만	(135)	52.6	6.7	26.7	14.1	100.0
	600만 원 이상	(232)	53.9	7.3	29.3	9.5	100.0
보수- 진보	보수	(307)	34.9	9.8	49.8	5.5	100.0
	진보	(382)	61.8	4.7	17.0	16.5	100.0
	중도	(514)	48.2	8.6	32.1	11.1	100.0

대북 식량지원 등 인도적 지원은 어떻게 해야 한다고 생각하시나요?

(단위 : %)

Base=전체		사례 수 (명)	조건 없이 지원해야 한다	북한이 핵을 폐기한 후 지원해야 한다	모르겠다	계
전체		(1,203)	27.2	61.5	11.3	100.0
성별	남자	(593)	33.9	57.5	8.6	100.0
	여자	(610)	20.7	65.4	13.9	100.0
연령	19-24	(90)	13.3	73.3	13.3	100.0
	25-34	(187)	13.9	71.1	15.0	100.0
	35-44	(256)	27.7	52.7	19.5	100.0
	45-54	(249)	38.6	53.4	8.0	100.0
	55-64	(308)	31.5	62.0	6.5	100.0
	65+	(113)	22.1	72.6	5.3	100.0
지역	서울/인천/경기/강원	(634)	26.3	62.6	11.0	100.0
	대전/충청/세종	(133)	22.6	65.4	12.0	100.0
	광주/전라/제주	(131)	45.0	39.7	15.3	100.0
	대구/경북	(120)	24.2	61.7	14.2	100.0
	부산/울산/경남	(185)	22.7	70.3	7.0	100.0
직업	농/임/어업	(15)	40.0	40.0	20.0	100.0
	자영업	(114)	32.5	59.6	7.9	100.0
	판매/영업/서비스직	(127)	20.5	69.3	10.2	100.0
	생산/기능/노무직	(139)	36.7	51.1	12.2	100.0
	사무/관리/전문직	(293)	33.8	55.3	10.9	100.0
	주부	(232)	22.8	65.5	11.6	100.0
	학생	(67)	9.0	80.6	10.4	100.0
	무직/퇴직/기타	(216)	22.7	64.4	13.0	100.0
학력	고졸 이하	(513)	24.4	64.5	11.1	100.0
	대재 이상	(690)	29.3	59.3	11.4	100.0
월평균 가구소득	300만 원 미만	(415)	20.5	66.3	13.3	100.0
	300-400만 원 미만	(224)	28.1	60.3	11.6	100.0
	400-500만 원 미만	(197)	32.5	58.9	8.6	100.0
	500-600만 원 미만	(135)	37.8	51.1	11.1	100.0
	600만 원 이상	(232)	27.6	62.5	9.9	100.0
보수-진보	보수	(307)	12.1	79.5	8.5	100.0
	진보	(382)	43.7	45.8	10.5	100.0
	중도	(514)	23.9	62.5	13.6	100.0

주한미군 철수를 어떻게 생각하시나요?

(단위 : %)

Base=전체		사례 수 (명)	철수해야 한다	철수하면 안 된다	모르겠다	계
전체		(1,203)	18.8	66.4	14.8	100.0
성별	남자	(593)	16.0	74.5	9.4	100.0
	여자	(610)	21.5	58.5	20.0	100.0
연령	19–24	(90)	12.2	67.8	20.0	100.0
	25–34	(187)	15.0	68.4	16.6	100.0
	35–44	(256)	24.2	56.3	19.5	100.0
	45–54	(249)	27.7	55.8	16.5	100.0
	55–64	(308)	15.6	74.4	10.1	100.0
	65+	(113)	7.1	86.7	6.2	100.0
지역	서울/인천/경기/강원	(634)	18.8	65.5	15.8	100.0
	대전/충청/세종	(133)	15.8	70.7	13.5	100.0
	광주/전라/제주	(131)	27.5	54.2	18.3	100.0
	대구/경북	(120)	16.7	72.5	10.8	100.0
	부산/울산/경남	(185)	16.2	71.4	12.4	100.0
직업	농/임/어업	(15)	13.3	80.0	6.7	100.0
	자영업	(114)	14.0	78.9	7.0	100.0
	판매/영업/서비스직	(127)	18.9	65.4	15.7	100.0
	생산/기능/노무직	(139)	20.1	64.0	15.8	100.0
	사무/관리/전문직	(293)	20.1	64.2	15.7	100.0
	주부	(232)	21.6	62.9	15.5	100.0
	학생	(67)	13.4	74.6	11.9	100.0
	무직/퇴직/기타	(216)	17.6	65.3	17.1	100.0
학력	고졸 이하	(513)	17.3	66.7	16.0	100.0
	대재 이상	(690)	19.9	66.2	13.9	100.0
월평균 가구소득	300만 원 미만	(415)	17.3	66.5	16.1	100.0
	300–400만 원 미만	(224)	20.5	64.7	14.7	100.0
	400–500만 원 미만	(197)	15.2	73.1	11.7	100.0
	500–600만 원 미만	(135)	19.3	64.4	16.3	100.0
	600만 원 이상	(232)	22.4	63.4	14.2	100.0
보수–진보	보수	(307)	9.8	84.4	5.9	100.0
	진보	(382)	30.4	53.4	16.2	100.0
	중도	(514)	15.6	65.4	19.1	100.0

통일에 필요한 세금을 걷는다는 법을 만든다면 어떠신가요?

(단위 : %)

Base=전체		사례 수(명)	찬성	반대	계
전체		(1,203)	33.5	66.5	100.0
성별	남자	(593)	42.5	57.5	100.0
	여자	(610)	24.8	75.2	100.0
연령	19-24	(90)	28.9	71.1	100.0
	25-34	(187)	23.0	77.0	100.0
	35-44	(256)	33.6	66.4	100.0
	45-54	(249)	36.5	63.5	100.0
	55-64	(308)	39.9	60.1	100.0
	65+	(113)	30.1	69.9	100.0
지역	서울/인천/경기/강원	(634)	34.9	65.1	100.0
	대전/충청/세종	(133)	29.3	70.7	100.0
	광주/전라/제주	(131)	45.0	55.0	100.0
	대구/경북	(120)	27.5	72.5	100.0
	부산/울산/경남	(185)	27.6	72.4	100.0
직업	농/임/어업	(15)	46.7	53.3	100.0
	자영업	(114)	35.1	64.9	100.0
	판매/영업/서비스직	(127)	25.2	74.8	100.0
	생산/기능/노무직	(139)	46.0	54.0	100.0
	사무/관리/전문직	(293)	42.3	57.7	100.0
	주부	(232)	25.0	75.0	100.0
	학생	(67)	20.9	79.1	100.0
	무직/퇴직/기타	(216)	29.6	70.4	100.0
학력	고졸 이하	(513)	31.2	68.8	100.0
	대재 이상	(690)	35.2	64.8	100.0
월평균 가구소득	300만 원 미만	(415)	28.0	72.0	100.0
	300-400만 원 미만	(224)	31.7	68.3	100.0
	400-500만 원 미만	(197)	36.0	64.0	100.0
	500-600만 원 미만	(135)	40.0	60.0	100.0
	600만 원 이상	(232)	39.2	60.8	100.0
보수-진보	보수	(307)	23.1	76.9	100.0
	진보	(382)	48.4	51.6	100.0
	중도	(514)	28.6	71.4	100.0

남북한의 교류에 가장 큰 장애가 되는 것은 무엇인가요?

(단위 : %)

Base=전체		사례 수 (명)	미국의 강경한 제재	중국의 북한에 대한 영향력	북한의 정치 체제	남한의 남북 교류 반대 세력	계
	전체	(1,203)	15.5	22.4	47.2	14.9	100.0
성별	남자	(593)	18.0	22.9	43.8	15.2	100.0
	여자	(610)	13.1	21.8	50.5	14.6	100.0
연령	19-24	(90)	10.0	22.2	53.3	14.4	100.0
	25-34	(187)	7.5	23.5	54.5	14.4	100.0
	35-44	(256)	10.5	21.9	43.0	24.6	100.0
	45-54	(249)	25.3	24.1	37.8	12.9	100.0
	55-64	(308)	19.8	21.8	47.1	11.4	100.0
	65+	(113)	11.5	19.5	61.1	8.0	100.0
지역	서울/인천/경기/강원	(634)	13.6	24.1	46.5	15.8	100.0
	대전/충청/세종	(133)	15.8	24.1	48.9	11.3	100.0
	광주/전라/제주	(131)	31.3	17.6	31.3	19.8	100.0
	대구/경북	(120)	14.2	16.7	60.0	9.2	100.0
	부산/울산/경남	(185)	11.9	22.2	51.4	14.6	100.0
직업	농/임/어업	(15)	40.0	20.0	20.0	20.0	100.0
	자영업	(114)	14.0	22.8	47.4	15.8	100.0
	판매/영업/서비스직	(127)	15.0	22.8	48.8	13.4	100.0
	생산/기능/노무직	(139)	25.9	23.7	33.8	16.5	100.0
	사무/관리/전문직	(293)	16.0	22.9	43.3	17.7	100.0
	주부	(232)	12.5	20.7	54.7	12.1	100.0
	학생	(67)	10.4	22.4	53.7	13.4	100.0
	무직/퇴직/기타	(216)	12.5	22.2	51.9	13.4	100.0
학력	고졸 이하	(513)	17.5	22.4	47.0	13.1	100.0
	대재 이상	(690)	14.1	22.3	47.4	16.2	100.0
월평균 가구 소득	300만 원 미만	(415)	13.3	22.7	49.4	14.7	100.0
	300-400만 원 미만	(224)	14.3	22.3	48.2	15.2	100.0
	400-500만 원 미만	(197)	18.8	22.8	45.2	13.2	100.0
	500-600만 원 미만	(135)	18.5	23.7	38.5	19.3	100.0
	600만 원 이상	(232)	16.4	20.7	49.1	13.8	100.0
보수-진보	보수	(307)	8.5	24.1	61.6	5.9	100.0
	진보	(382)	25.4	20.2	31.2	23.3	100.0
	중도	(514)	12.5	23.0	50.6	14.0	100.0

**세계패권전쟁과
신한반도 책략**

초판 1쇄 2019년 10월 2일

지은이 서양원, 윤상환
책임편집 정혜재
디자인 제이알컴
마케팅 김선미 김형진

펴낸곳 매경출판㈜ **펴낸이** 전호림
등 록 2003년 4월 24일(No. 2-3759)
주 소 (04557) 서울시 중구 충무로 2 (필동1가) 매일경제 별관 2층 매경출판㈜
홈페이지 www.mkbook.co.kr
전 화 02)2000-2633(기획편집) 02)2000-2636(마케팅) 02)2000-2606(구입 문의)
팩 스 2000-2609 **이메일** publish@mk.co.kr
인쇄·제본 ㈜ M-print 031)8071-0961
ISBN 979-11-6484-029-8 03340

책값은 뒤표지에 있습니다.
파본은 구입하신 서점에서 교환해 드립니다.

이 도서의 국립중앙도서관 출판예정도서목록(CIP)은 서지정보유통지원시스템 홈페이지
(http://seoji.nl.go.kr)와 국가자료공동목록시스템(http://www.nl.go.kr/kolisnet)에서
이용하실 수 있습니다. (CIP제어번호: CIP2019036705)